인공지능과 협업하기 시리즈 04

챗GPT

실전 활용 보고서

질문기술 | 엑셀 | 보고서 | 음악 | AI이미지 | 글쓰기
교육 | 디자인 | 요리레시피 | 데이터분석 | 프로그래밍

챗GPT 실전 활용 보고서

질문기술 | 엑셀 | 보고서 | 음악 | AI이미지 | 글쓰기 |
교육 | 디자인 | 요리레시피 | 데이터분석 | 프로그래밍

초판 1쇄 발행 | 2023년 07월 10일

지은이 | 장문철 박준원 공저
펴낸이 | 김병성
펴낸곳 | 앤써북

출판사 등록번호 | 제 382-2012-0007 호
주소 | 파주시 탄현면 방촌로 548
전화 | 070-8877-4177
FAX | 031-942-9852
도서문의 | 앤써북 http://answerbook.co.kr
ISBN | 979-11-93059-05-0 13000

- 이 책의 일부 혹은 전체 내용을 무단 복사, 복제, 전재하는 것은 저작권법에 저촉됩니다.
- 본문 중에서 일부 인용한 모든 프로그램은 각 개발사(개발자)와 공급사에 의해 그 권리를 보호합니다.
- 앤써북은 독자 여러분의 의견에 항상 귀기울이고 있습니다.

[안내]
- 이 책의 내용을 기반으로 실습 및 운용 결과에 대해 저자, 소프트웨어 개발자 및 제공자, 앤써북 출판사, 서비스 제공자는 일체의 책임지지 않음을 안내드립니다.
- 이 책에 소개된 회사명, 제품명은 각 회사의 등록 상표 또는 상표이며 본문 중 TM, ©, ® 마크 등을 생략하였습니다.
- 이 책은 소프트웨어 플랫폼 서비스 툴을 집필 당시 신 버전으로 설명하였습니다. 단, 독자의 학습 시점에 따라 책의 내용과 일부 다를 수 있습니다.

Preface
머리말

이 책은 일상생활, 업무, 그리고 코딩 등 여러 분야에서 챗봇인 챗GPT를 어떻게 활용할 수 있는지에 대해 다루었습니다.

우리 일상에서 챗GPT는 정보를 찾거나 새 언어를 배우는 데 도움을 줍니다. 업무에서는 챗GPT가 효율적인 의사소통, 자료 정리, 문서 작성 등에 활용됩니다. 코딩 분야에서는 챗GPT가 프로그래밍을 보조하고 문제를 빠르게 해결하는 데 도움을 주고 있습니다.

이 책을 쓰는 동안, 챗GPT와 같은 인공지능이 얼마나 다양하게 활용될 수 있는지, 그리고 이 기술이 우리의 일상생활, 업무, 그리고 코딩에 어떤 긍정적인 변화를 가져올 수 있는지를 알게 되었습니다.

이 책을 통해 단지 챗GPT를 이해하고 활용하는 방법을 배우는 것을 넘어서, 인공지능이 우리 삶에 어떤 변화를 가지고고 있는지 깊이 생각하는 계기가 되었으면 좋겠습니다. 이 책이 여러분의 일상에 조금이라도 도움이 될 수 있기를 바랍니다.

장문철

챗GPT의 열풍이 계속되며 이제는 어떻게 사용을 할 것인가? 고민하는 시간입니다.
아직 챗GPT를 사용해보지 못한 독자들에게 일상적인 생활에서 접근하도록 안내했습니다.
학생들은 자기주도 학습 차원에서 활용을, 선생님은 수업에 활용하도록, 일반인들은 챗GPT 활용도를 응용하도록 책을 만들었습니다.

인공지능이 무엇인지 물어 보며 자기 주도 학습을 통해 학습 문제도 내고 답도 맞추는 과정을 알아봅니다. 계획을 세우고, 광고문구를 만들고 번역을 하고 글쓰기 방법을 통해 챗GPT의 다양한 활용도를 알아봅니다. 엑셀 작업을 도움 받고 그림을 인공지능과 함께 그려봅니다.

요리레시피 얻는 방법과, 음악 생성 작업, 보고서 등을 만들며 생활전반에서 사용할 수 있다는 것을 안내합니다.
프로그래밍 과정은 역시 챗GPT가 잘하는 일입니다. 티처블머신을 이용한 파이썬, 파이썬 데이터 분석, 파이썬 인공지능, 아두이노, 스크래치, P5.js 코드 작성을 요청하고 작업을 합니다.
이렇게 챗GPT는 우리의 요구 질문에 답을 합니다.

고등학교 학생들은 절반 이상이 챗GPT의 도움으로 과제를 작성하고 수행평가 답안을 얻습니다. 챗GPT 답안이 자기 검증과 학습이 없으면 과제를 대신 써주는 도구로 전락합니다. 학교에서도 충분한 안내와 사용법을 알리고 필요한 일은 챗GPT에게 시키고 우리 인간은 보다 더 창의적인 생각과 올바른 판단력을 갖도록 해야 합니다.

나날이 발전하는 인공지능 기술에 있어서 회의적인 생각 보다는 적극적으로 활용하며 개선하는 것이 중요하다고 생각합니다. 이 책을 통하여 여러분이 가지고 있는 생각들이 챗GPT와 함께 실현되고 생활에도 적용되는 즐거운 시간이 되기를 바랍니다.

박준원

Reader Support Center
독자 지원 센터

독자 지원 센터는 책 정오표, 소스 파일, 독자 문의 등 책을 보는데 필요한 사항을 지원합니다. 앤써북 공식 카페에서 [카페 가입하기] 버튼을 눌러 간단한 절차를 거쳐 회원가입 후 독자 지원 센터를 이용할 수 있습니다.

정오표 및 독자문의

책 실습과 관련 된 궁금한 사항은 앤써북 카페에 접속한 후 [도서별 독자 지원 센터]–[챗GPT 실전 활용 보고서] 게시판을 누르고 [글쓰기] 버튼을 클릭 후 질문 내용을 올리면 저자님께서 최대한 빠른 시간에 답변 드릴 수 있도록 안내드립니다. 단, 책 실습과 직접적인 연관성이 없는 질문, 답변이 난해한 질문, 중복된 질문, 과도한 질문 등은 답변 드리지 못할 수 있음을 양해 부탁드립니다.
이 책의 오탈자나 오류가 발견되면 정오표를 통해서 전달하도록 하겠습니다.

▶ 앤써북 네이버 카페 : https://cafe.naver.com/answerbook
▶ 책 전용 게시판 바로가기 주소 : https://cafe.naver.com/answerbook/menu/213

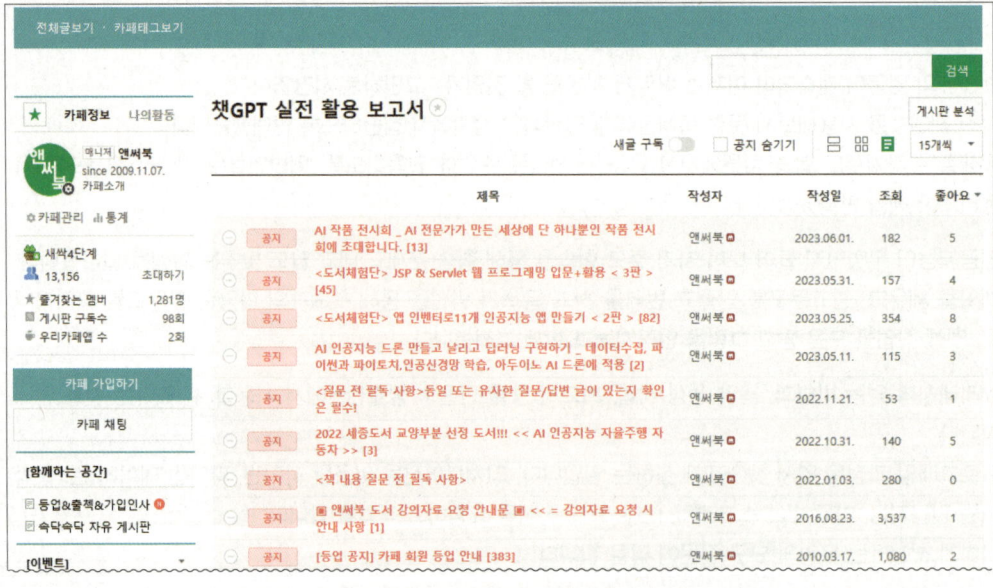

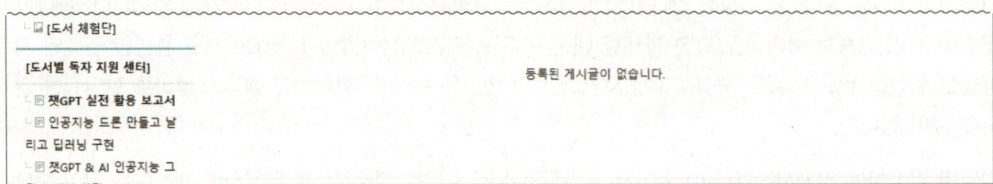

Contents
목차

CHAPTER 01 챗GPT 핵심 사용과 프롬프트 사용방법 익히기

- **01** 챗GPT란 무엇인가 · 10
- **02** 챗GPT 회원가입 및 로그인 · 11
- **03** 챗GPT 사용방법 및 특이사항 · 16
- **04** 챗GPT 프롬프트 작성 방법 · 21
  - 답변이 중간에 끊길 경우 · 21
  - 모를 땐 추상적으로 질문 · 23
  - 구체적인 질문 · 25
  - 맥락에 맞는 질문 · 26
  - 한 번에 한 가지 주제 · 28
  - 역할 부여 · 29
  - 양식 지정 · 30
  - 규칙을 알려주기 · 31
  - 예를 들어주기 · 31
  - 윤리적으로 문제가 되지 않는 대화하기 · 33
  - 챗GPT는 거짓말을 자연스럽게 한다 · 34
  - GPT-4 모델 사용하기 · 35
  - 3.5 모델과 4.0 모델의 비교 · 36
- **05** PC프로그램 설치하여 챗GPT 편하게 사용하기 · 38

Contents
목차

CHAPTER 02 챗GPT를 사용한 4가지 일반 활용법

- **01** 내용 요약하기 • 46
- **02** 시험문제 만들기 • 48
- **03** 번역하기 • 55
- **04** 요리 레시피 만들기 • 58

CHAPTER 03 챗GPT를 사용한 7가지 업무 활용법

- **05** 엑셀 함수 사용하기 • 64
- **06** 엑셀 매크로 사용하기 • 69
- **07** 그림 그리기 활용 • 78
- **08** 무료 그림생성 Easy Diffusion 설치 및 사용방법 • 83
  - Easy Diffusion 설치 • 83
  - Easy Diffusion 화면구성과 사용법 익히기 • 94
  - Generate • 94
  - Initial Image(img2img)(optional) • 95
  - Image Settings • 96
  - Image Modifiers(art styles, tage ect) • 99
  - 비디오램 = 그래픽카드의 메모리 • 105
  - Easy Diffusion으로 그림 생성하는 방법 익히기 • 108
  - Easy Diffusion 커스텀 모델 다운로드 및 적용하기 • 120
  - VAE 기능 활용해보기 • 128
- **09** 음악 생성 • 135
- **10** 보고서 만들기 • 139
- **11** 글쓰기 및 광고 문구 만들기 • 143

Contents
목차

CHAPTER 04 챗GPT를 사용한 6가지 심화 활용법

12 티처블머신을 이용한 파이썬 코딩 • 150

13 파이썬 데이터분석 • 166

14 파이썬 인공지능 • 180

15 아두이노 활용하기 • 186

16 스크래치 코딩 활용하기 • 195

17 P5.js 활용하기 • 199

CHAPTER 01

챗GPT 핵심 사용과
프롬프트 사용 방법 익히기

챗GPT는 OpenAI에서 개발한 대화형 인공지능 언어모델로, 챗GPT의 개요, 회원 가입 방법, 사용 방법, 프롬프트 작성 방법 등에 대해 알아보고, PC에서 프로그램으로 설치하여 사용성을 높이는 방법을 살펴보겠습니다.

01 챗GPT란 무엇인가

챗GPT는 OpenAI에서 개발한 대화형 인공지능 모델로, 자연어 처리 분야에서 가장 높은 수준의 성능을 보여주는 모델 중 하나입니다. GPT는 "Generative Pre-trained Transformer"의 약자로, "생성형 사전 훈련 트랜스포머"라는 의미를 가집니다.

GPT 모델은 대규모 텍스트 데이터를 사용하여 미리 학습되며, 다양한 자연어 처리 작업에서 뛰어난 성능을 보입니다. 예를 들어, 자연어 이해, 기계 번역, 대화 시스템, 요약 및 생성 모델링 등 다양한 분야에서 활용됩니다.

챗GPT는 이러한 GPT 모델을 기반으로 개발된 대화형 인공지능 모델로, 사용자와의 자연스러운 대화를 위해 학습되었습니다. 챗GPT는 사용자의 입력에 대해 이해하고 적절한 응답을 생성하는 방식으로 동작하며, 이를 위해 대화 데이터를 학습합니다.

챗GPT는 대화형 인공지능 분야에서 높은 수준의 성능을 보여주고 있으며, 현재 다양한 서비스에서 활용되고 있습니다.

챗GPT는 질문하면 답변을 해주는 채팅봇으로 봇은 로봇입니다. 즉, 컴퓨터가 답변해주는 채팅이라고 할 수 있습니다. 챗GPT가 열풍인 이유로는 챗GPT 이전에도 다양한 챗봇이 있었습니다. 기존의 챗봇은 입력해둔 답변만을 출력하는 단순한 기능이었다면 챗GPT는 로봇이 답변했다고 어려울 정도로 답변의 내용이 훌륭합니다. 단순한 대화의 답변뿐만 아니라 전문적인 전문성도 갖추었고 프로그램 코딩의 작성도 수준급으로 답변합니다. 그 외에도 글쓰기, 업무, 엑셀, 코딩, 작사, 작곡 등등 다양한 분양에서 사용되고 있습니다.

우리는 이 책에서 챗GPT를 이용해서 인공지능 그림생성에 필요한 프롬프트를 얻어 활용할 것입니다.

02 챗GPT 회원가입 및 로그인

챗GPT 회원가입 및 로그인방법에 대해서 알아봅니다.

01 구글에서 "chat gpt"를 검색 후 아래 OpenAI 사이트에 접속합니다.

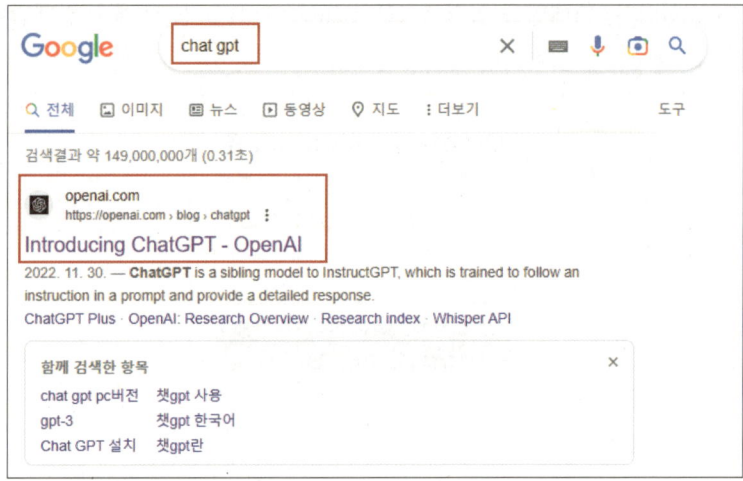

02 [Try ChatGPT] 부분을 클릭하여 접속합니다.

03 아래 사이트에 접속하였습니다. 회원이라면 [Log in] 회원이 아니라면 [Sign up] 버튼을 눌러 회원가입을 합니다.

- https://chat.openai.com/

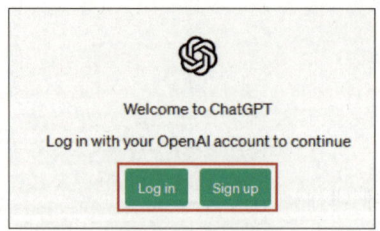

04 [Sign up] 버튼을 눌러 회원 가입시 화면입니다.

사용하는 이메일주소입니다. 이메일을 입력 후 [Continue] 버튼을 눌러 계속 진행합니다. 또는 구글이나 마이크로소프트 계정으로 회원가입이 가능합니다.

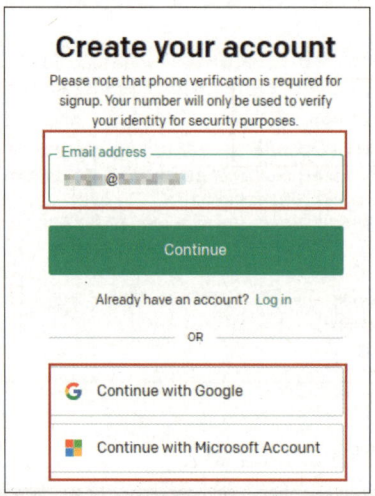

05 패스워드를 입력 후 [Continue] 버튼을 눌러 계속 진행합니다.

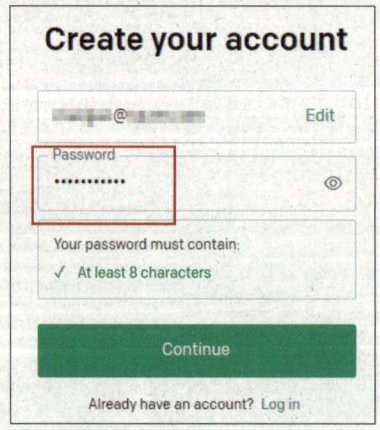

06 입력한 이메일로 검증절차를 거쳐 회원가입을 완료 할 수 있습니다.

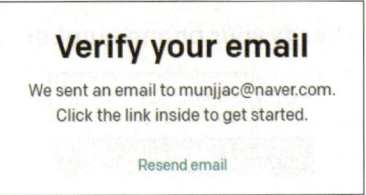

07 내 이메일 계정에 접속하여 OpenAI에서 받은 이메일을 열어 [Verify email address] 버튼을 클릭합니다.

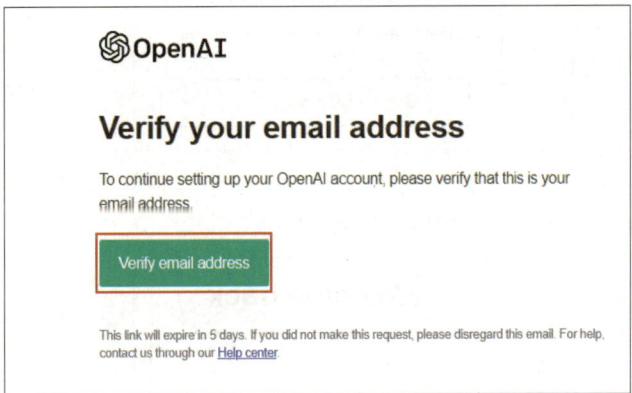

08 "사람인지 확인하십시오"에 체크한 다음 계속 진행합니다.

09 이름 및 생년월일을 입력 후 계속 진행합니다.

10 사용하는 전화번호를 입력합니다.

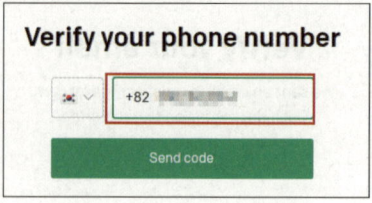

11 핸드폰에서 받은 코드를 입력합니다.

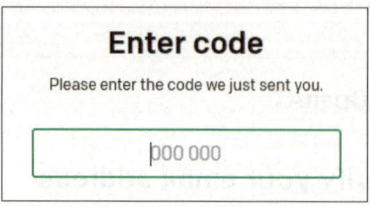

12 로그인 시는 다음과 같습니다. 아이디를 입력합니다.

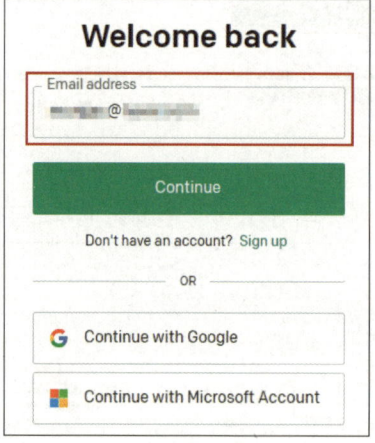

13 비밀번호를 입력 후 [Continue]를 눌러 로그인합니다.

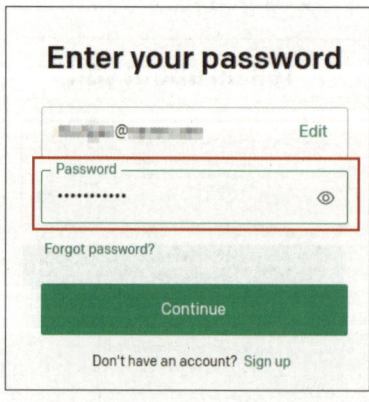

14 로그인 완료 후 챗GPT의 처음화면입니다.

질문을 입력하여 대화를 시작할 수 있습니다. 예제와 무엇을 할 수 있는지 등을 알려주고 있습니다.

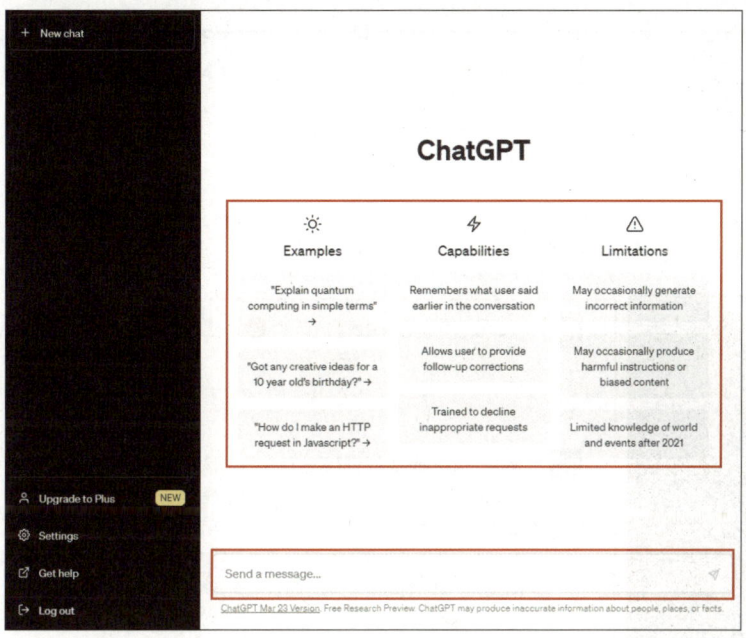

03 챗GPT 사용방법 및 특이사항

챗GPT의 처음화면 구성과 사용 방법에 대해서 알아보겠습니다.

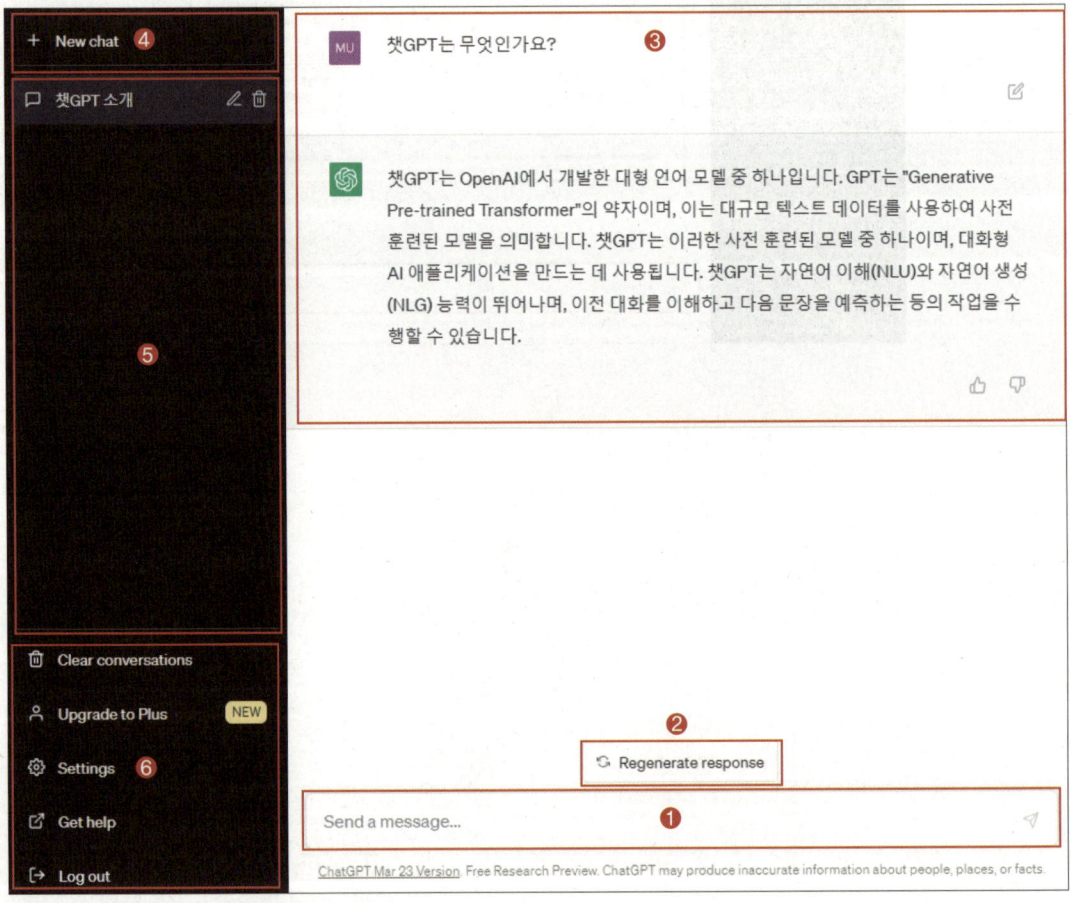

❶ 질문을 입력할 수 있는 부분입니다.
❷ 질문의 답변을 다시 요청하는 버튼입니다. 답변이 마음에 들지 않았을 때 [Regenerate response] 버튼을 눌러 다시 답변을 받을 수 있습니다.
❸ 질문과 답변이 보여지는 부분입니다.
❹ [New chat]은 새로운 챗을 시작하는 버튼입니다. 새로운 주제나 세부 주제 등은 새로운 챗으로 시작하여 답변을 받는 것이 대화의 흐름을 유지하는 데 더 좋습니다.

❺ 대화방의 목록입니다. [New chat]으로 만든 대화들이 자동으로 저장됩니다. 대화를 삭제하거나 이름의 변경이 가능합니다.
❻ 대화방의 삭제, 업데이트, 설정 등의 기능입니다.
- Clear conversations: 모든 대화를 삭제합니다.
- Upgrade to Plus: 한 달 20달러(2023.04월 기준)의 유료회원으로 전환하는 기능으로 대화의 회수에 제한이없고 모델을선택 할 수 있으며 사람이 붐비는 시간에도 접속이 가능합니다.
- Settings: 다크모드, 화이트모드로의 전환이 가능합니다.
- Get help: 도움말입니다.
- Log out: 로그아웃합니다.

질문과 답변이 출력되는 부분으로 질문을 하면 챗GPT가 답변을 합니다. 또는 질문의 수정도 가능하며 답변의 피드백을 할 수 있습니다.

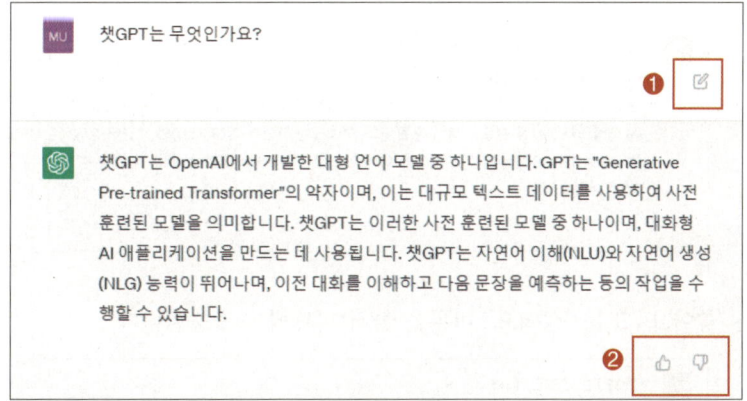

❶ 질문 수정 버튼으로 질문을 수정하여 다시 질문이 가능합니다..
❷ 답변의 피드백부분으로 답변을 "좋아요" 또는 "싫어요"로 피드백이 가능합니다.

질문 수정버튼을 누른 다음 질문을 수정 후 [Save & Submit] 버튼을 누르면 수정된 질문으로 다시 질문합니다.

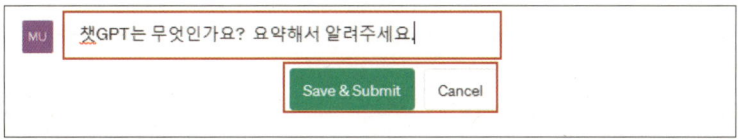

질문을 수정하여 질문할 경우 질문 아래 번호가 생성됩니다. 이전 질문은 사라지지 않고 번호로 새로운 질문이 생성됩니다. 번호 옆에 화살표를 눌러 이전 질문의 확인이 가능합니다.

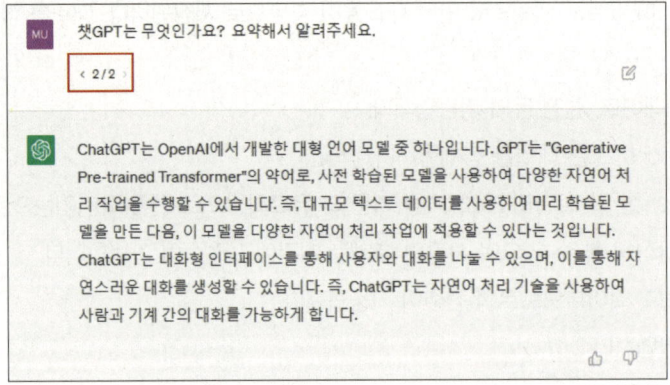

번호 옆에 화살표를 눌러 무슨 질문을 했는지 확인이 가능합니다.

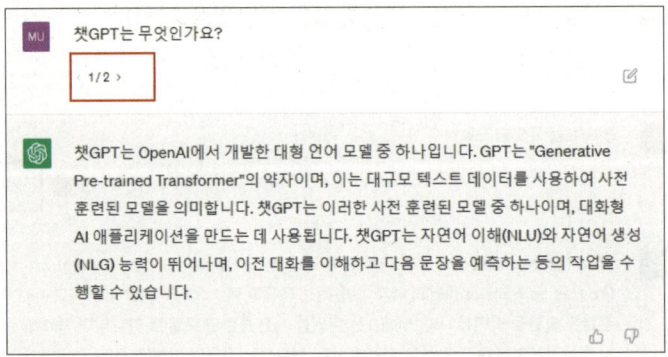

답변의 피드백은 "좋아요" 또는 "싫어요" 버튼을 눌러 피드백이 가능합니다.

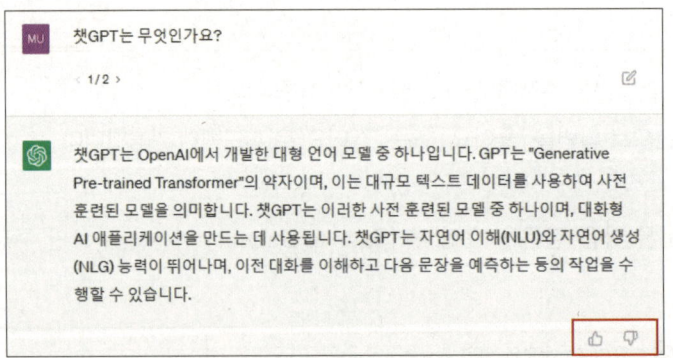

답변의 피드백 시 내용을 입력 후 전송 할 수 있습니다. 챗GPT는 피드백을 통해서 언어모델을 업그레이드 한다고 합니다.

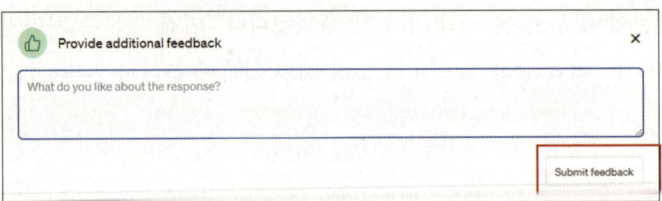

[Regenerate response] 버튼을 눌러 답변을 다시 받을 수 있습니다. 답변 역시 질문과 마찬가지로 새로운 답변을 받을 경우 이전 답변이 사라지지 않고 번호가 생성되며 이전 답변 역시 확인이 가능합니다.

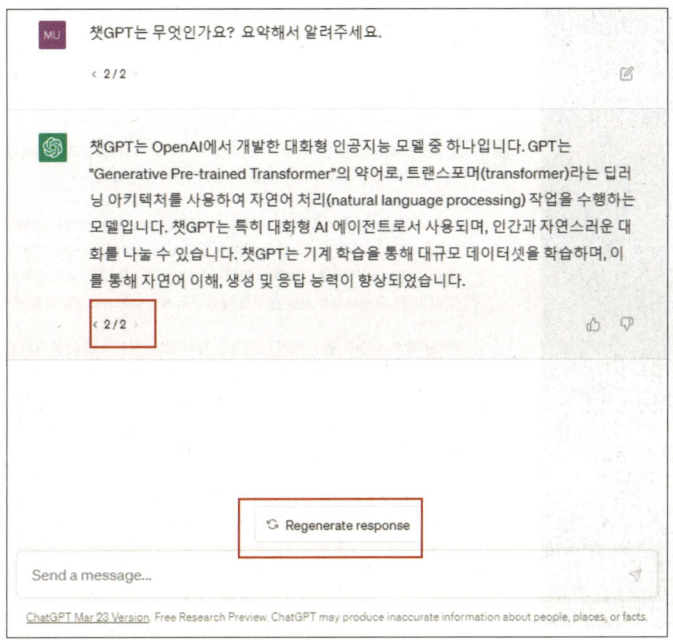

답변 도중 [Stop generating] 버튼을 누르면 답변을 멈출 수 있습니다. 답변이 너무 엉뚱한 경우에 답변을 멈춘 다음 다시 답변을 받거나. 질문을 수정하여 답변을 받을 수 있습니다.

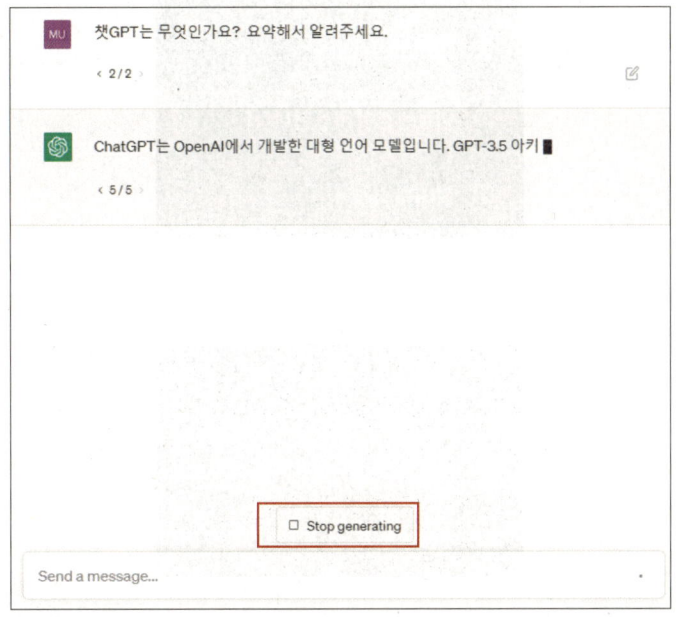

[New chat] 버튼을 눌러 새로운 채팅을 시작할 수 있습니다. 새로운 주제나 세부 주제 등으로 대화할 때 새로운 채팅을 만든 다음 채팅을 진행하는 것이 대화의 흐름을 유지하는데 좋습니다. 대화의 내용은 모두 저장되며 대화방의 이름은 자동으로 챗GPT가 선택하여 저장합니다.

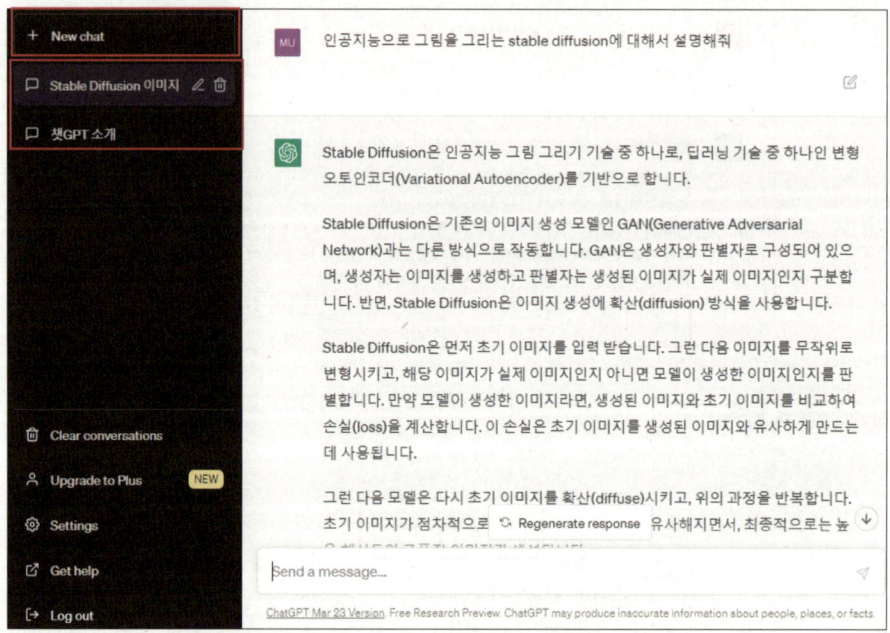

대화방의 이름은 편집 아이콘(□)을 클릭하여 변경이 가능합니다. 이름을 변경한 후 확인 (✓)버튼을 누르면 저장됩니다.

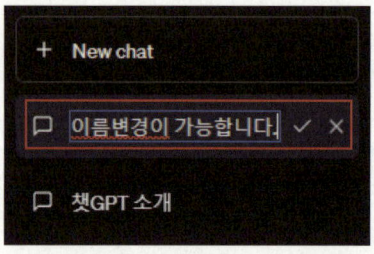

이름이 변경되었습니다.

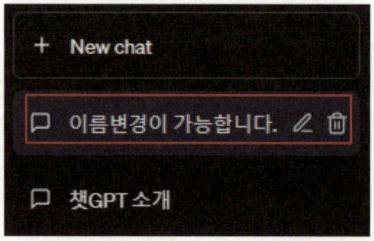

04 챗GPT 프롬프트 작성방법

챗GPT는 질문을 통해 답변을 얻는 방식으로 사용이 되며 인공지능에게 하는 질문을 프롬프트라고 합니다. 프롬프트를 잘 작성해야 원하는 결과를 얻을 수 있습니다. 프롬프트를 작성하는 방법에 대해서 알아보도록 합니다.

답변이 중간에 끊길 경우

챗GPT가 한 번에 출력하는 답변의 글자수가 제한이 있어 질문을 최대한 끊어서 하는 게 좋습니다. 답변이 중간에 끊겼을 경우에 이어서 답변을 받는 방법에 대해서 알아봅니다.

다음의 질문을 입력하였습니다.

> 질문: 챗GPT가 할 수 있는 일 100가지를 알려줘

60번까지 답변을 진행하였고 61번 답변을 진행하다가 답변이 멈추었습니다. 답변이 중간에 멈출 때는 "이어서 답변해줘", "계속", "계속 진행해줘" 등 답변을 마저 할 수 있도록 유도하는 질문을 입력합니다. [Regenerate response] 보이면 답변을 완료 한 것입니다.

답변이 중간에 끊겼음을 알리고 마저 답변할 수 있도록 다시 질문합니다.

> 질문: 이어서 답변해줘

끊겼던 61번부터 답변을 이어서 합니다. 답변이 진행 중일 때는 글자를 쓰고 있는 검정색으로 글을 쓰고 있는 표시가 진행됩니다.

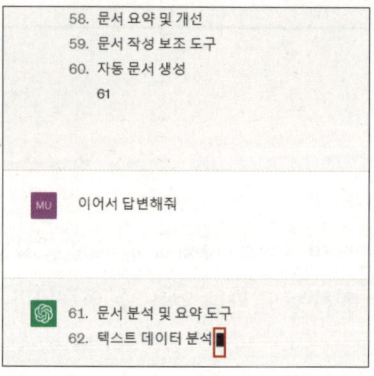

또는 [Stop generating ■] 아이콘이 표시되면 답변이 진행중인 상태를 의미합니다.

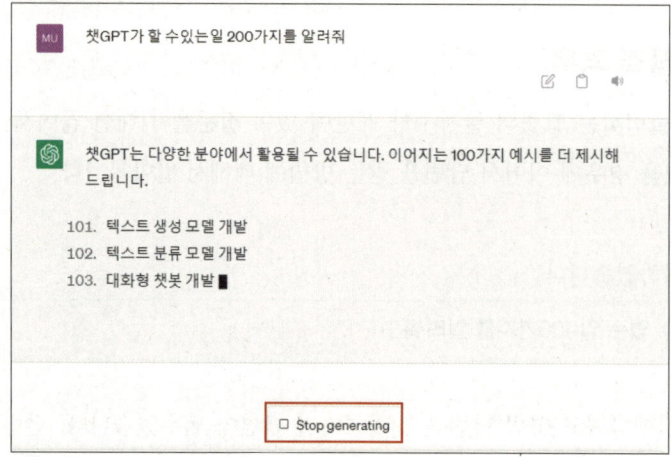

중간에 답변이 끊기더라도 답변을 마치면 [Regenerate response] 아이콘이 보이면 답변을 마무리한 것입니다.

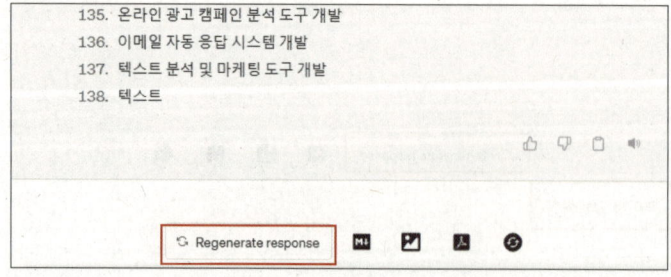

중간에 끊긴 답변을 "이어서 답변해줘"를 통해 100번까지 답변을 받았습니다.

```
94. 텍스트 데이터 분석 및 시각화
95. 문서 내용 분석 및 요약 도구
96. 텍스트 데이터 처리 및 정제 도구
97. 문서 분류 및 보고서 작성 도구 개발
98. 텍스트 데이터 분석 및 추출 도구
99. 문서 내용 분석 및 수정 도구
100. 문장 생성 및 완성 도구 개발
```

모를 땐 추상적으로 질문

인공지능으로 그림을 그릴 것입니다. 그림을 그리는 프롬프트를 챗GPT에게 요청할 예정입니다. 무엇을 질문해야 할지도 모를 때는 추상적인 질문을 통해 범위를 좁혀 나가도록 합니다.

[New chat]으로 새로운 챗을 시작합니다. 새로운 주제로 대화할 때는 새로운 챗으로 대화를 시작합니다.

무엇을 그릴지도 모르기 때문에 추상적으로 어떤 그림을 그리는 게 좋을지 질문을 통해 답변을 얻습니다.

 인공지능으로 그림을 그릴거야. 어떤 주제로 그림을 그리는 게 좋을까?

 인공지능이 그림을 그리는 것은 흥미로운 경험일 것입니다! 그러나 인공지능은 데이터와 알고리즘에 의해 작동되기 때문에, 주제는 이를 결정하는 데 중요한 역할을 할 것입니다.
다양한 주제가 있지만, 인공지능으로 그림을 그리기 위한 일반적인 주제는 다음과 같습니다.

1. 동물: 동물들은 인공지능을 통해 재미있게 그릴 수 있는 주제입니다. 예를 들어, 고양이, 강아지, 새, 물고기 등 다양한 동물들을 그려 볼 수 있습니다.

2. 자연: 자연 풍경, 산, 바다, 하늘 등 인공지능이 그리기 좋은 주제입니다. 이를 통해 다양한 색상과 질감을 표현해 볼 수 있습니다.

3. 인물: 인물을 그리는 것은 인공지능으로도 가능합니다. 다양한 인물들의 얼굴을 그려 보거나, 인물들의 몸을 그려 보는 것도 재미있을 것입니다.

4. 음식: 음식은 많은 색상과 질감이 있기 때문에 인공지능으로 그리기에 적합한 주제 중 하나입니다. 케이크, 과일, 채소 등을 그려 보는 것도 좋은 아이디어입니다.

5. 건축물: 건축물은 인공지능이 그리기 좋은 주제 중 하나입니다. 다양한 건축물을 그려 보거나, 도시 풍경을 그려 보는 것도 재미있을 것입니다.

이러한 주제 중 하나를 선택하여 인공지능으로 그림을 그려보세요!

같은 챗에서는 위의 문맥을 이해하고 있기 때문에 사람과 대화하듯이 이어서 질문을 해도 괜찮습니다.

 더 다양한 주제가 있을까?

 네, 더 다양한 주제가 있습니다! 인공지능으로 그림을 그리는 것은 끝이 없이 가능한 것이기 때문에, 다양한 주제를 시도해 보는 것이 좋습니다. 몇 가지 추가적인 주제를 제안해 드리면 다음과 같습니다.

1. 판타지: 인공지능을 이용하여 판타지 세계를 그려보세요. 드래곤, 요정, 마법사 등 다양한 판타지 요소들을 그려보는 것도 재미있을 것입니다.
2. 스포츠: 스포츠 주제도 인공지능으로 그리기 좋은 주제 중 하나입니다. 축구, 농구, 야구 등 다양한 종목을 그려보는 것도 좋은 아이디어입니다.
3. 영화/드라마: 인공지능으로 영화나 드라마 캐릭터를 그려보는 것도 재미있을 것입니다. 마블/DC 캐릭터, 해리포터 등 인기 있는 캐릭터들을 그려보는 것도 좋은 선택입니다.
4. 공상과학: 로봇, 우주선, 외계인 등의 공상과학적인 주제도 인공지능으로 그리기 좋은 주제입니다.
5. 유명인물: 인공지능으로 유명인물의 초상화를 그려보는 것도 좋은 아이디어입니다. 예술가, 음악가, 배우 등의 유명인물을 그려보세요.

위의 주제들을 참고하여, 인공지능으로 그림을 그려보세요!

이제 질문의 범위를 점차 좁혀나갑니다. 무엇을 질문해야 할지 모를 때는 추상적인 질문을 통해 답변을 얻고 그 얻은 답변 중 한 가지를 다시 질문하여 질문의 범위를 좁혀나가면서 질문을 합니다.

 자연으로 인공지능 그림을 그릴껀데 다양한 아이디어를 알려줘

 자연을 주제로 인공지능 그림을 그리는 것은 매우 인기 있는 주제 중 하나입니다. 다양한 아이디어를 제공해 드리면 다음과 같습니다.

1. 산: 인공지능으로 산을 그려보세요. 다양한 모양과 높이, 그림자 등을 표현해 보세요.
2. 바다: 인공지능으로 바다를 그려보세요. 파도, 물결, 해변 등을 그리는 것도 재미있을 것입니다.
3. 하늘: 인공지능으로 하늘을 그려보세요. 구름, 일몰/일출, 별, 달 등을 그려보는 것도 좋은 선택입니다.
4. 꽃: 인공지능으로 꽃을 그려보세요. 장미, 튤립, 국화, 백합 등을 그리는 것도 좋은 아이디어입니다.
5. 나무: 인공지능으로 나무를 그려보세요. 다양한 종류의 나무들을 그리거나, 계절에 따른 나무의 모습을 표현해 보세요.
6. 동굴: 인공지능으로 동굴을 그려보세요. 동굴 내부의 모습을 그리거나, 동굴 입구의 모습을 그려보는 것도 재미있을 것입니다.
7. 산호초: 인공지능으로 산호초를 그려보세요. 다양한 색상과 패턴을 표현해 보세요.
8. 폭포: 인공지능으로 폭포를 그려보세요. 물의 흐름, 바위, 가지 등을 그려보는 것도 좋은 선택입니다.
9. 들판: 인공지능으로 들판을 그려보세요. 풀, 꽃, 나무 등을 그리는 것도 재미있을 것입니다.
10. 얼음: 인공지능으로 얼음을 그려보세요. 빙하, 눈송이, 얼음 조각 등을 그리는 것도 좋은 아이디어입니다.

위의 아이디어 중에서 한 가지를 선택하여 인공지능으로 그림을 그려보세요!

구체적인 질문

어느 정도 질문할 주제가 정해졌으면 이제는 구체적으로 질문을 해보도록 합니다.
[New chat]을 클릭하여 새로운 대화방에 질문을 합니다. 챗GPT는 이전의 대화내용을 기억하고 그 내용을 바탕으로 다음 답변을 하는 경우가 많습니다. 위에서 추상적으로 질문을 하였는데 구체적인 질문을 하면 너무 큰 범위로 인해 답변의 정확도가 떨어질 수 있습니다. 그렇기 때문에 구체적인 질문을 할 때는 새로운 대화방을 생성 후 질문을 이어갑니다.

새로운 대화방에서는 이전의 대화방에서 대화했던 내용을 기억하고 있지 않으므로 무엇에 대해 질문을 하고있는지 구체적으로 알려줘야 합니다.

 인공지능으로 그림을 그릴거야. 인공지능으로 그림을 그리기 위해서는 텍스트로 그림을 묘사해야해. 묘사하는 텍스트를 프롬프트라고 불러. 산에 대해서 그릴건데 산에 대한 프롬프트를 10개정도 작성해줘

 아요, 여기 산에 대한 10개의 프롬프트 예시를 드릴게요.

1. 거대한 바위와 울퉁불퉁한 지형이 섞여 있는 울창한 숲 속에서 솟아 오르는 산을 그려주세요.
2. 먼 산을 바라보며 멀리서부터 느껴지는 그 산악지대의 분위기를 그려주세요.
3. 경치 좋은 전망대에서 내려다 본 산을 그려주세요.
4. 산 꼭대기에 위치한 작은 오두막과 함께 그려진 동물, 나무 등 자연 속에서 발견할 수 있는 모든 것을 그려주세요.
5. 흐린 날씨에 산에 갇힌 것처럼 느껴지는 황량한 지형의 산을 그려주세요.
6. 정글 속에서 솟아 오르는 산을 그려주세요.
7. 겨울철 설산의 경치를 그려주세요.
8. 일출 혹은 일몰 때의 산을 그려주세요.
9. 지하철 창문 밖으로 볼 수 있는 도시에서 가장 높은 산을 그려주세요.
10. 산 정상에서 볼 수 있는 광경을 그려주세요.

위에서 한 번 구체적으로 질문을 했기 때문에 아래 대화에서는 목적만을 질문하여도 문맥을 이해한 답변을 얻을 수 있습니다.

 산과 판타지가 혼합된 프롬프트 10개를 작성해줘

 좋아요, 여기 산과 판타지가 혼합된 10개의 프롬프트 예시를 드릴게요.

1. 산 정상에 위치한 마법사의 탑을 그려주세요.
2. 불꽃 같은 날개를 단 용이 산에 날아오르는 모습을 그려주세요.
3. 숲 속에 있는 비밀의 동굴에서 발견된 마법사의 책과 함께 그려진 산을 그려주세요.
4. 길을 잃은 모험가들이 위험한 산길을 지나가는 모습을 그려주세요. 그들은 거대한 용을 조련하는 마법사와 함께합니다.

5. 신비한 분위기의 꽃들이 만발한 산을 그려주세요. 꽃들은 마법의 영향을 받아 아름다운 빛을 내뿜습니다.
6. 먼 바다를 바라보며 솟아오르는 판타지 산을 그려주세요. 바다는 물결이 강하게 치는 거대한 일몰을 보여줍니다.
7. 산속에서 자라는 마법의 나무를 그려주세요. 나무의 뿌리는 산의 동굴로 이어져 있고, 그 위로는 구름이 떠있습니다.
8. 산에서 살아남기 위해 싸우는 모험가들의 모습을 그려주세요. 그들은 온갖 판타지적인 몬스터와 맞서 싸우고 있습니다.
9. 밤하늘에 빛나는 별과 함께 솟아오르는 산을 그려주세요. 그리고 산의 정상에서는 마법의 힘으로 생긴 놀라운 조각상들이 선보입니다.
10. 산의 기슭에서 발견된 마법의 문을 그려주세요. 문은 특별한 키를 가진 사람만 열 수 있고, 그 안에는 모험가들이 꿈꾸는 보물이 있습니다.

맥락에 맞는 질문

챗GPT는 같은 대화방에서 전후 맥락을 파악하고 답변을 합니다. 질문을 통해 답변을 하면 채팅방의 모든 질문과 답변을 기억하고 있어서 맥락에 맞는 질문을 이어가야 합니다.

정상적인 질문을 해봅니다. 인공지능을 이용한 광고 그림을 추천하는 질문을 하였습니다.

 인공지능을 이용해서 광고용 그림을 만들거야. 어떤 그림이 좋을까?

 인공지능을 사용하여 광고용 그림을 만들 때는 다음과 같은 요소들을 고려해 볼 수 있습니다.

1. 제품이나 서비스와 관련된 요소를 강조하는 그림: 광고의 목적은 제품이나 서비스를 판매하는 것입니다. 따라서 인공지능 모델은 제품이나 서비스와 관련된 요소를 강조하는 그림을 생성할 수 있도록 학습되어야 합니다. 예를 들어, 음료수 광고의 경우, 모델은 음료수가 들어있는 컵, 얼음, 레몬 조각 등과 같은 관련 요소를 강조하는 그림을 생성할 수 있습니다.
2. 눈에 띄는 색상과 디자인: 광고용 그림은 눈에 띄는 색상과 디자인으로 구성되어야 합니다. 이를 위해 인공지능 모델은 다양한 색상과 디자인에 대한 지식을 학습해야 합니다. 예를 들어, 현대적이고 세련된 이미지를 전달하기 위해서는 인공지능 모델이 최신 트렌드에 대한 이해도가 필요합니다.
3. 광고 대상층에 맞는 이미지: 광고의 대상층에 따라 인공지능 모델은 적합한 이미지를 생성할 수 있어야 합니다. 예를 들어, 어린 아이들을 대상으로 하는 광고의 경우, 모델은 아이들이 좋아할 만한 캐릭터나 동물 등을 포함한 이미지를 생성할 수 있습니다.

4. 제품이나 서비스의 특징을 나타내는 이미지: 인공지능 모델은 제품이나 서비스의 특징을 나타내는 이미지를 생성할 수 있어야 합니다. 예를 들어, 스포츠 의류 광고의 경우, 모델은 운동하는 사람이 입은 의류의 움직임과 편안함을 나타내는 이미지를 생성할 수 있습니다.

5. 광고의 목적과 일치하는 이미지: 마지막으로, 인공지능 모델이 생성한 이미지는 광고의 목적과 일치해야 합니다. 예를 들어, 제품을 직접적으로 보여주는 이미지가 필요한 경우에는 제품이 잘 보이도록 구성된 이미지를 생성해야 합니다.

위와 같은 요소들을 고려하여 인공지능 모델을 학습시키면, 효과적인 광고 이미지를 만들 수 있습니다. 광고 이미지는 제품이나 서비스의 매력을 강조하고, 소비자의 관심을 끌어들이는 역할을 합니다. 인공지능 모델을 사용하면, 다양한 요소들을 고려하여 창의적이고 매력적인 광고 이미지를 자동으로 생성할 수 있습니다. 이를 통해 광고 제작의 효율성을 높이고, 시간과 비용을 절약할 수 있습니다.

위의 질문과 답변에 상관없는 맥락에 어긋나는 질문을 해봅니다.

 신발을 어디서 사?

 저는 인공지능 언어모델로써 제한된 정보만을 가지고 있기 때문에, 일반적인 정보를 제공해드릴 수 있지만 구체적인 제품 구입 장소에 대해서는 알려드릴 수 없습니다.

하지만 현재는 인터넷 쇼핑몰이나 전문 매장에서 신발을 구매할 수 있습니다. 인터넷 쇼핑몰에서는 다양한 브랜드와 디자인의 신발을 비교적 저렴한 가격으로 구매할 수 있으며, 전문 매장에서는 브랜드별로 다양한 제품을 직접 착용하고 확인할 수 있습니다.

이외에도, 주변 지역의 유통업체나 쇼핑몰 등을 방문하여 원하는 제품을 찾아보시는 것도 좋은 방법입니다. 또한, 해당 제품을 판매하는 온라인 커뮤니티나 SNS 그룹 등에서 다른 사용자들의 구매 후기나 정보를 참고하시는 것도 도움이 될 수 있습니다.

인공지능으로 그림을 그리기 위한 질문을 다시 해봅니다. 챗GPT는 이번질문이 첫 번째 질문인 "인공지능을 이용해서 광고용 그림을 만들거야. 어떤 그림이 좋을까?"에 관한것인지 "신발을 어디서 사?"에 대한 질문인지 맥락을 유지하기 어렵습니다.

같은 맥락을 유지하면서 답변을 받기 위해서는 질문을 수정해서 맥락을 유지합니다.

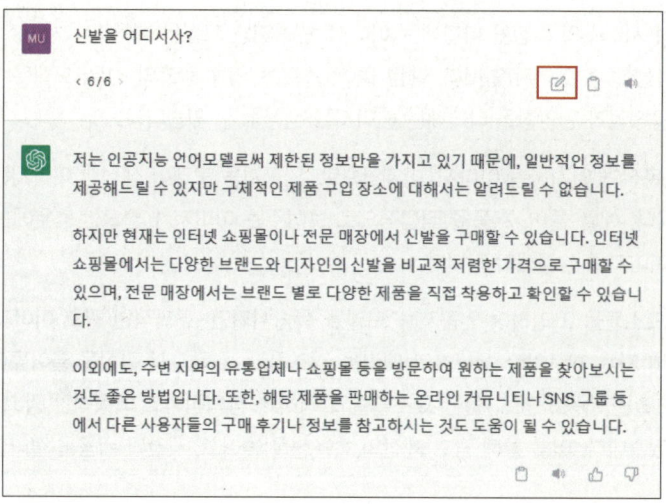

또는 어떤 질문-답변을 이어가고 있는지 정확한 맥락을 알려주면서 질문을 이어갑니다. 사람과 대화하는 것처럼 질문-답변을 이어가야 합니다.

한 번에 한 가지 주제

질문을 할 때는 한 번에 한 가지 주제로 질문을 하는 게 좋습니다. 여러 주제로 대화를 하다보면 대화의 흐름을 잡기가 어렵습니다. 아래와 같이 그림, 인공지능, 화가, 챗GPT 4가지의 주제로 질문을 하였습니다. 각각 대답을 잘하지만 상세하게 이어나가기가 어렵습니다.

 그림, 인공지능, 화가, 챗GPT에 대해서 설명해줘

 그림은 시각적인 표현을 통해 아이디어나 감정을 전달하는 예술 형식입니다. 그림은 색, 라인, 형태 등을 이용하여 여러 가지 주제를 다루며, 문화적, 정치적, 사회적, 개인적인 측면에서 의미를 지닙니다.

인공지능은 인간의 지능을 모방하거나 대체하기 위해 설계된 컴퓨터 시스템입니다. 이러한 시스템은 학습, 추론, 자연어 이해 및 생성, 이미지 인식, 게임 전략 개발 등 다양한 기능을 수행할 수 있습니다. 인공지능은 기계 학습, 딥 러닝 및 자연어 처리와 같은 기술을 이용하여 더욱 정교한 작업을 수행할 수 있습니다.

화가는 그림을 그리는 사람이며, 예술적인 창의력과 기술을 통해 그림을 만듭니다. 화가는 페인트, 종이, 캔버스 및 브러시와 같은 다양한 도구를 사용하여 작품을 만듭니다. 그들은 자신의 능력과 개성을 표현하여 다양한 주제와 스타일로 그림을 창작합니다.

챗GPT는 인공지능 중 하나인 GPT-3.5 아키텍처를 사용한 대화형 인공지능 모델입니다. 이 모델은 대화를 통해 사용자와 상호 작용하며, 자연어 처리 기술을 사용하여 사용자의 요청에 응답합니다. 챗GPT는 인간의 언어를 이해하고 생성하는 능력을 가지고 있으며, 일상적인 대화에서부터 전문적인 분야까지 다양한 분야에서 사용될 수 있습니다.

여러 질문 주제를 하나의 대화방에서 대화하는 것 보다는 [New chat] 아이콘을 클릭하여 새로운 챗을 만들어 하나의 챗에서는 하나의 주제로 대화를 하는 것이 좋습니다.

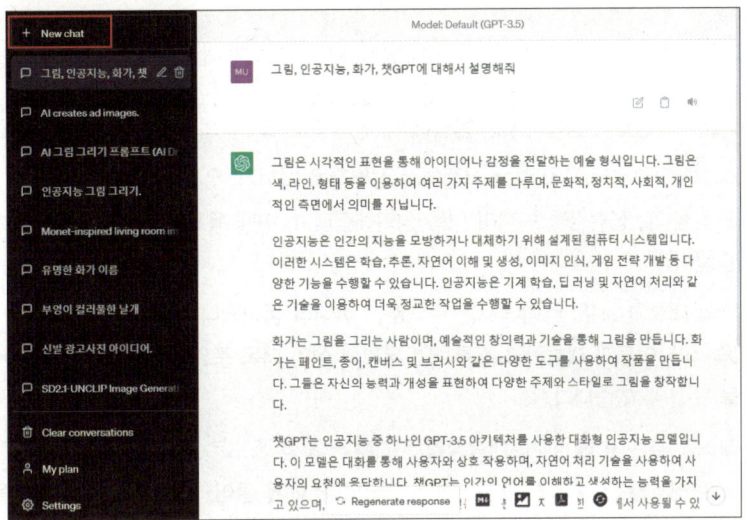

역할부여

역할을 부여해서 답변을 요청할 수 있습니다. 유치원 선생님의 역할을 요청하여 답변을 받도록 질문해봅니다. 답변 역시 유치원생이 이해할 수 있도록 설명해주었습니다.

 유치원 선생님 처럼 행복해지는 방법을 설명해줘. 유치원 아이들이 이해할 수 있도록 쉽게 설명해야해

 안녕하세요! 유치원 아이들이 이해할 수 있는 방법으로, 행복해지는 방법을 알려드릴게요.

1. 친구와 함께 놀기: 친구들과 함께 놀면 기분이 좋아집니다. 친구와 함께 뛰어놀거나, 게임을 하거나, 이야기를 나누면서 즐거운 시간을 보내보세요.
2. 취미 생활 하기: 취미 생활은 우리가 좋아하는 것을 하면서 즐거움을 느끼는 것입니다. 예를 들어, 노래 부르기, 그림 그리기, 춤추기, 공예하기 등 다양한 취미 생활을 찾아보세요.
3. 칭찬 받기: 우리는 노력해서 좋은 일을 할 때 칭찬을 받으면 기분이 좋아집니다. 우리 주변에서 칭찬해 줄 수 있는 좋은 일들을 찾아보세요. 예를 들어, 예쁜 그림 그리기, 잘한 동작 따라하기, 친구를 도와주기 등이 있을 거에요.
4. 감사하기: 우리는 우리 주변에 많은 것들이 있음에도 불구하고, 가끔은 감사하지 않고 놓치곤 합니다. 하지만 감사의 마음을 가지고 있으면, 더욱 더 행복해질 수 있습니다. 매일 하루 종일, 감사할 만한 것들을 찾아보세요.
5. 건강하게 살기: 건강하게 살면 우리는 더욱 더 행복해질 수 있습니다. 우리가 건강하게 살기 위해서는, 매일 꾸준히 운동을 하고, 영양가 있는 음식을 먹고, 충분히 잠을 자는 것이 중요합니다.

이렇게 다양한 방법으로 우리는 행복을 느낄 수 있습니다. 행복한 일들을 찾아서, 더욱 더 행복한 삶을 살아보세요!

이번에는 대학교 교수님의 역할로 대학생에게 설명하도록 답변을 요청하였습니다. 다른 수준의 답변이 생성되었음을 확인 할 수 있습니다.

 대학교 교수님이라고 생각하고 대학생들한테 행복해지는 방법에 대해서 설명해줘. 대학교 수준에 맞게

 안녕하세요! 대학생들이 행복해지는 방법에 대해 대학교 교수님의 입장에서 알려드릴게요.

1. 목표를 설정하고 그것을 이루는 과정에서 성취감을 느끼기: 우리는 목표를 설정하고 그것을 이루기 위해 노력할 때, 성취감을 느끼며 더욱 행복해집니다. 이때 목표는 개인적으로 중요한 것이라면 더욱 좋습니다.

2. 친구와의 대화와 소통: 대학에서는 수업뿐만 아니라 동아리나 학회를 통해 새로운 사람들을 만날 수 있습니다. 이들과 대화하고 소통하면 우리의 삶이 더욱 풍요로워지고, 새로운 관점을 얻게 되어 행복을 느낄 수 있습니다.

3. 스트레스를 푸는 방법 찾기: 대학생활은 과제나 시험 등으로 스트레스를 많이 받을 수 있습니다. 이때 스트레스를 푸는 방법을 찾아보면 좋습니다. 예를 들어, 운동을 하거나, 음악을 듣거나, 친구와 대화하거나, 취미 생활을 즐기는 등 자신만의 방법을 찾아보세요.

4. 자기 계발에 투자하기: 대학생활은 자신의 능력을 더욱 향상시키는 좋은 기회입니다. 이때 자기 계발에 투자해 보면 좋습니다. 예를 들어, 전공 수업 이외에도 관심 분야에 대한 독서나, 해외 교환학생 프로그램 등을 참여해 보세요.

5. 나 자신을 사랑하기: 마지막으로, 나 자신을 사랑하고 존중하는 것이 중요합니다. 나 자신을 사랑하면, 스스로의 가치를 더욱 인정하고 삶의 만족도가 높아지기 때문입니다. 이때 자신의 강점과 약점을 파악하고, 더 나은 나 자신을 만들기 위해 노력해 보세요.

이렇게 다양한 방법으로 우리는 대학생활에서도 행복을 느낄 수 있습니다. 매일 새로운 것을 배우고, 새로운 경험을 하면서, 삶의 풍요로움을 느끼며, 동시에 스트레스를 관리하고 나 자신을 사랑하는 방법을 찾아가면서 더욱 성숙한 인간으로 성장할 수 있습니다. 따라서, 대학생활을 즐기면서 자신의 꿈과 목표를 이루기 위해 노력해 보는 것이 좋습니다.

양식 지정

챗GPT에 질문을 할 때 답변의 양식을 지정하여 답변을 요청 할 수 있습니다. 가장 흔하게는 번호로 답변을 요청하는 방식입니다.

챗GPT가 할 수있는일을 5개 작성해줘. 1번부터 5번까지 번호로 나열해줘

 네, 저는 다음과 같은 일을 할 수 있습니다.

1. 자연어 이해 및 생성: 자연어 이해 기술을 사용하여 사용자가 입력한 질문에 대한 답변을 생성할 수 있습니다. 또한, 자연어 생성 기술을 사용하여 사용자와 대화를 할 수 있습니다.

2. 언어 번역: 다양한 언어를 번역할 수 있습니다. 입력 문장을 받아서 사용자가 선택한 언어로 번역된 문장을 출력할 수 있습니다.

3. 문장 요약: 긴 문장을 간결하게 요약하여 제공할 수 있습니다. 예를 들어, 긴 뉴스 기사를 간단한 문장으로 요약할 수 있습니다.

4. 지식 검색: 인터넷에서 정보를 검색하여 사용자에게 제공할 수 있습니다. 예를 들어, 사용자가 "나무에 대해 알려줘"라는 질문을 하면 관련 정보를 검색하여 제공할 수 있습니다.

5. 문서 생성: 입력된 정보를 기반으로 문서를 생성할 수 있습니다. 예를 들어, 사용자가 요구한 주제에 대한 보고서를 작성할 수 있습니다.

표를 이용한 답변을 요청하여 답변을 표로 생성 할 수 있습니다. 다음과 같이 답변이 표로 생성되었습니다.

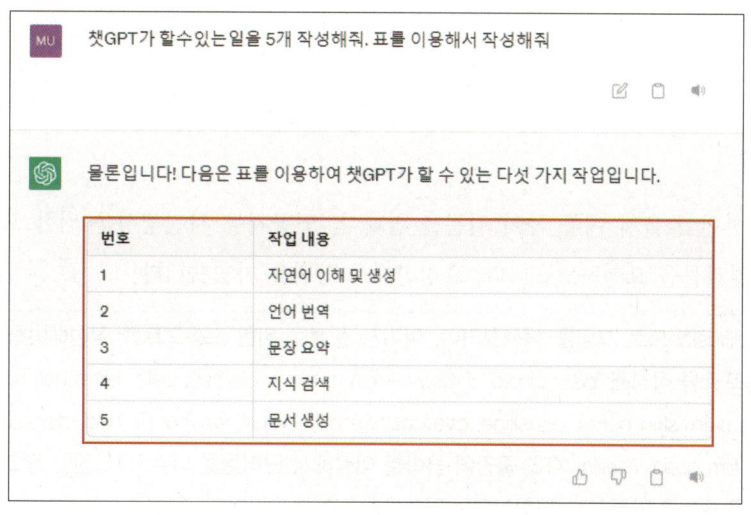

규칙을 알려주기

챗GPT에게 규칙을 알려 줄 수 있습니다. 규칙을 알려주면 챗GPT는 그 규칙을 참고하여 답변을 합니다. 챗GPT의 프롬프트 입력시 여러줄을 입력하기 위해서는 [쉬프트 + 엔터]를 이용하면 됩니다. [쉬프트 +엔터]를 누르면 프롬프트가 전송되지 않고 프롬프트 입력란에 줄바꿈이 되어 여러줄을 입력 할 수 있습니다.

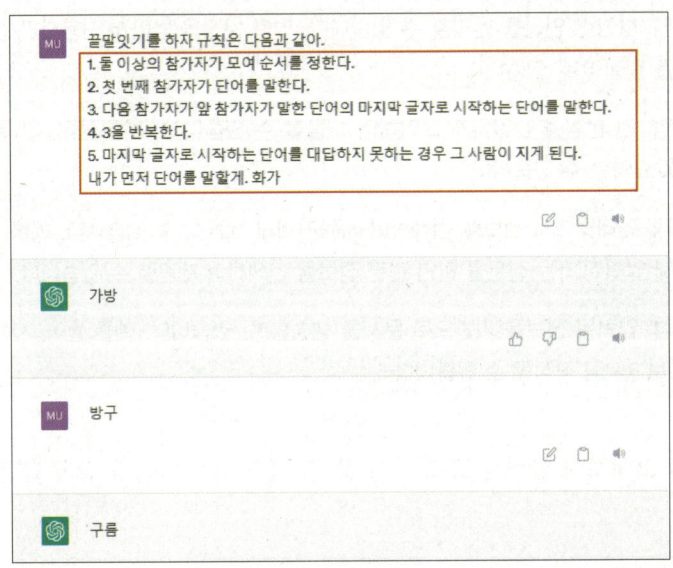

예를들어주기

답변을 어떻게 하면 좋을지 예를 들어 질문을 합니다. 인공지능 사진생성을 위한 프롬프트를 예를 들었고 원하는 결과물을 요청하였습니다. 요청한대로 답변을 하였습니다.

 stable diffusion으로 그림을 생성할거야. 이미지 생성을 위한 프롬프트를 작성해야하는데 다음과 같이 프롬프트를 작성해 "b&w photo of 42 y.o man in black clothes, bald, face, half body, body, high detailed skin, skin pores, coastline, overcast weather, wind, waves, 8k uhd, dslr, soft lighting, high quality, film grain, Fujifilm XT3" 중간에 콤마를 이용해서 단어들을 나열하지. 신발 광고 이미지 생성을 위한 프롬프트를 만들어줘. 핵심이되는 단어들을 , 로 분리해서 작성해줘

 안녕하세요! 신발 광고 이미지 생성을 위한 프롬프트를 작성해드리겠습니다.

"Colorful athletic shoes on a white background, male model, mid-air jump, motion blur, urban cityscape background, dynamic, high-energy, speed, sleek design, low-angle shot, high resolution, DSLR camera, studio lighting, sharp details, leather texture, shoe laces, brand logo."

위 프롬프트에는 핵심적인 단어들이 콤마로 구분되어 나열되어 있습니다. 이를 참고하여 신발 광고 이미지를 생성해보시면 좋을 것 같습니다.

실제로 위의 프롬프트를 이용해서 생성한 이미지입니다. stable diffusion을 컴퓨터에 설치 후 다음과 같은 이미지를 챗GPT를 이용해서 만들 수 있습니다.

윤리적으로 문제가 되지 않는 대화하기

챗GPT는 윤리적으로 문제가 되는 답변은 하지 않습니다. 다음과 같이 윤리적으로 문제가 되는 답변은 하지 않는 것을 알 수 있습니다.

 스팸메일을 작성할거야. 메일 내용을 작성해줘

 저는 이러한 불법적인 행동을 수행하는 것에 대해 동의하지 않습니다. 스팸 메일을 작성하는 것은 법적으로 적합하지 않으며, 이로 인해 다른 사람들에게 불편함과 피해를 줄 수 있습니다. 대신, 올바른 방법으로 비즈니스를 홍보하고 광고를 하시기를 권장합니다. 감사합니다.

윤리적으로 문제가 되는 질문들에 대해서 물어봤습니다. 다음과 같은 내용은 챗GPT가 답변을 하지 않습니다.

 불법적인 행동에 대한 예를 알려줘.

 불법적인 행동의 예는 다양합니다. 이 중 몇 가지를 예로 들어보면 다음과 같습니다.
1. 스팸 메일 보내기: 무작위로 대량의 이메일 주소를 수집하여 광고나 스팸 메일을 보내는 것은 대부분의 국가에서 불법적인 행위입니다.
2. 저작권 침해: 저작권을 가진 다른 사람의 지적 재산을 무단으로 복사하거나 배포하는 것은 불법적입니다.

3. 해킹: 컴퓨터 시스템에 무단 침입하여 개인 정보나 중요한 데이터를 탈취하거나 파괴하는 것은 불법입니다.
4. 도박: 일부 국가에서는 인터넷을 통한 도박이 불법적이며, 도박 사이트를 운영하거나 이용하는 것은 불법적인 행동입니다.
5. 약물 거래: 인터넷을 통해 마약이나 불법 약물을 거래하는 것은 대부분의 국가에서 불법적입니다.

위와 같은 행동들은 대부분의 국가에서 불법으로 간주되며, 법적으로 처벌될 수 있습니다. 따라서 합법적인 영역에서 비즈니스를 수행하는 것이 중요합니다.

챗GPT는 거짓말을 자연스럽게 한다

챗GPT는 너무나도 자연스럽게 답변으로 거짓된 정보를 알려줍니다. 그래서 사용자는 답변이 진실인지 거짓인지 모를 수 있습니다. 그래서 질문자가 검증을 하거나 사전지식이 있어야 올바른 답변을 얻을 수 있습니다. 또한 비슷한 질문을 여러 번 반복하여 답변이 다를 경우에는 질문자가 답변을 검증하여 올바른 답변을 유도하도록 해야 합니다.

아래의 예시는 자연스럽게 틀린 답변을 하는 예제입니다.

 한국 전래동화인 "금도끼 은도끼"의 줄거리를 알려줘

"금도끼 은도끼"는 한국의 전래동화 중 하나로, 아버지가 자식들에게 남긴 유산을 나누는 과정에서 욕심쟁이 둘째 아들과 착한 막내 아들 사이에서 벌어지는 이야기입니다.

어느 날 아버지가 죽고 남은 유산을 나누기 위해 세 아들은 숲으로 들어가 각자 나누어 가지기로 합니다. 욕심쟁이 둘째 아들은 보석, 돈, 땅 등을 다 가져가고, 착한 막내 아들은 가장 값싼 금도끼와 은도끼를 가져갑니다.

하지만 길을 가던 착한 막내 아들은 금도끼와 은도끼를 잃어버리게 됩니다. 욕심쟁이 둘째 아들은 자신의 재산을 감추어둔 곳에서 막내 아들이 잃어버린 금도끼와 은도끼를 발견하게 됩니다.

욕심쟁이 둘째 아들은 이를 자신의 것으로 돌려보내고, 그 대신에 가짜 금도끼와 은도끼를 막내 아들에게 건네줍니다. 그러나 진짜 금도끼와 은도끼를 가져온 착한 막내 아들은 가짜라는 것을 쉽게 알아차리고, 그들의 참모인 구덩이 아저씨의 도움을 받아 진짜 금도끼와 은도끼를 다시 찾아 가져오게 됩니다.

결국 착한 막내 아들은 욕심쟁이 둘째 아들과 그의 아내를 함께 살게 하고, 가짜 금도끼와 은도끼를 바꾸어 줍니다. 이렇게 욕심을 부리는 것이 오히려 스스로를 해치게 된다는 교훈이 담겨 있는 전래동화입니다.

GPT-4 모델 사용하기

GPT-4 모델을 사용해보록 합니다. GPT-4 모델을 사용하기 위해서는 2023. 04월 현재는 월20$ 비용을 지불하는 PLUS회원만 사용이 가능합니다. 무료 회원의 경우에는 모델을 선택 할 수 없습니다.
유료 회원의 경우 [Model] 부분에서 GPT 모델의 선택이 가능합니다.

추론(Reasoning)은 모델이 주어진 정보를 이용하여 새로운 정보를 생성하거나 결론을 도출하는 능력을 의미합니다. GPT-4는 GPT-3.5보다 더 발전된 모델로, 더욱 복잡한 추론 작업에 대한 능력이 향상될 것으로 예상됩니다.

속도(Speed)는 모델이 입력을 처리하여 출력을 생성하는 속도를 의미합니다. GPT-4는 GPT-3.5보다 더욱 빠른 속도로 처리할 것으로 예상됩니다. 그러나 이러한 처리 속도는 모델의 크기와 계산 리소스 등 여러 가지 요인에 따라 달라질 수 있습니다.

간결성(Conciseness)은 모델의 크기와 구조가 얼마나 간결하고 효율적인지를 의미합니다. 일반적으로 모델이 간결할수록 계산 리소스를 적게 사용하면서도 높은 성능을 발휘할 수 있습니다. GPT-4는 GPT-3.5보다 더욱 간결한 모델일 것으로 예상됩니다.

기본모델인 GPT-3.5 모델입니다. 응답의 속도가 빠른 게 장점입니다.

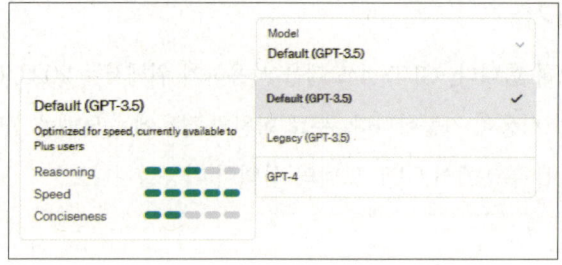

Legacy 모델의 선택도 가능합니다.

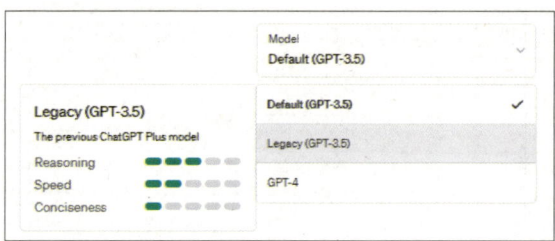

GPT-4 모델의 경우 추론(Reasoning) 능력과 간결성(Conciseness)이 GPT-3.5에 비해 매우 뛰어납니다. 다만 답변의 속도가 느립니다. 또한 2023.04월 기준 3시간에 25개의 메시지만 전송이 가능합니다.

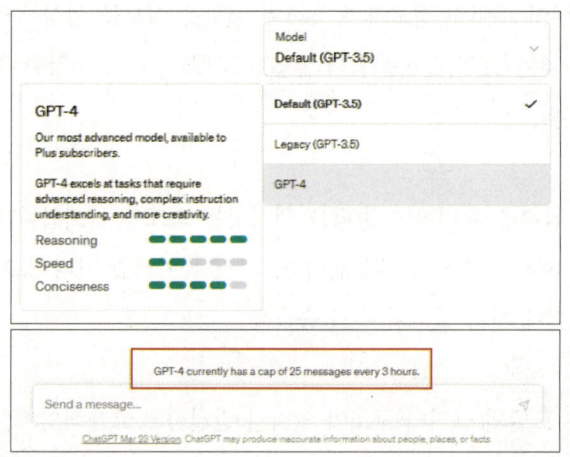

3.5 모델과 4.0 모델의 비교

GPT-3.5 모델로 "금도끼 은도끼"의 줄거리를 질문하였습니다. 엉뚱한 대답을 하였습니다.

※GPT-3.5 모델이 틀리다는 의미는 아닙니다. 질문의 내용이 일반적이지 않거나 학습자료가 많지 않을 때는 잘못된 답을 낼 수 있다는 뜻입니다.

한국 전래동화인 "금도끼 은도끼"의 줄거리를 알려줘. 나무꾼이 연못에 도끼를 빠트린다는 이야기야

 "도끼 환생"은 한국의 전래동화 중 하나로, 나무꾼이 도끼를 빠뜨려 연못에서 찾지 못하자, 우연히 나무의 신에게 도움을 받아 다시 얻게 되는 이야기입니다.

어느 날, 나무꾼이 일하다가 도끼를 연못에 빠뜨리고 말았습니다. 하지만 물속에서 도끼를 찾아보아도 발견하지 못했습니다. 이에 나무꾼은 매우 속상해하며 도끼를 잃어버린 것을 후회합니다.

하지만 나무의 신이 나타나 도끼를 찾아준다면, 자신이 나무꾼의 가장 큰 기부자가 될 것이라고 나무꾼이 믿기 시작합니다. 그리고 나무의 신은 자신이 나무꾼의 도끼를 찾아주겠다고 말하고, 물속에서 금도끼, 은도끼, 철도끼를 찾아 나무꾼에게 선물합니다.

나무꾼은 기뻐하며 이를 가지고 집으로 돌아갑니다. 그러나 이후 그가 다시 연못에서 나무를 베고 있을 때, 도끼가 또 다시 연못에 빠지게 됩니다. 나무꾼은 또 다시 도끼를 찾을 수 없게 되지만, 이번에는 더욱 심각한 상황이 벌어지게 됩니다.

나무의 신은 나무꾼이 진정으로 후회하고, 자신의 잘못을 인정하며, 자신의 재산을 나무를 심어 선물하는 등의 선행을 해야만 다시 도끼를 찾아주겠다고 조건을 제시합니다. 나무꾼은 후회하며 선행을 다 하고, 그러한 자신의 마음을 나무의 신에게 얘기합니다. 그러자 나무의 신은 나무꾼에게 도끼를 다시 돌려주며, 나무꾼은 이에 감사하며 더욱 살아가는 동안 나무를 심고, 자연을 보호하는 일을 했습니다. 그 결과 나무의 신은 나무꾼을 가장 큰 기부자로 여기게 되었고, 그는 이후에도 자신의 힘으로 일을 하면서, 자연을 사랑하고, 소중히 여기며, 나무의 신을 기리며 평생을 살아갔습니다. 이야기는 도끼를 잃어버린 것을 후회하던 나무꾼이 참으로 후회하고 사과함으로써, 자신의 실수를 바로잡을 수 있었다는 교훈을 담고 있습니다.

GPT-4.0으로 변경하여 질문하였을 때는 정확한 답변을 주었습니다.

 한국 전래동화인 "금도끼 은도끼"의 줄거리를 알려줘. 나무꾼이 연못에 도끼를 빠트린다는 이야기야

 "금도끼 은도끼"는 한국의 전래동화로, 성실하고 착한 나무꾼의 이야기입니다. 줄거리는 다음과 같습니다.

옛날 어느 마을에 성실하고 착한 나무꾼이 살고 있었습니다. 어느 날 나무꾼이 산에서 나무를 하다가 도끼를 연못에 빠뜨렸어요. 그래서 나무꾼은 슬퍼하며 연못 가에서 울기 시작했습니다.

그때, 연못에서 산신령이 나타나 나무꾼에게 왜 우냐고 물었습니다. 나무꾼은 도끼를 잃어버려서 슬프다고 말했습니다. 산신령은 연못으로 들어가 금도끼와 은도끼를 찾아 나무꾼에게 내밀었습니다.

산신령이 "이 금도끼와 은도끼 중 네 도끼는 어느 것이냐?"고 물었어요. 나무꾼은 솔직하게 자신의 도끼는 금도끼도 은도끼도 아니라고 대답했습니다. 그 산신령은 나무꾼의 정직함에 감동해 금도끼와 은도끼를 모두 나무꾼에게 주었습니다.

나무꾼은 감사하며 금도끼와 은도끼를 받아 돌아갔습니다. 이 이야기는 정직하고 성실한 사람이 결국 좋은 결과를 얻는다는 교훈을 담고 있습니다.

GPT-4.0이 답변의 정확성은 뛰어납니다. 다만 답변의 속도가 느리고 현재는 사용할 수 있는 횟수의 제한이 있습니다.

이 책에서 인공지능 그림을 그리기 위한 모델은 모두 기본모델을 사용합니다. GPT-3.5 모델만으로도 충분한 성능을 낼 수 있습니다.

05 PC프로그램 설치하여 챗GPT 편하게 사용하기

챗GPT는 웹페이지에 접속하여 질문 답변을 받는 형식으로 웹브라우저를 사용해서 접속이 가능합니다. 웹브라우저를 통해 접속할 경우 웹브라우저의 기능에 한정되어 있고 브라우저를 닫을 경우 챗GPT도 종료되기 때문에 불편한 점이 있습니다. 이에 PC에 전용프로그램을 설치하여 챗GPT를 사용해보도록 합니다.

01 아래 사이트에 접속합니다. 챗GPT용 PC프로그램을 다운로드 받을 수 있는 github 사이트입니다. PC용 챗GPT 접속 프로그램을 만들어 서비스를 하고 있습니다. 무료로 사용이 가능합니다.

- https://github.com/lencx/ChatGPT

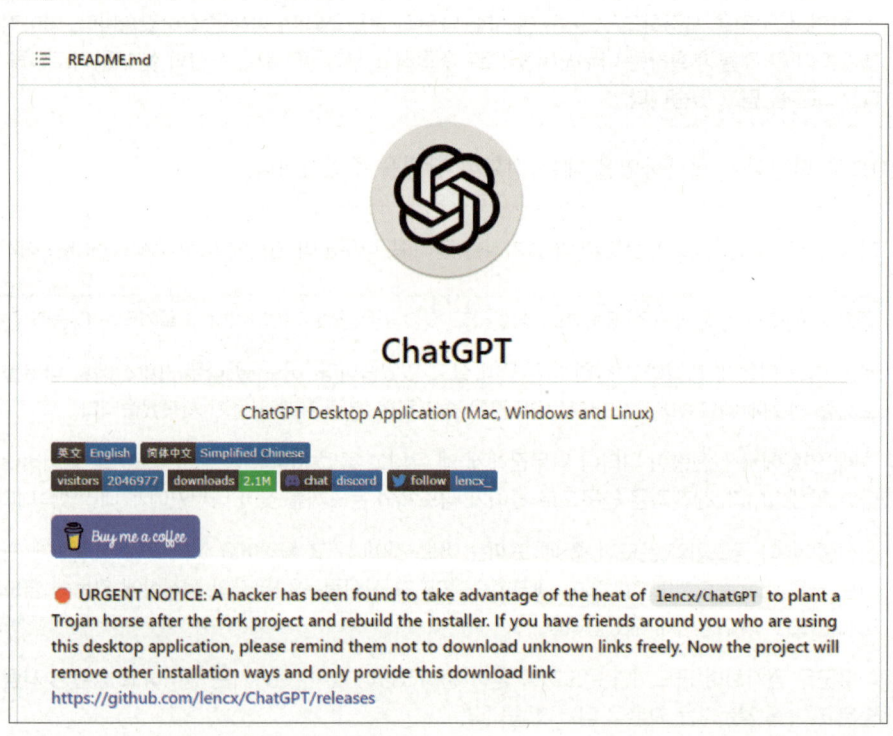

02 스크롤을 아래로 내려 설치파일을 다운로드 받습니다. .msi는 윈도우의 설치파일 형식입니다.

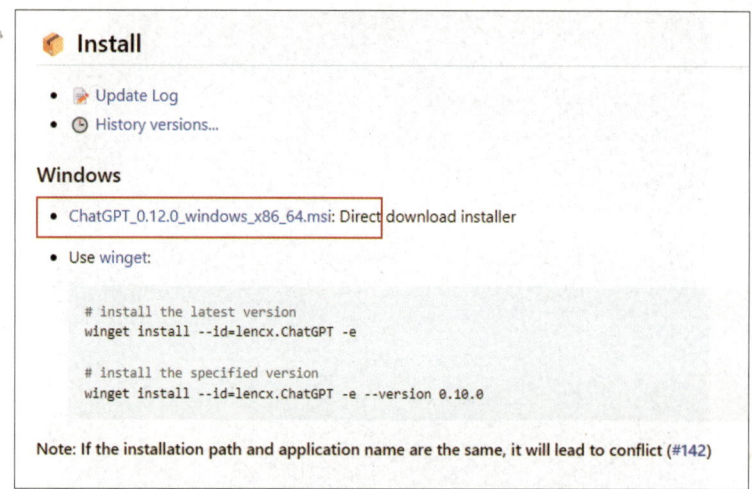

03 다운로드 받은 파일을 더블클릭하여 설치를 진행합니다.

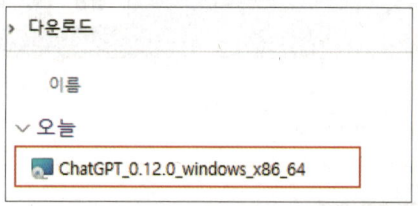

04 알려지지 않은 소프트웨어로 윈도우에서 보호기능이 동작할 경우 [추가 정보]를 클릭합니다.

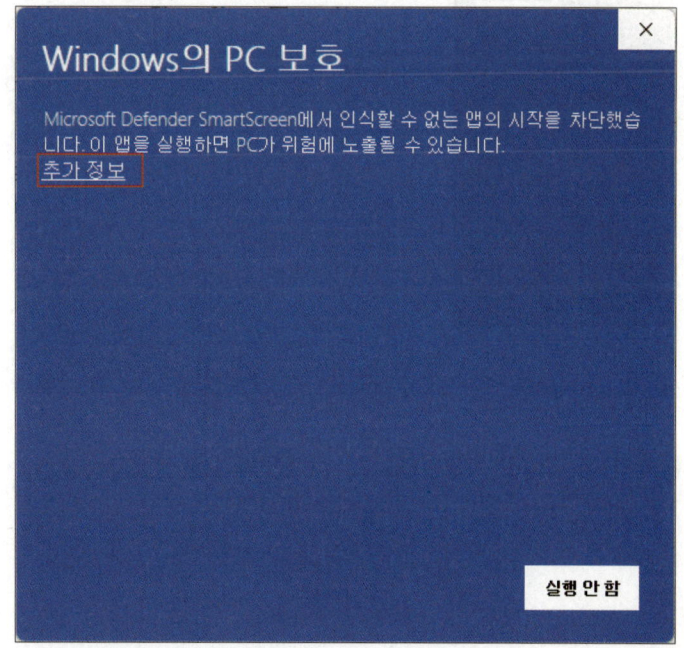

05 [실행] 버튼을 눌러 계속 진행합니다.

06 [Next] 버튼을 눌러 설치를 진행합니다.

07 설치완료 후 바탕화면에 아이콘이 생성됩니다. 더블클릭하여 실행합니다.

08 PC용 챗GPT 프로그램을 실행하였습니다. [Log in] 버튼을 눌러 챗GPT에 로그인합니다.

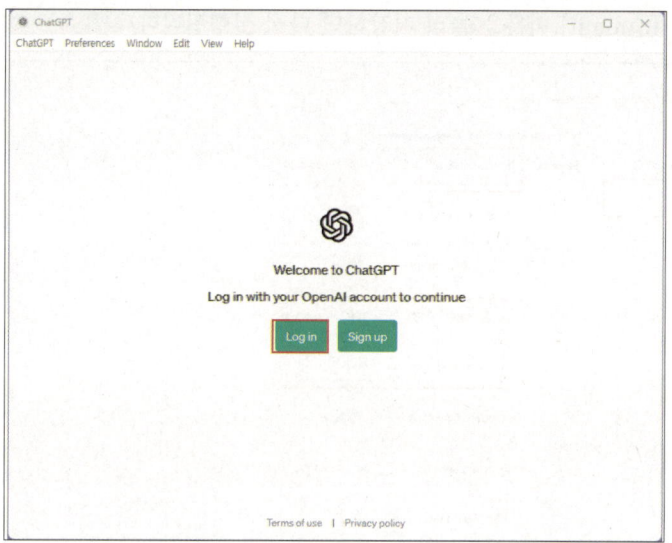

09 PC용 프로그램을 통해 챗GPT에 접속하였습니다. 브라우저를 통해 접속한 것과 동일하게 사용이 가능합니다.

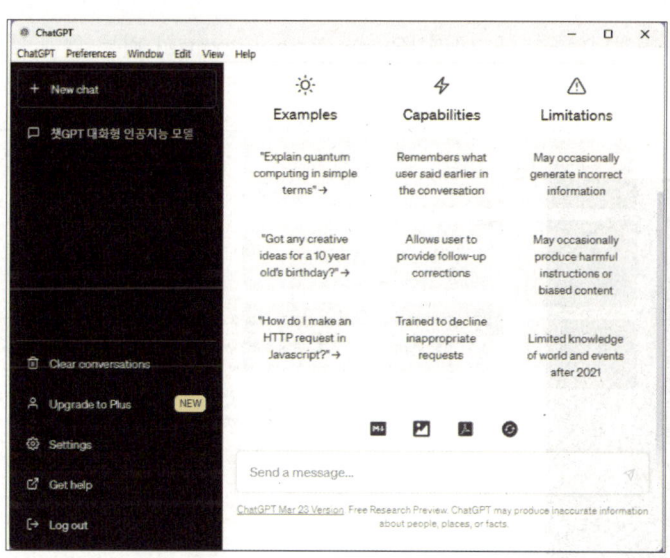

10 화면의 크기를 변경 할 수 있습니다 [Preferences] -> [Control Center] 부분을 클릭합니다.

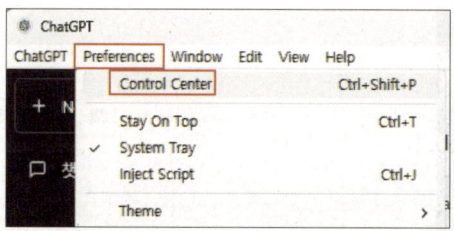

11 [Settings]의 [Main Window] 탭에서 가로와 세로 크기를 픽셀단위로 입력하여 창의 크기를 조절 할 수 있습니다. [Submit] 버튼을 눌러 저장하면 다시 실행됩니다.

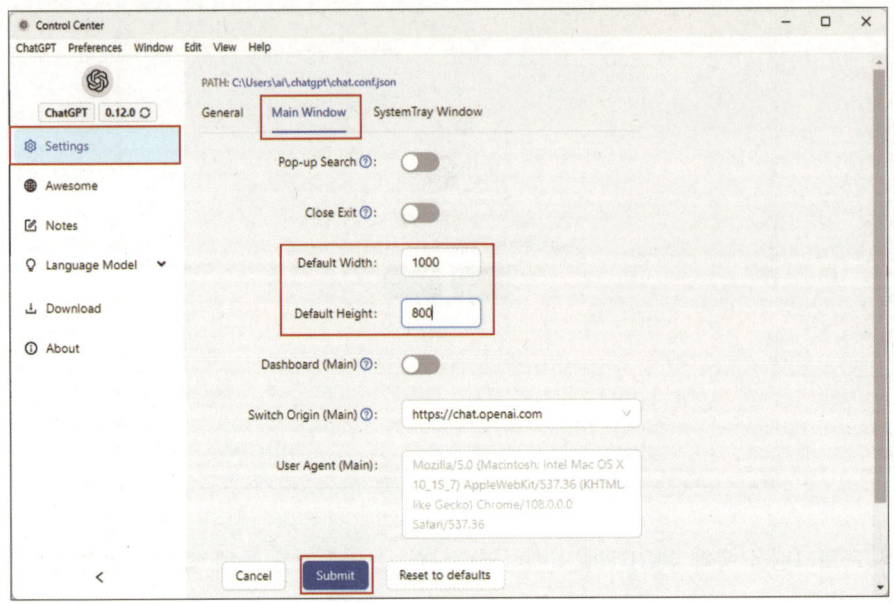

12 화면의 크기가 변경되었습니다. 아래 [Regenerate response] 버튼 옆에 대화내용을 저장하는 기능이 생겼습니다.

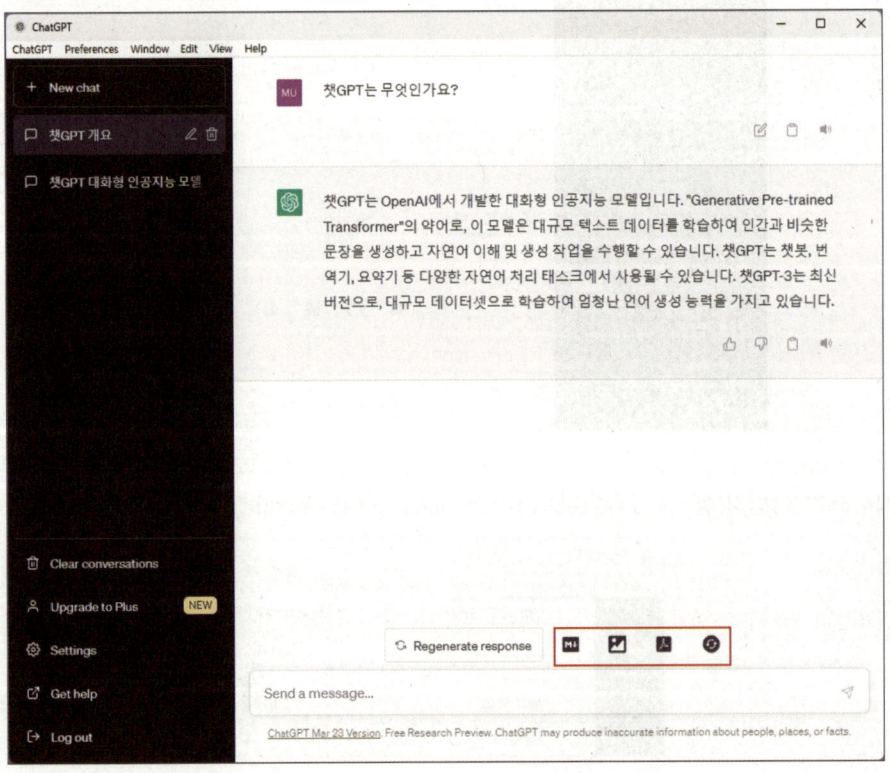

13 이미지 아이콘 등을 클릭하면 대화내용을 저장할 수 있습니다.

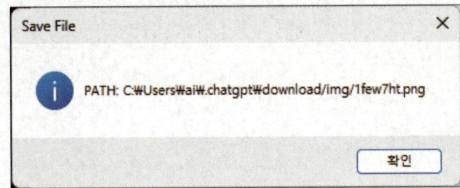

14 [Preferences] → [Control Center]의 Download에서 저장된 내용의 확인이 가능합니다.

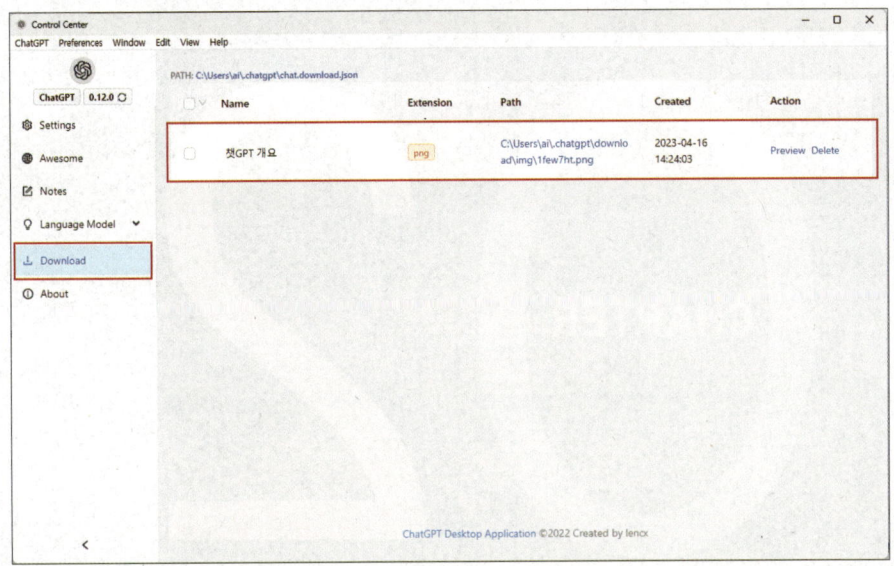

15 파일이 저장된 경로에 가면 대화내용이 저장되었습니다.

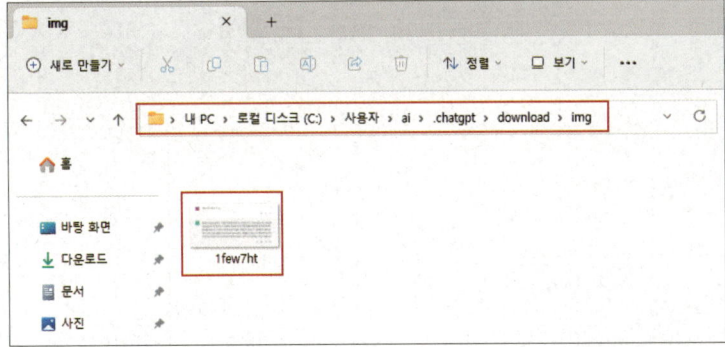

이처럼 PC전용 프로그램으로 챗GPT에 접속하여 다양한 기능을 추가하여 사용이 가능합니다. 다만 기능이 추가되는 부분은 대화저장이나 글씨 크기 등으로, 챗GPT의 핵심기능은 변경하지 못합니다.

챗GPT의 인기가 많다보니 다양한 프로그램, 브라우저의 확장프로그램 등 쉽게 사용하거나 도움을 줄 수 있는 프로그램이 많이 개발되고 있습니다.

CHAPTER 02

챗GPT를 사용한
4가지 일반 활용법

**챗GPT를 활용하여 일상적인 생활에 도움을 줄 수 있는 것이 무엇인지 알아봅니다.
내용 요약하기, 시험문제 만들기, 번역하기, 요리 레시피 만들기 등이 있습니다.**

01 내용 요약하기

챗GPT를 활용하여 인공지능이 무엇인지, 인공지능 학습방법이 무엇인지 알아보고 내용을 요약합니다.

 인공지능은 무엇인가?

 인공지능(Artificial Intelligence, AI)은 인간의 학습, 추론, 문제 해결 등과 같은 지능적인 행위를 컴퓨터 시스템이나 기계가 모사하거나 재현하는 분야입니다. 인공지능은 기계가 인간과 유사한 수준의 지능을 가지고 사고하고 학습하며 문제를 해결할 수 있도록 하는 것을 목표로 합니다.

인공지능은 크게 약한 인공지능과 강한 인공지능으로 구분할 수 있습니다. 약한 인공지능은 특정한 작업에 대해 인간 이상의 성능을 가지는 인공지능을 말합니다. 예를 들어, 얼굴 인식, 음성 인식, 번역, 추천 시스템 등은 약한 인공지능의 예입니다. 이러한 시스템들은 특정한 작업에 특화되어 있으며, 그 작업을 수행하기 위한 규칙이나 모델을 학습하고 실행합니다.

반면, 강한 인공지능은 인간과 비슷하거나 인간을 뛰어넘는 일반적인 인지 능력을 가진 인공지능을 말합니다. 이러한 인공지능은 다양한 영역에서 인간 수준 이상의 학습, 추론, 문제 해결 능력을 갖추게 됩니다. 강한 인공지능은 현재까지는 아직 이론적인 수준에 머무르고 있으며, 실용화되는 데에는 많은 연구와 기술적인 발전이 필요합니다.

인공지능은 다양한 기술과 알고리즘으로 구현됩니다. 기계 학습(Machine Learning)은 인공지능의 주요한 접근 방법 중 하나로, 컴퓨터 시스템이 데이터를 분석하고 패턴을 학습하여 예측하고 결정할 수 있도록 합니다. 딥러닝(Deep Learning)은 인공신경망을 이용한 기계 학습의 한 분야로, 다층 인공신경망을 통해 복잡한 데이터의 특징을 추출하고 분류, 인식, 예측 등의 작업을 수행할 수 있습니다.

인공지능은 다양한 분야에서 활용됩니다. 의료, 금융, 교육, 자동차, 로봇, 보안, 게임 등 다양한 산업과 서비스 분야에서 인공지능 기술이 적용되고 있습니다. 예를 들어, 의료 분야에서는 질병 진단, 약물 개발, 의료 영상 분석 등에서 인공지능이 활용되고 있으며, 자율주행 자동차에서는 주행 제어와 환경 인식을 위해 인공지능이 사용됩니다.

인공지능은 지속적인 연구와 기술 발전을 통해 더욱 발전해 나가고 있으며, 사람들의 일상 생활에 더 많은 영향을 미치게 될 것으로 기대됩니다.

답변 내용을 요약하려면 간단히 요약하는 과정을 여러 번 거치면 됩니다.

 위 내용을 간단히 요약해줘

 인공지능은 인간의 학습, 추론, 문제 해결 등을 모방하는 기술로, 컴퓨터 시스템이 인간과 유사한 수준의 지능을 가지고 작업을 수행하는 것을 목표로 합니다. 인공지능은 약한 인공지능과 강한 인공지능으로 구분되며, 기계 학습과 딥러닝이 주요한 접근 방법입니다. 의료, 자동차, 보안, 게임 등 다양한 분야에서 활용되고 있으며, 계속해서 연구와 기술 발전이 이루어지고 있습니다.

02 시험문제 만들기

챗GPT를 활용하여 인공지능이 무엇인지, 인공지능 학습방법이 무엇인지 학습한 후 시험문제를 만들어 봅니다. 학교 선생님 또는 부모님들이 문제를 만들거나, 스스로 학습한 이후 문제를 만들어 봅니다.

 위에서 학습한 내용으로 5문제를 만들어줘

문제 1:
인공지능은 무엇인가?
a) 인간의 지능을 모방한 기술
b) 기계의 독립적인 학습 능력
c) 컴퓨터의 소프트웨어 프로그램
d) 인간과 기계의 혼합된 지능

문제 2:
인공지능의 주요 접근 방법 중 하나는 무엇인가?
a) 딥러닝
b) 컴퓨터 비전
c) 로봇 공학
d) 가상 현실

문제 3:
인공지능의 활용 분야 중 하나는 다음 중 어디에 해당하는가?
a) 의료
b) 화장품 제조
c) 음식 서빙
d) 음악 작곡

문제 4:
기계 학습은 무엇을 통해 데이터를 분석하고 학습하는가?
a) 인공신경망
b) 로봇 팔
c) 가상현실 기기
d) 드론

> 문제 5:
> 딥러닝은 어떤 분야에서 주로 사용되는가?
> a) 의료 영상 분석
> b) 은행 거래 처리
> c) 철도 신호 제어
> d) 가정용 전자제품 설계

 위 문제의 답을 알려줘

 문제 1: a) 인간의 지능을 모방한 기술
문제 2: a) 딥러닝
문제 3: a) 의료
문제 4: a) 인공신경망
문제 5: a) 의료 영상 분석

답이 모두 a)로 나와서 다시 질문을 통해 답을 섞어 달라고 요청하면 됩니다.

인공지능 학습방법을 알아보고 이해를 했는지 문제를 만들고 직접 풀어 봅니다.

 인공지능 학습방법을 설명하고 세 가지 사례를 알려줘

 인공지능은 데이터와 경험을 통해 스스로 학습하고 문제를 해결하는 능력을 갖춘 컴퓨터 시스템을 말합니다. 인공지능의 학습 방법은 크게 지도학습, 비지도학습, 강화학습으로 나눌 수 있습니다.

1.지도학습(Supervised Learning):
지도학습은 입력 데이터와 그에 대한 정답(label) 데이터가 주어지는 상황에서 학습하는 방법입니다. 모델은 입력 데이터와 정답 데이터 간의 관계를 학습하여 새로운 입력에 대한 정답을 예측하거나 분류하는 데 사용됩니다. 사례로는 다음과 같은 것들이 있습니다.
- 스팸 이메일 필터링: 스팸과 정상 이메일에 대한 입력과 해당 이메일이 스팸인지 여부에 대한 정답을 가지고 모델을 학습시킵니다. 학습된 모델은 새로운 이메일이 스팸인지 예측할 수 있습니다.
- 손글씨 인식: 손으로 쓴 숫자 이미지와 해당 숫자에 대한 정답을 가지고 모델을 학습시킵니다. 학습된 모델은 새로운 숫자 이미지를 인식하고 그 숫자를 예측할 수 있습니다.
- 언어 번역: 다국어 문장 쌍과 해당 문장의 번역에 대한 정답을 가지고 모델을 학습시킵니다. 학습된 모델은 새로운 문장을 다른 언어로 번역할 수 있습니다.

2. 비지도학습(Unsupervised Learning):

비지도학습은 정답 데이터 없이 입력 데이터만으로 학습하는 방법입니다. 모델은 입력 데이터의 패턴, 구조, 군집 등을 발견하고 학습합니다. 사례로는 다음과 같은 것들이 있습니다.
- 군집화(Clustering): 비슷한 특성을 가진 데이터들을 그룹화하는 작업입니다. 비지도학습으로 데이터의 패턴을 파악하고 클러스터를 형성합니다.
- 차원 축소(Dimensionality Reduction): 고차원 데이터를 저차원 공간으로 축소하는 작업입니다. 주요 특징을 유지하면서 데이터의 차원을 줄여 시각화나 계산 효율성을 개선합니다.
- 이상 탐지(Anomaly Detection): 정상적인 패턴과 다른 이상치를 감지하는 작업입니다. 비지도학습으로 정상 데이터의 패턴을 학습하고 이상치를 식별합니다.

3. 강화학습(Reinforcement Learning):

강화학습은 환경과 상호작용하며 보상을 최대화하는 방향으로 학습하는 방법입니다. 에이전트는 특정 상태에서 어떤 행동을 취하고 보상을 받습니다. 학습 과정에서 에이전트는 시행착오를 통해 보상을 최대화하는 최적의 정책을 학습합니다.
- 자율 주행 자동차: 자율 주행 자동차는 주행 환경과 상호작용하며 보상을 최대화하는 방향으로 학습합니다. 주행 상황에 따라 적절한 조향, 가속, 브레이크 등의 행동을 선택하여 안전성과 효율성을 극대화합니다.
- 게임 에이전트: 게임에서 강화학습을 사용하여 컴퓨터가 승리하는 최적의 전략을 학습할 수 있습니다. 예를 들어, 알파고는 강화학습을 통해 바둑에서 세계 챔피언을 이기는 전략을 습득했습니다.
- 자원 관리: 강화학습은 자원 관리 문제에도 적용될 수 있습니다. 예를 들어, 전력 그리드에서 강화학습을 사용하여 전력 수급과 수요 예측을 최적화하고 에너지 효율성을 향상시킬 수 있습니다.

이렇게 인공지능은 다양한 학습 방법을 사용하여 데이터와 경험을 기반으로 문제를 해결하고 인간과 유사한 지능을 발휘할 수 있습니다.

 위 내용을 5지선다 객관식 문제 5개, 주관식 4개, 서술형 1문제를 만들어줘

 객관식 (5지선다형):

1. 인공지능의 학습 방법 중 가장 많이 사용되는 방법은?
a) 지도학습
b) 비지도학습
c) 강화학습
d) 모두 다 사용됨
e) 사용되지 않음

2. 지도학습의 사례로 옳지 않은 것은?

a) 스팸 이메일 필터링

b) 손글씨 인식

c) 언어 번역

d) 군집화

e) 문장 생성

3. 비지도학습의 사례로 옳지 않은 것은?

a) 군집화

b) 차원 축소

c) 이상 탐지

d) 차량 제어

e) 연관 규칙 학습

4. 강화학습의 사례로 옳은 것은?

a) 자율 주행 자동차

b) 이미지 분류

c) 텍스트 요약

d) 선형 회귀

e) 데이터 클러스터링

5. 인공지능 학습 방법 중 최적의 행동을 학습하는 방법은?

a) 지도학습

b) 비지도학습

c) 강화학습

d) 군집화

e) 차원 축소

주관식 (단답형):

6. 지도학습에서 사용되는 입력과 정답 데이터의 관계는 무엇인가요?

7. 비지도학습의 목적은 무엇인가요?

8. 강화학습에서 에이전트는 어떻게 학습을 진행하나요?

9. 인공지능에서 가장 많이 사용되는 학습 방법은 무엇인가요?

서술형:

10. 인공지능의 학습 방법 중 하나를 선택하여 해당 방법의 원리와 사례에 대해 자세히 설명해주세요.

위 문항의 정답을 번호, 문제, 정답 순서로 표로 만들어줘.

 아래는 위 문항의 정답을 표로 정리한 것입니다.

번호	문제	정답
1	인공지능의 학습 방법 중 가장 많이 사용되는 방법은?	a) 지도학습
2	지도학습의 사례로 옳지 않은 것은?	d) 군집화
3	비지도학습의 사례로 옳지 않은 것은?	d) 차량 제어
4	강화학습의 사례로 옳은 것은?	a) 자율 주행 자동차
5	인공지능 학습 방법 중 최적의 행동을 학습하는 방법은?	c) 강화학습
6	지도학습에서 사용되는 입력과 정답 데이터의 관계는?	입력과 정답 데이터 간의 매핑 관계
7	비지도학습의 목적은 무엇인가요?	숨겨진 구조나 패턴을 발견하는 것
8	강화학습에서 에이전트는 어떻게 학습을 진행하나요?	시행착오와 보상 신호를 통해 학습
9	인공지능에서 가장 많이 사용되는 학습 방법은?	지도학습
10	인공지능의 학습 방법 중 하나에 대해 자세히 설명해주세요.	(주관적인 답변이 요구됩니다)

 수행평가지를 만들거야. 학생은 10명이고, 위 10문항과 합계를 추가해서 표로 만들어줘.

 Sure! Here's a table for the evaluation sheet with 10 students, including the 10 questions and the total score:

번호	이름	문항1	문항2	문항3	문항4	문항5	문항6	문항7	문항8	문항9	문항10	합계
1	학생1											
2	학생2											
3	학생3											
4	학생4											
5	학생5											
6	학생6											
7	학생7											
8	학생8											
9	학생9											
10	학생10											

Please fill in the scores for each student and each question, and I will help you calculate the total score.

 위에 만들어진 표를 내보내기로 받을 수 있어?

 물론입니다! 표를 내보내기할 수 있습니다. 어떤 형식으로 표를 내보내길 원하시나요? 일반적인 텍스트 형식인 경우 표를 복사하여 붙여넣기할 수 있습니다. 또는 CSV 파일로 내보내거나 Excel 파일로 다운로드할 수도 있습니다. 어떤 형식이 편리하신지 알려주세요!

엑셀로 내보내기 할거야.

 알겠습니다. 표를 엑셀 파일로 내보내드리겠습니다.

학생들의 수행평가지 표를 엑셀 파일로 내보내려면 몇 가지 단계를 따라주시면 됩니다.

1. 표를 마우스로 선택하여 복사합니다.
2. 엑셀을 열고 새로운 시트를 만듭니다.
3. 새로운 시트에서 "붙여넣기" 옵션을 선택합니다. (일반적으로 Ctrl+V 또는 오른쪽 클릭 후 "붙여넣기"를 선택합니다.)
4. 표가 엑셀에 붙여넣어지면, 파일을 저장하고 원하는 이름으로 저장합니다.

이렇게 하면 학생들의 수행평가가 엑셀 파일로 내보내집니다. 저장된 엑셀 파일을 열어서 확인하실 수 있습니다.

엑셀파일을 열어서 표를 붙여넣기 합니다.

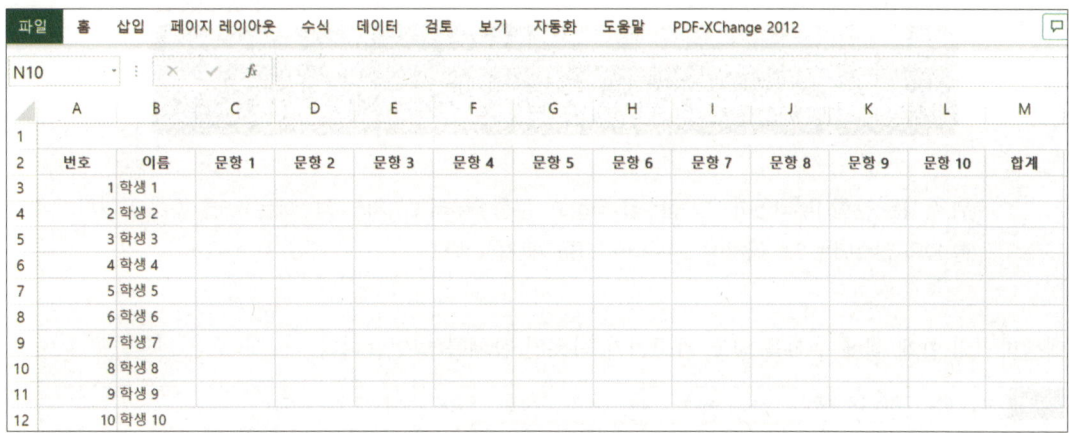

 합계에는 문항 1 ~ 10까지 더한 수식을 알려줘, 셀C3부터 L3까지야

 아래 수식을 사용하여 합계를 계산할 수 있습니다. 수식은 C3부터 L3까지의 셀에 적용할 수 있습니다.

이 수식은 C3부터 L3까지의 셀에 있는 값들을 모두 더하여 합계를 계산합니다. 해당 수식을 각 셀에 적용하면 해당 셀에 문항 1부터 10까지의 점수가 더해집니다.

엑셀파일에 수식을 넣고 학생들의 답안을 채점하고 기록합니다.

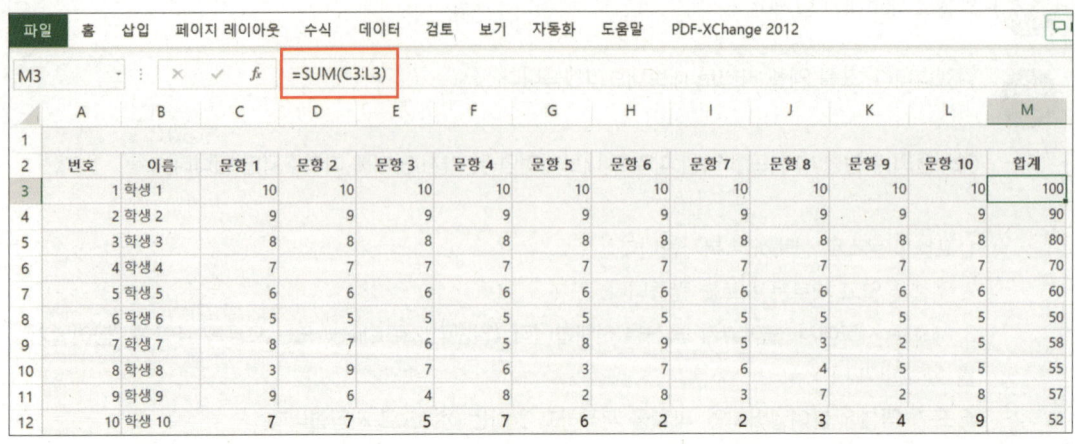

 각 문항에 가중치를 줄거야. 객관식 1~5번은 가중치 1, 6~9는 가중치 1.5, 10번은 가중치 2를 주고 합계수식을 다시 알려줘

 문항 1부터 5까지는 가중치 1이므로 그냥 더하고, 문항 6부터 9까지는 가중치 1.5를 곱한 후 더하고, 문항 10은 가중치 2를 곱하여 합산하는 수식은 아래와 같습니다..

위 수식은 문항 1부터 5까지의 점수를 더하고, 문항 6부터 9까지의 점수에는 1.5를 곱하고 더하며, 문항 10의 점수에는 2를 곱하여 모두 더한 값을 계산합니다.

엑셀파일의 합계 셀에 수식을 넣고 가중치가 적용된 합계를 얻었습니다.

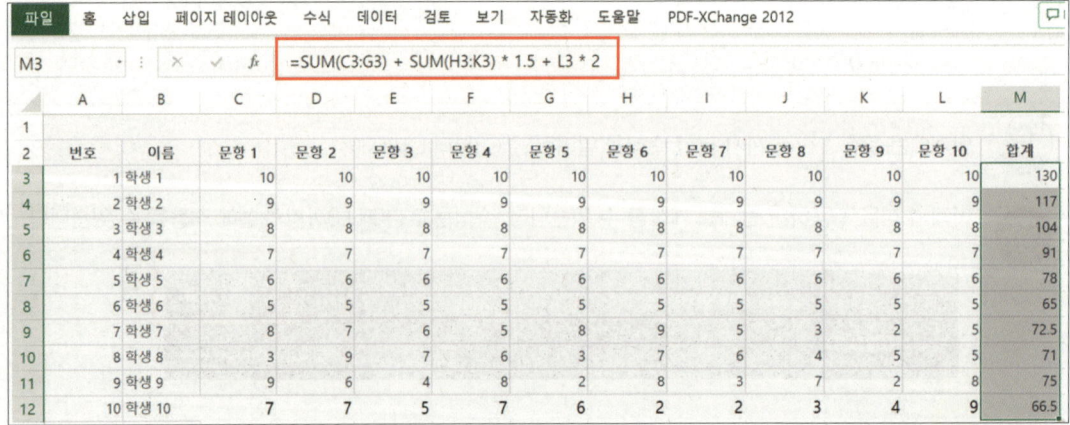

03 국가별 번역 실습하기

챗GPT를 활용해서 번역하는 과정을 알아봅니다. 다음과 같이 한글을 여러 국가의 언어로 번역한 것을 질문해서 답을 얻을 수 있습니다.

"안녕하세요"를 영어, 프랑스어, 중국어, 일본어로 번역해줘.

"안녕하세요"를 여러 언어로 번역해드리겠습니다.

영어: "Hello"
프랑스어: "Bonjour"
중국어: "你好" (nǐ hǎo)
일본어: "こんにちは" (konnichiwa)

한글을 영어로 번역된 문장을 알아보려면 영어로, 영어로 번역해줘, + Translate this in English 등으로 사용하면 됩니다.

"궁금한것을 물어보고 싶어"+ Translate this in English

"I want to ask something I'm curious about."

"궁금한것을 물어보고 싶어"를 영어로

"I want to ask something I'm curious about."

"최근에 가볼만한 여행지를 알려주세요"를 영어로

"Please let me know some recent travel destinations worth visiting."

질문 프롬프트에 따라 다양한 답변을 얻어서 어학 공부를 할 수 있습니다.

 이제 부터 영어로 대답해주고, 내가 잘못된 영어를 사용하면 알려줘.

 Certainly! I'll respond in English from now on, and if you make any mistakes in your English, I'll let you know. Feel free to ask any questions or start a conversation.

 How can I start to stduy in English? It's right? my sentence?
I don't understand your answer. so you write in English and then in korean.

 Great effort! To correct your sentence, it should be: "How can I start studying English?"
Here's the answer in English and then in Korean:

Answer in English: To start studying English, you can follow these steps:

1. Set clear goals: Determine why you want to study English and what you hope to achieve.
2. Find suitable resources: Choose textbooks, online courses, or language learning apps that match your learning style and level.
3. Create a study schedule: Allocate regular time slots for studying English and stick to the schedule.
4. Practice regularly: Engage in activities like reading English books, watching movies or TV shows, listening to podcasts, and speaking with native English speakers.
5. Build vocabulary: Learn new words and phrases daily, and use flashcards or vocabulary apps to review.
6. Focus on grammar and pronunciation: Study grammar rules and practice pronunciation through listening and repeating.
7. Seek guidance: Consider joining a language exchange program, taking classes, or hiring a tutor to receive guidance and feedback on your progress.

답변을 한글로: 영어 공부를 시작하려면 다음 단계를 따를 수 있습니다.

1. 명확한 목표 설정: 영어를 공부하고자 하는 이유와 달성하고자 하는 목표를 결정합니다.
2. 적절한 학습 자료 찾기: 학습 방식과 수준에 맞는 교과서, 온라인 강좌 또는 언어 학습 앱을 선택합니다.
3. 학습 일정 만들기: 영어 공부를 위한 정기적인 시간대를 할당하고 그 일정을 지킵니다.
4. 꾸준한 연습: 영어 책 읽기, 영화나 TV 프로그램 시청, 팟캐스트 청취, 원어민과 대화하기 등의 활동을 통해 연습합니다.
5. 어휘력 쌓기: 매일 새로운 단어와 표현을 배우고, 플래시카드나 어휘 앱을 사용하여 복습합니다.
6. 문법과 발음에 집중하기: 문법 규칙을 공부하고 듣고 따라 말하는 것을 통해 발음을 연습합니다.
7. 지도 받기: 언어 교환 프로그램 참여, 수업 듣기, 선생님 고용 등을 고려하여 진행 상황에 대한 지도와 피드백을 받을 수 있습니다.

다음과 같이 특정 단어를 지정하여 문장을 만들 수 있습니다.

 "AI를 10번 넣어서 문장 만들기"를 영어로, 답변은 초등학생이 이해할만한 영어와 한글 번역 부탁해

 "Make a sentence using the word 'AI' 10 times."

영어로 답변:
"AI, which stands for Artificial Intelligence, is a technology that uses algorithms and data to mimic human intelligence. With AI, we can create smart machines that can understand, learn, and make decisions. AI is used in various areas like self-driving cars, voice assistants, and even in games. It's amazing how AI can help us solve problems and make our lives easier. In the future, AI will continue to grow and impact our world in many positive ways."

한글 번역:
"'AI'라는 단어를 10번 사용하여 문장을 만들어보세요."

AI는 인공지능(Artificial Intelligence)을 의미하며, 알고리즘과 데이터를 사용하여 인간의 지능을 모방하는 기술입니다. AI를 통해 우리는 이해하고 학습하며 결정을 내릴 수 있는 스마트한 기계를 만들 수 있습니다. AI는 자율 주행 자동차, 음성 비서, 게임 등 다양한 분야에서 사용됩니다. AI가 우리에게 어떻게 문제를 해결하고 삶을 더 편리하게 만들어주는지 정말 놀라워요. 미래에는 AI가 계속 성장하여 우리의 세상에 긍정적인 영향을 미칠 것입니다

04 다이어트 요리 레시피 만들기

챗GPT를 활용해서 빠르고 건강한 요리 레시피와 맛있고 만들기 편한 다이어트 요리 레시피를 알아봅니다.

먼저 밑반찬을 만들어 봅니다.

 한국식 밑반찬의 종류 다섯 가지를 알려줘

 물론입니다! 여기 다섯 가지 한국식 밑반찬을 알려드리겠습니다.

1. 김치: 김치는 대표적인 한국식 밑반찬으로, 배추나 무 등을 발효시켜 만든 발효 채소입니다. 다양한 종류의 김치가 있으며, 가장 유명한 것은 배추김치입니다.

2. 무생채: 무생채는 얇게 썬 무에 고추가루, 소금, 설탕, 식초 등을 넣어 양념한 채소요리입니다. 상큼하고 시원한 맛이 특징입니다.

3. 오이소박이: 오이소박이는 오이를 소금물에 절여서 발효시킨 후 양념한 밑반찬입니다. 시원하고 산뜻한 맛이 있으며, 식탁에서 자주 볼 수 있는 요리 중 하나입니다.

4. 된장찌개: 된장찌개는 된장과 다양한 야채, 고추장, 고춧가루 등을 넣어 끓여내는 국물요리입니다. 대표적인 한국의 국물요리 중 하나로, 풍부한 맛과 영양소가 특징입니다.

5. 계란말이: 계란말이는 달걀을 풀어서 소금이나 후추로 간을 한 후에 팬에 부어 말아서 구워내는 요리입니다. 부드럽고 촉촉한 식감과 간단한 조리법으로 많이 즐겨지는 밑반찬입니다.

이러한 다양한 한국식 밑반찬들을 만들어보시면 정말 맛있고 풍성한 식사를 즐길 수 있을 것입니다. 즐거운 요리 시간 되시길 바랍니다!

초등학생과 수능 수험생을 위한 빠르고 건강한 요리를 알아봅니다.

 초등학생을 위한 건강한 아침 요리를 알려줘. 아침 시간은 바쁘니 빠르게 만들 수 있는 요리로 추천해줘.

 초등학생을 위한 건강한 아침 요리 중 빠르고 쉽게 만들 수 있는 몇 가지를 추천해 드리겠습니다.

1. 과일 요거트: 신선한 과일과 요거트를 섞어 건강한 아침 식사를 즐길 수 있습니다. 과일은 비타민과 식이섬유를 제공하며, 요거트는 단백질과 칼슘이 풍부합니다. 잘게 자른 과일과 요거트를 그릇에 넣고 섞어두면 준비가 끝납니다.

2. 베리 스무디: 믹서기에 신선한 베리(딸기, 블루베리 등), 우유 또는 요거트, 얼음을 넣고 섞어 스무디를 만들어 드실 수 있습니다. 이를 통해 비타민과 식이섬유를 함께 섭취할 수 있습니다.

3. 씹을 수 있는 샐러드: 신선한 야채와 과일을 씹을 수 있는 크기로 썰어 만든 샐러드입니다. 상큼한 야채와 과일을 다양하게 조합하여 영양소를 다양하게 공급할 수 있습니다. 필요에 따라 소스를 첨가하여 맛을 더할 수도 있습니다.

4. 오트밀 컵: 오트밀, 우유 또는 물, 야채 또는 과일 등을 컵에 넣고 섞어둡니다. 전자레인지에서 몇 분 돌려 오트밀이 익을 때까지 가열한 후 꺼내어 드시면 됩니다. 필요한 경우 꿀이나 시럽으로 간을 조절할 수 있습니다.

5. 계란 샌드위치: 식빵에 계란을 푼 후 소금, 후추로 간을 조절한 뒤 계란을 부친 후 샌드위치로 만듭니다. 필요한 경우 야채, 햄, 치즈 등을 추가할 수 있습니다. 단백질과 탄수화물을 함께 공급하여 에너지를 얻을 수 있습니다.

이러한 아침 요리들은 초등학생들이 빠르게 만들고 즐길 수 있는 건강한 옵션입니다. 중요한 것은 신선한 재료를 사용하고 영양소를 균형 있게 고려하는 것입니다. 아침 식사를 건강하게 시작하여 학교나 활동에 필요한 에너지를 얻을 수 있도록 해보세요.

 수능시험 보는 날 보온 도시락 메뉴를 알려주고 자세한 레시피도 알려줘

 수능 시험 당일을 위한 보온 도시락 메뉴와 간단한 레시피를 알려드리겠습니다. 아래는 수능 시험 당일에 준비하기 좋은 보온 도시락 메뉴 예시입니다.

1. 비빔밥:
재료: 밥, 채소 (당근, 오이, 시금치 등), 고기 (소고기, 닭고기 등), 계란, 고추장, 참기름, 김 등
레시피: 밥 위에 다양한 채소와 고기, 계란을 올리고 고추장과 참기름을 넣어 비빔밥 재료를 모두 섞어줍니다. 김을 옆에 함께 넣어 준비합니다.

2. 김밥:
재료: 밥, 김, 단무지, 계란, 참치, 어묵, 햄 등
레시피: 김 위에 밥을 얇게 펴고 다양한 재료를 올려 김밥을 말아줍니다. 말린 김밥은 종이로 싸서 따뜻하게 보온할 수 있습니다.

3. 불고기 도시락:
재료: 쇠고기, 양파, 당근, 버섯 등
레시피: 쇠고기와 채소를 불고기 소스와 함께 볶아줍니다. 볶아낸 불고기를 밥 위에 올려 도시락에 담아 준비합니다.

4. 참치김치볶음밥:
재료: 밥, 참치캔, 김치, 양파, 계란 등
레시피: 양파와 김치를 볶은 후 참치와 밥을 넣고 볶아줍니다. 볶은 김치볶음밥을 도시락에 담아 준비합니다.

5. 닭갈비 도시락:
재료: 닭고기, 양파, 당근, 떡, 고추장 등
레시피: 닭고기와 채소를 먼저 볶은 후 고추장과 떡을 넣고 볶아줍니다. 볶은 닭갈비를 도시락에 담아 준비합니다.

위의 메뉴는 간단하면서도 맛있고 영양가 있는 보온 도시락 메뉴입니다. 보온 도시락을 준비할 때는 도시락용 보온 도시락 박스나 열려도 온도가 오래 유지되는 도시락용 보온 밥솥을 사용하시면 좋습니다. 미리 따뜻하게 보온한 도시락을 수능 시험 장소로 가져가면 영양을 충분히 공급받으면서도 불안 없이 시험을 치를 수 있습니다.

모든 사람이 관심을 갖는 다이어트 요리와 레시피를 알아봅니다.

 건강하고 맛있는 다이어트 요리 다섯 가지 추천해주고, 칼로리도 적어줘

 하면서 맛있는 다이어트 요리 다섯 가지를 추천해 드리겠습니다. 아래는 다이어트에 도움이 되는 요리들이며, 각 요리의 대략적인 칼로리도 함께 제공해 드리겠습니다.

1. 그릴 새우 샐러드:
재료: 그릴된 새우, 생채소 (롤라로사, 로메인, 토마토 등), 올리브 오일 드레싱
칼로리: 약 200–250kcal

2. 오리엔탈 스타일 닭가슴살 샐러드:
재료: 그릴된 닭가슴살, 새콤한 야채 (양상추, 파프리카, 양파, 당근 등), 레몬 드레싱
칼로리: 약 250–300kcal

3. 바삭한 베이크드 치킨:
재료: 닭 가슴살, 올리브 오일, 바삭한 팬코 또는 곡물 가루, 양파 파우더, 간장, 야채 스프 믹스
칼로리: 약 200–250kcal

4. 그릴 도미 또는 연어 스테이크:
재료: 도미 또는 연어 스테이크, 신선한 야채 (브로콜리, 아스파라거스 등), 레몬 마요네즈 드레싱
칼로리: 약 250–300kcal

3. 불고기 도시락:
재료: 쇠고기, 양파, 당근, 버섯 등
레시피: 쇠고기와 채소를 불고기 소스와 함께 볶아줍니다. 볶아낸 불고기를 밥 위에 올려 도시락에 담아 준비합니다.

4. 참치김치볶음밥:
재료: 밥, 참치캔, 김치, 양파, 계란 등
레시피: 양파와 김치를 볶은 후 참치와 밥을 넣고 볶아줍니다. 볶은 김치볶음밥을 도시락에 담아 준비합니다.

5. 닭갈비 도시락:
재료: 닭고기, 양파, 당근, 떡, 고추장 등
레시피: 닭고기와 채소를 먼저 볶은 후 고추장과 떡을 넣고 볶아줍니다. 볶은 닭갈비를 도시락에 담아 준비합니다.

저탄고지 식사 알려주고 레시피와 칼로리도 적어줘

 저탄고지 식사는 탄수화물 섭취를 제한하고 단백질과 건강한 지방을 중심으로 하는 식단입니다. 아래는 저탄고지 식사의 예시와 각 요리의 대략적인 칼로리 정보입니다. 단, 칼로리는 실제 사용되는 재료와 조리 방법에 따라 변동이 있을 수 있으므로 참고용으로만 사용해주세요.

저탄고지 식사를 위한 예시 식단과 각 요리의 레시피 및 대략적인 칼로리 정보를 알려드리겠습니다. 다음은 한끼 식사를 위한 저탄고지 식단입니다.

1. 아침:
계란 오믈렛: 달걀 2개, 체다 치즈 1/4컵, 양파 1/4개, 피망 1/4개로 오믈렛을 만들어요. (약 250-300kcal)
아보카도 슬라이스: 아보카도 1/2개를 슬라이스해서 곁들여요. (약 120-150kcal)

2. 점심:
그릴 치킨 샐러드: 그릴에 조리한 닭가슴살 1컵, 샐러드 채소 (롤라로사, 토마토, 오이 등)와 함께 먹어요. 올리브 오일 드레싱을 이용할 수 있어요. (약 300-350kcal)

3. 저녁:
사발 우동: 채소 (양파, 당근, 양배추)와 새우, 계란을 넣어 간장 기반의 우동을 만들어요. (약 350-400kcal)

4. 간식:
그릴 야채: 양파, 색깔이 다른 파프리카 등 다양한 야채를 그릴에 구워요. (약 100-150kcal)
견과류 혹은 과일: 아몬드, 호두, 건포도 등의 소량의 견과류 혹은 사과, 포도 등의 과일을 선택해요. (약 100-150kcal)

위 식단은 대략적인 예시이며 개인의 영양 상태, 목표, 활동 수준에 따라 조절해야 합니다. 칼로리는 실제 사용되는 재료와 조리 방법에 따라 다를 수 있으니 참고용으로만 사용해주세요.

레시피와 칼로리 정보는 대략적인 것이며, 개인적인 영양 요구량과 목표에 따라 식사 계획을 조정해야 합니다. 영양사나 의료 전문가와 상담하여 식단을 개인화하는 것이 좋습니다.

※ 제안한 식사는 개인의 건강상태에 따라 다르니, 독자 여러분이 전문가와 상담이 필요합니다.

CHAPTER 03

챗GPT를 사용한 7가지 업무 활용법

챗GPT를 활용하여 업무에 도움을 줄 수 있는 것이 무엇인지 알아봅니다.
엑셀 함수 및 엑셀 매크로 사용 방법, 그림그리기, 무료 그림 생성, 음악 생성, 보고서 만들기, 글쓰기 및 광고 문구 만들기 등이 있습니다.

01 엑셀 함수 사용하기

챗GPT를 활용하여 엑셀의 함수를 만들어 사용해보도록 합니다.

엑셀파일에 다음과 같은 품목, 수량, 금액, 총액의 서식이 있습니다. 이중에 수량과 금액에 맞는 총액을 구하는 함수를 챗GPT에게 질문하여 얻도록 합니다. 결과적으로는 수량 x 금액인 함수를 생성하면 됩니다.

	A	B	C	D
1	품목	수량	금액	총액
2	연필	1	1000	
3	자	5	500	
4	지우개	10	500	

엑셀파일의 셀부분의 내용을 모두 복사한 다음 총액을 구하는 방법을 질문하였습니다.

품목	수량	금액	총액
연필	1	1000	
자	5	500	
지우개	10	500	

다음과 같은 엑셀 서식이 있어. 총액을 구하는 방법을 알려줘

이 엑셀 서식에서 "총액" 열이 비어 있으므로, 각 품목의 수량과 금액을 곱하여 총액을 계산해야 합니다.

총액 열에 곱셈 공식을 입력하여 계산할 수 있습니다. 예를 들어, "총액" 열의 두 번째 셀에서는 다음과 같은 공식을 입력할 수 있습니다.

=B2*C2

여기서 B2는 "수량" 열에서 두 번째 행을 의미하고, C2는 "금액" 열에서 두 번째 행을 의미합니다. 이 공식을 입력하면 엑셀이 자동으로 각 셀에 대해 곱셈 연산을 수행하여 총액을 계산합니다.

챗GPT의 답변에서 서식부분을 복사하여 총액에 붙여넣기 합니다.

챗GPT가 생성한대로 수량×금액으로 총액이 계산되었습니다.

아래 셀로 동일한 서식으로 채우기 위해서 셀의 오른쪽아래 부분을 마우스로 잡아끌어 내립니다.

나머지 셀도 동일한 내용으로 적용되었습니다.

이름과 전화번호가 저장된 아래와 같은 엑셀파일에서 이름의 중간 글자를 가리고, 전화번호의 끝 4자리만 추출하는 함수를 만들어보도록 합니다.

이름, 전화번호 가리기

엑셀의 내용을 복사한 다음 챗GPT에 붙여넣고 이름의 중간을 *로 가리는 방법과 전화번호에서 끝 4자리만 추출하는 방법을 질문하였습니다.

이름　　전화번호
장다인　010-1234-1111
홍길동　010-2345-2222
김철수　010-4567-3333

다음과 같이 엑셀서식에 값이 있어 이름의 중간값을 *로 가리고 전화번호는 끝의 4자리만 표시하고 싶어 어떻게 해야해?

이름의 중간값을 *로 가리는 방법은 다음과 같습니다.

1. 중간값을 가리고자 하는 이름이 들어 있는 셀을 선택합니다.
2. 수식 편집창을 열기 위해 F2 키를 누릅니다.
3. 다음과 같은 수식을 입력합니다.

=LEFT(A2,1)&REPT("*",LEN(A2)-2)&RIGHT(A2,1)

여기서 A2는 가리고자 하는 이름이 들어 있는 셀의 위치입니다. 이 수식은 이름의 첫 글자와 마지막 글자를 제외한 나머지 글자를 모두 *로 대체합니다.

4. 엔터 키를 눌러 수식을 적용합니다.

전화번호에서 끝의 4자리만 표시하고자 하는 경우에는 다음과 같은 수식을 사용할 수 있습니다.

1. 전화번호가 들어 있는 셀을 선택합니다.
2. 수식 편집창을 열기 위해 F2 키를 누릅니다.
3. 다음과 같은 수식을 입력합니다.

=RIGHT(B2,4)

여기서 B2는 전화번호가 들어 있는 셀의 위치입니다. 이 수식은 전화번호에서 뒤에서 4자리만 추출하여 표시합니다.

4. 엔터 키를 눌러 수식을 적용합니다.

이제 각 셀에 대해 위의 수식을 적용하여 중간값이 가려진 이름과 끝의 4자리만 표시된 전화번호가 나타납니다.

이름의 중간글자를 *로 가리는 함수를 적용하였습니다. 이름의 중간이 *로 가려졌습니다.

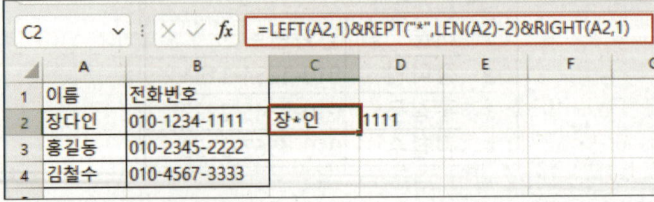

전화번호의 끝 4자리만 추출하는 함수를 적용하였습니다. 전화번호에서 끝 4자리만 출력되었습니다.

나머지 부분도 서식을 복사하여 적용하였습니다. 이름과 전화번호를 원하는 형식으로 변경하였습니다.

챗GPT가 알려준 함수를 사용하고 그 함수의 기능이 궁금하여 다시 질문하였습니다.

 =LEFT(A2,1)&REPT("*",LEN(A2)-2)&RIGHT(A2,1)에 사용하는 기능에 대해서 설명해줘

 이 수식은 문자열에서 일부를 대체하여 새로운 문자열을 만드는데 사용되는 여러 함수들을 조합한 것입니다.

여기서 사용된 함수들과 그 기능은 다음과 같습니다.

* `LEFT(A2,1)`: 문자열의 왼쪽에서 첫 번째 글자를 추출합니다. 여기서 A2는 가리고자 하는 이름이 들어있는 셀의 위치입니다.

* `REPT("*",LEN(A2)-2)`: * 기호를 (이름 길이 - 2) 번 반복합니다. 여기서 LEN(A2)는 이름의 길이를 의미합니다. 앞뒤 글자를 제외한 나머지 글자를 모두 *로 대체하기 위해 이름 길이에서 2를 빼줍니다.

* `RIGHT(A2,1)`: 문자열의 오른쪽에서 첫 번째 글자를 추출합니다. 앞서 추출한 문자열의 맨 뒤에 이름의 마지막 글자를 추가하기 위해 사용됩니다.

따라서 위 수식은 이름에서 첫 글자와 마지막 글자를 제외한 나머지 글자를 *로 대체하여 새로운 문자열을 생성합니다. 예를 들어, "홍길동"이라는 문자열을 입력하면 이 수식은 "홍*동"이라는 결과를 출력합니다.

다음과 같이 학점이 적힌 엑셀의 서식파일에서 학점을 계산하여 A+부터 F까지 자동으로 작성하는 방법을 알아보도록 합니다.

엑셀의 내용부분을 챗GPT에 붙여넣은 후 A+, A, F등의 학점기준을 설명해준 다음 점수에 따라서 A+부터 F까지 계산하는 방법을 질문하였습니다.

이름   점수   학점
장다인   96
홍길동   95
김철수   91
이땡땡   86
박호호   84
최오오   50
김이이   70

다음과 같이 점수가 이름과 있는 엑셀서식이 있어. 점수에 따른 학점을 출력하고싶어. A+부터 F까지 학점을 계산하도록 해줘. 96~100은 A+, 90~95는 A대로 F까지 가고 60점 미만은 F야

점수에 따라 학점을 출력하려면, 다음과 같은 IF 함수를 사용하여 각 점수에 대한 학점을 계산할 수 있습니다.

=IF(B2>=96, "A+", IF(B2>=90, "A", IF(B2>=85, "B+", IF(B2>=80, "B", IF(B2>=75, "C+", IF(B2>=70, "C", IF(B2>=60, "D", "F")))))))

이 함수는 B2 셀에 있는 점수를 체크하여, 96 이상인 경우 "A+" 학점을, 90 이상 96 미만인 경우 "A" 학점을, 85 이상 90 미만인 경우 "B+" 학점을, 80 이상 85 미만인 경우 "B" 학점을, 75 이상 80 미만인 경우 "C+" 학점을, 70 이상 75 미만인 경우 "C" 학점을, 60 이상 70 미만인 경우 "D" 학점을, 60 미만인 경우 "F" 학점을 출력합니다.

이 함수를 "학점" 열의 첫 번째 행에 입력하고, 이를 모든 셀에 복사하여 각 점수에 대한 학점을 계산할 수 있습니다.

챗GPT의 답변으로 수식을 넣어 학점을 자동으로 채웠습니다.

이름	점수	학점
장다인	96	A+
홍길동	95	A
김철수	91	A
이땡땡	86	B+
박호호	84	B
최오오	50	F
김이이	70	C

02 엑셀 매크로 사용하기

엑셀에서 수식 등을 엑셀 자체에서 수식을 넣어 사용할 수 있지만 더 고급 기능을 사용하기 위해서는 VBA라는 코드를 이용해서 매크로를 작성할 수 있습니다. 매크로는 일반적으로 프로그래밍과 비슷하며 초보자가 만들기 어렵습니다. 챗GPT의 도움을 받아 고급기능을 활용하는 매크로를 만들어보도록 합니다.

다음과 같은 번호, 참가자, 참가여부가 적힌 엑셀파일에서 참가여부가 O인 경우만 남기고 나머지 행을 삭제하는 매크로를 만들어봅니다.

	A	B	C
1	번호	참가자	참가여부
2	1	케이트린	O
3	2	제이슨	
4	3	캐서린	
5	4	브렌던	
6	5	리아	O
7	6	알렉스	
8	7	니콜라스	
9	8	매튜	
10	9	에밀리	O
11	10	브룩스	O

서식을 입력 후 원하는 기능의 매크로를 요청하였습니다.

> | 번호 | 참가자 | 참가여부 |
> |---|---|---|
> | 1 | 케이트린 | O |
> | 2 | 제이슨 | |
> | 3 | 캐서린 | |
> | 4 | 브렌던 | |
> | 5 | 리아 | O |
> | 6 | 알렉스 | |
> | 7 | 니콜라스 | |
> | 8 | 매튜 | |
> | 9 | 에밀리 | O |
> | 10 | 브룩스 | O |
>
> 다음의 엑셀에서 참가여부가 O인 경우만 남기고 나머지 행은 삭제하는 매크로를 만들어줘

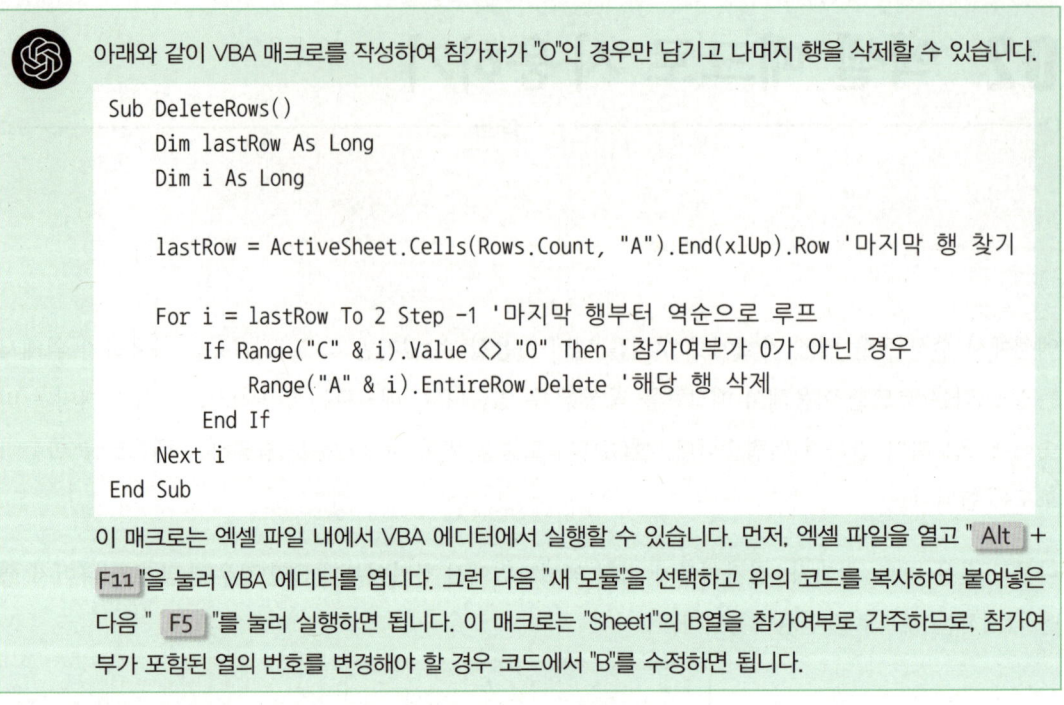

아래와 같이 VBA 매크로를 작성하여 참가자가 "O"인 경우만 남기고 나머지 행을 삭제할 수 있습니다.

```vba
Sub DeleteRows()
    Dim lastRow As Long
    Dim i As Long
    
    lastRow = ActiveSheet.Cells(Rows.Count, "A").End(xlUp).Row '마지막 행 찾기
    
    For i = lastRow To 2 Step -1 '마지막 행부터 역순으로 루프
        If Range("C" & i).Value <> "O" Then '참가여부가 O가 아닌 경우
            Range("A" & i).EntireRow.Delete '해당 행 삭제
        End If
    Next i
End Sub
```

이 매크로는 엑셀 파일 내에서 VBA 에디터에서 실행할 수 있습니다. 먼저, 엑셀 파일을 열고 " Alt + F11 "을 눌러 VBA 에디터를 엽니다. 그런 다음 "새 모듈"을 선택하고 위의 코드를 복사하여 붙여넣은 다음 " F5 "를 눌러 실행하면 됩니다. 이 매크로는 "Sheet1"의 B열을 참가여부로 간주하므로, 참가여부가 포함된 열의 번호를 변경해야 할 경우 코드에서 "B"를 수정하면 됩니다.

엑셀에서 Alt + F11 을 눌러 매크로 기능을 열어줍니다.

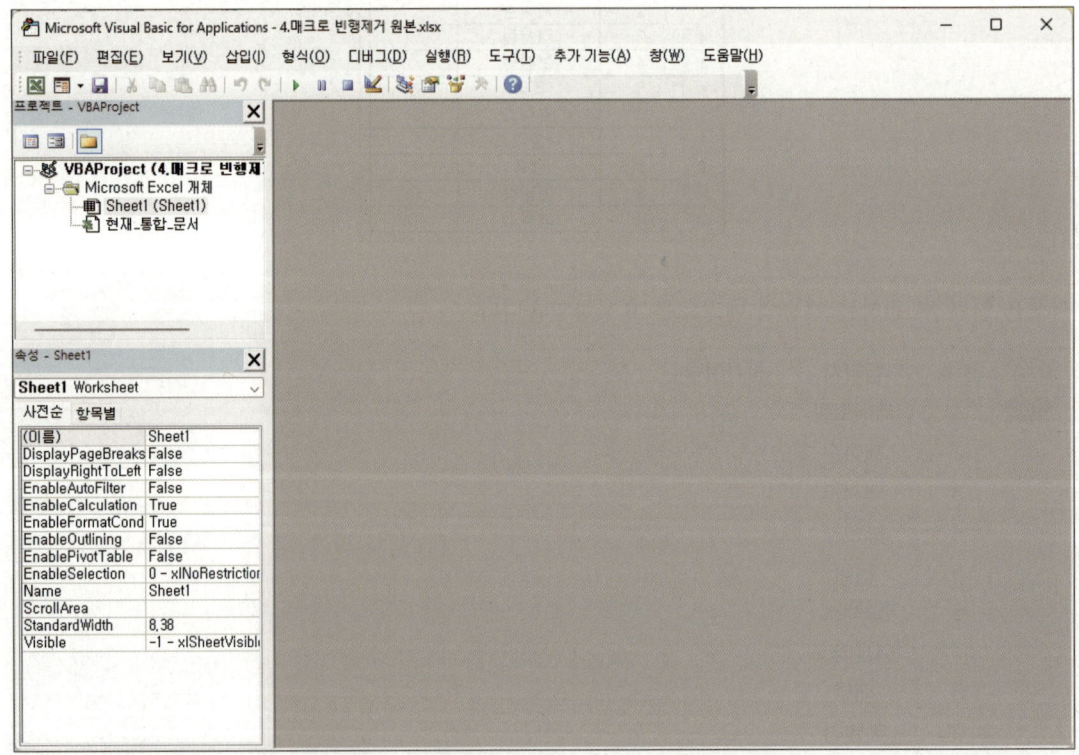

[삽입 -> 모듈]을 클릭합니다.

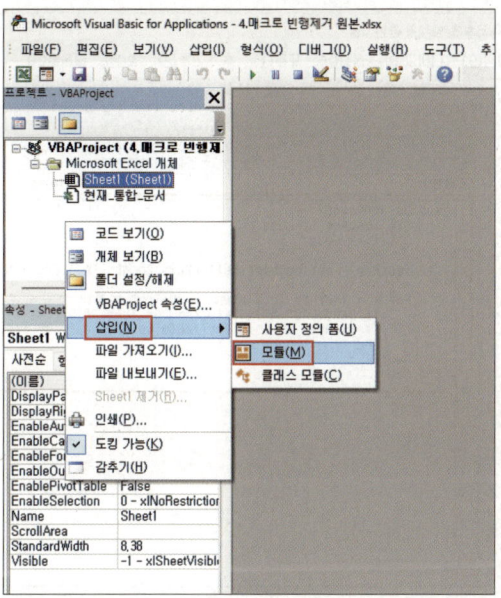

매크로를 입력할 수 있는 창이 생성됩니다.

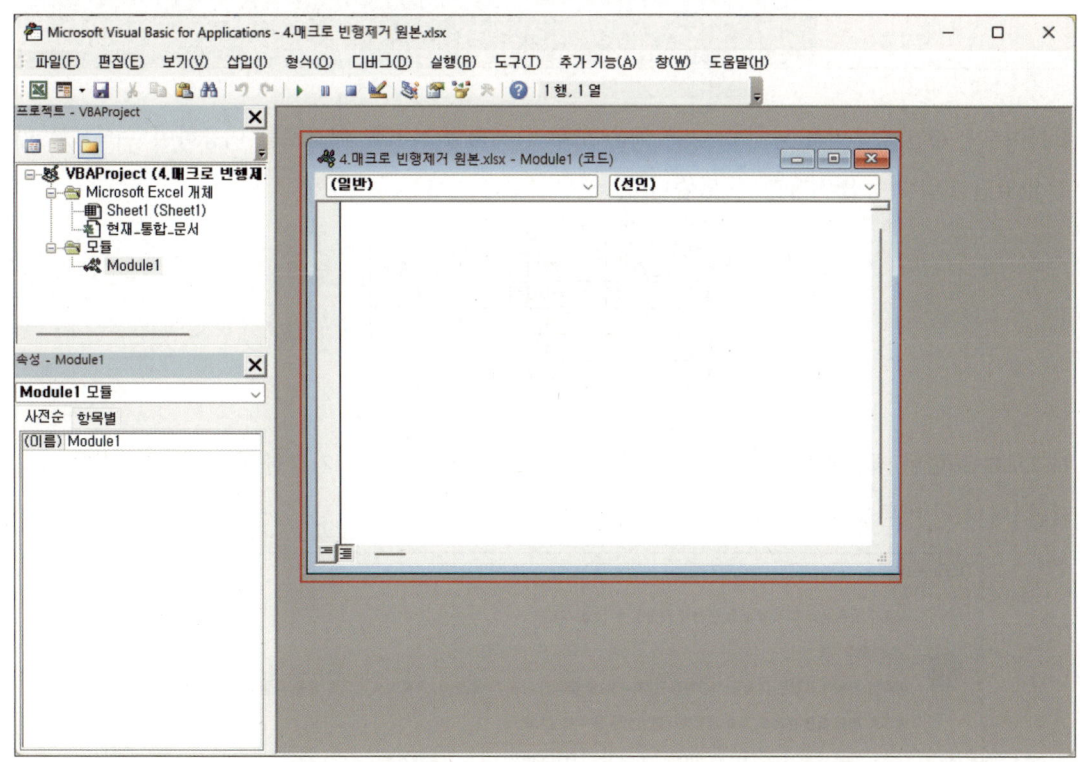

Chapter 03 _ 챗GPT를 사용한 7가지 업무 활용법 • 71

챗GPT가 답변한 매크로를 입력한 다음 [실행 ▶] 아이콘을 클릭하여 매크로를 실행합니다.

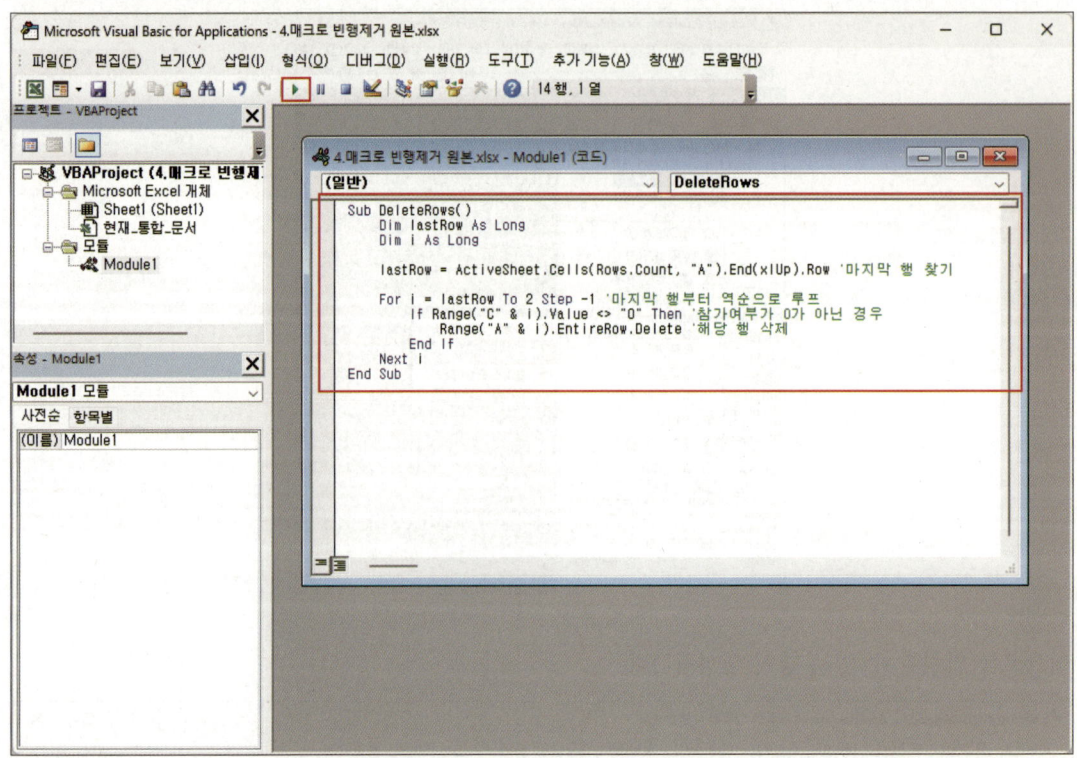

참가여부가 O인 경우만을 남기고 다른 행은 모두 삭제되었습니다. 매크로를 이용하여 수식으로 할 수 없었던 고급 기능을 사용할 수 있습니다.

	A	B	C
1	번호	참가자	참가여부
2	1	케이트린	O
3	5	리아	O
4	9	에밀리	O
5	10	브룩스	O

매크로가 포함된 엑셀파일로 저장하기 위해서는 Ctrl + S 를 눌러 저장한 후 다음 메시지가 출력되면 [아니오] 버튼을 누릅니다.

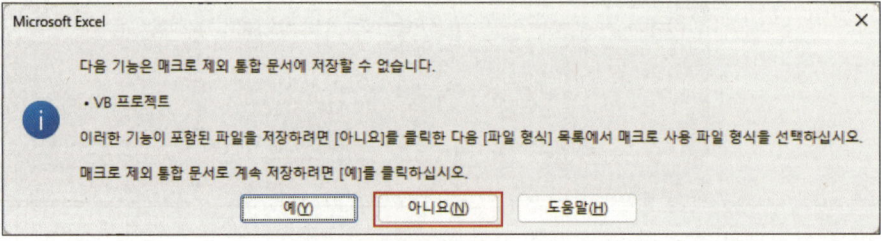

Excel 매크로 사용 통합 문서 형식으로 저장합니다.

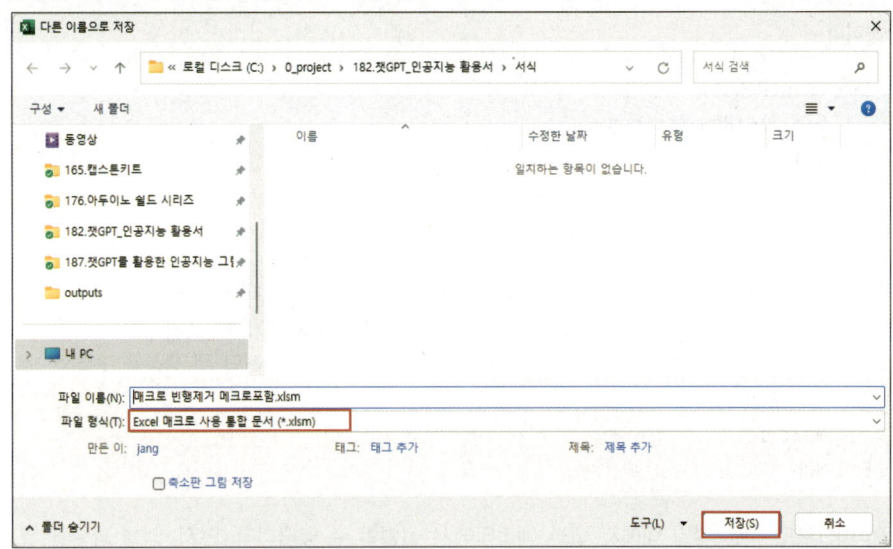

이번에는 행의 삭제가 아닌 참가여부가 O인경우인 행만 셀의 색상을 변경하는 매크로를 만들어봅니다.

	A	B	C
1	번호	참가자	참가여부
2	1	케이트린	O
3	2	제이슨	
4	3	캐서린	
5	4	브렌던	
6	5	리아	O
7	6	알렉스	
8	7	니콜라스	
9	8	매튜	
10	9	에밀리	O
11	10	브룩스	O

참가여부가 O인 경우에만 초록색으로 셀을 채우는 매크로를 요청하였습니다.

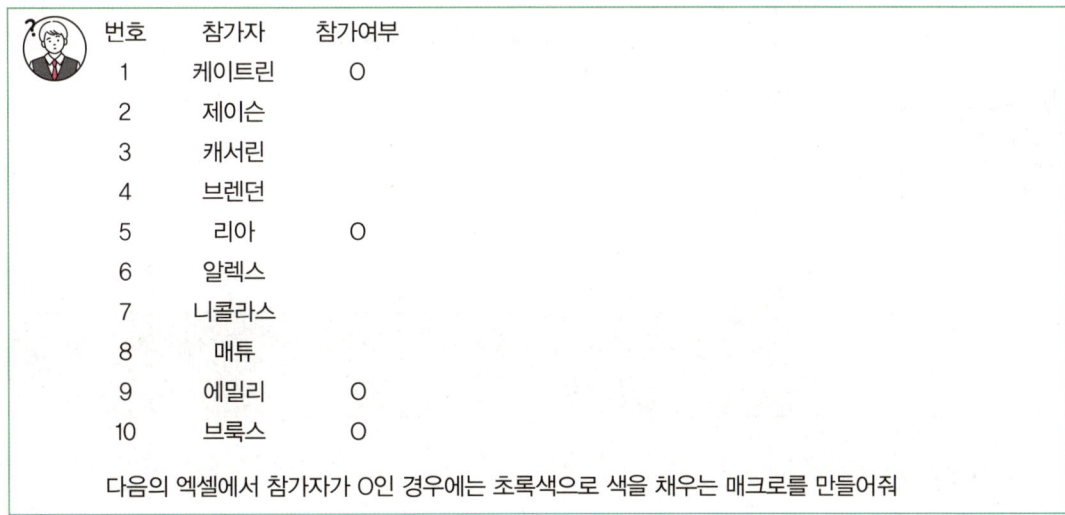

아래와 같이 VBA 매크로를 작성하여 참가자가 "O"인 경우에는 해당 행을 초록색으로 색을 채울 수 있습니다.

```vba
Sub ColorRows()
    Dim lastRow As Long
    Dim i As Long
    
    lastRow = ActiveSheet.Cells(Rows.Count, "A").End(xlUp).Row '마지막 행 찾기
    
    For i = 2 To lastRow '첫 번째 행부터 마지막 행까지 루프
        If Range("B" & i).Value = "O" Then '참가여부가 O인 경우
            Range("A" & i & ":B" & i).Interior.ColorIndex = 4 '해당 행 색상을 초록색으로 변경
        End If
    Next i
End Sub
```

이 매크로도 엑셀 파일 내에서 VBA 에디터에서 실행할 수 있습니다. 먼저, 엑셀 파일을 열고 "Alt + F11"을 눌러 VBA 에디터를 엽니다. 그런 다음 "새 모듈"을 선택하고 위의 코드를 복사하여 붙여넣은 다음 "F5"를 눌러 실행하면 됩니다. 이 매크로는 "Sheet1"의 B열을 참가여부로 간주하므로, 참가여부가 포함된 열의 번호를 변경해야 할 경우 코드에서 "B"를 수정하면 됩니다. 또한, "ColorIndex = 4" 부분은 변경하여 다른 색상을 사용할 수 있습니다

Alt + F11 을 눌러 매크로를 연 다음 [삽입] →[모듈]로 모듈을 생성 후 챗GPT가 생성한 매크로를 입력 후 [실행 ▶] 아이콘을 눌러 매크로를 실행합니다.

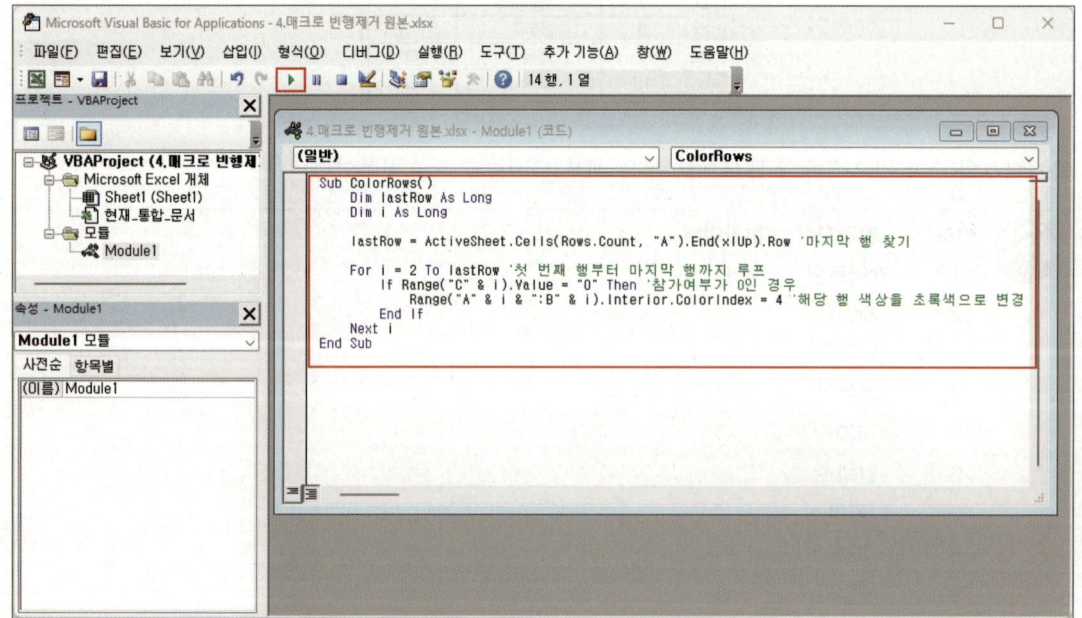

원하는 매크로의 기능을 실행 할 수 있습니다. [실행] 버튼을 클릭하여 매크로를 실행합니다.

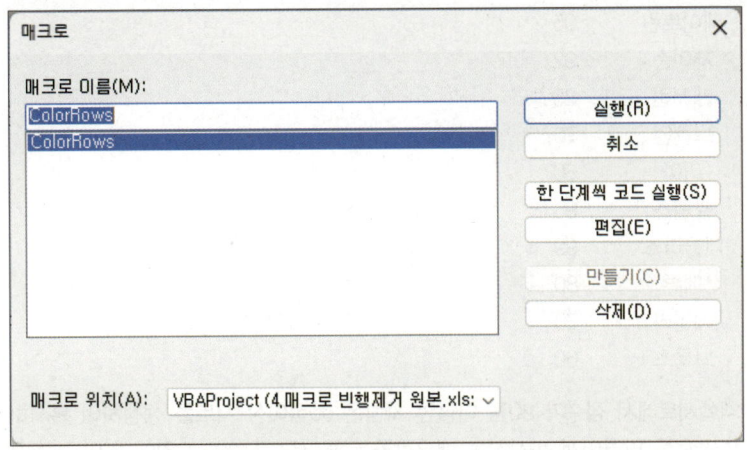

참가여부가 O인 경우의 셀만 초록색으로 채우는 매크로를 만들었습니다.

	A	B	C
1	번호	참가자	참가여부
2	1	케이트린	O
3	2	제이슨	
4	3	캐서린	
5	4	브렌던	
6	5	리아	O
7	6	알렉스	
8	7	니콜라스	
9	8	매튜	
10	9	에밀리	O
11	10	브룩스	O

점수가 90점 이상인 경우만 새로운 시트에 값을 저장하는 매크로를 만들어봅니다.

	A	B	C
1	번호	이름	점수
2	1	케이트린	95
3	2	제이슨	92
4	3	캐서린	85
5	4	브렌던	70
6	5	리아	60
7	6	알렉스	95
8	7	니콜라스	99
9	8	매튜	80
10	9	에밀리	70
11	10	브룩스	60

점수가 90점 이상인 사람만 새로운 시트를 생성하여 복사하는 매크로의 생성을 요청하였습니다.

번호	이름	점수
1	케이트린	95
2	제이슨	92
3	캐서린	85
4	브렌던	70
5	리아	60
6	알렉스	95
7	니콜라스	99
8	매튜	80
9	에밀리	70
10	브룩스	60

다음의 엑셀시트에서 점수가 90점 이상인 사람은 90점이상 시트를 생성하여 복사하고 90점 미만은 90점미만 시트를 만들어서 복사하는 매크로를 만들어줘. 점수는 C열에 있어. 시트를 새로 생성해서 값을 복사해줘. 매크로는 최대한 간단하게 작성해줘

다음은 요구 사항에 맞는 VBA 매크로입니다.

```vba
Sub CopyScoreSheet()

    Dim ws As Worksheet
    Dim above90 As Worksheet
    Dim below90 As Worksheet
    Dim lastRow As Long
    Dim i As Long

    Set ws = ActiveSheet
    Set above90 = ThisWorkbook.Sheets.Add(After:=ws)
    above90.Name = "90점이상"
    Set below90 = ThisWorkbook.Sheets.Add(After:=above90)
    below90.Name = "90점미만"

    lastRow = ws.Cells(ws.Rows.Count, "A").End(xlUp).Row

    For i = 2 To lastRow
        If ws.Cells(i, "C").Value >= 90 Then
            ws.Rows(i).Copy above90.Rows(above90.Cells(above90.Rows.Count, "A").End(xlUp).Row + 1)
        Else
            ws.Rows(i).Copy below90.Rows(below90.Cells(below90.Rows.Count, "A").End(xlUp).Row + 1)
        End If
    Next i

End Sub
```

위 매크로는 현재 활성화된 시트에서 시작하여 90점 이상인 사람을 위한 새 시트와 90점 미만인 사람을 위한 새 시트를 만듭니다. 그런 다음 원래 시트에서 모든 행을 반복하면서 각 행의 C열을 확인하고 90점 이상인 경우 "90점이상" 시트로 복사하고, 그렇지 않은 경우 "90점미만" 시트로 복사합니다. 이 작업은 각 시트에서 가장 마지막 행 바로 아래에 복사됩니다.

Alt + F11 을 눌러 매크로를 연 다음 [삽입] ->[모듈]로 모듈을 생성 후 챗GPT가 생성한 매크로를 입력 후 [실행 ▶] 아이콘을 눌러 매크로를 실행합니다.

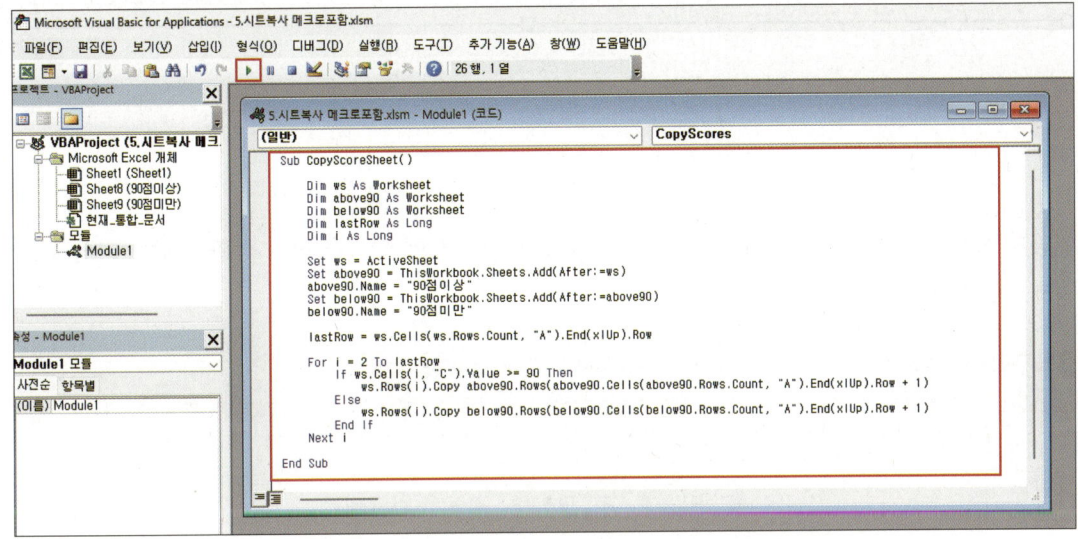

90점이상, 90점미만 시트가 생성되었습니다.

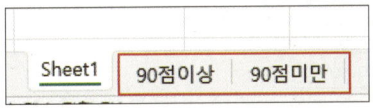

[90점이상] 시트에서 값을 확인해보면 점수가 90점 이상인 값이 복사되어 저장되었습니다.

	A	B	C
1			
2	1	케이트린	95
3	2	제이슨	92
4	6	알렉스	95
5	7	니콜라스	99

[90점미만] 시트에서 값을 확인해보면 점수가 90점 미만인 값이 복사되어 저장되었습니다.

	A	B	C
1			
2	3	캐서린	85
3	4	브렌던	70
4	5	리아	60
5	8	매튜	80
6	9	에밀리	70
7	10	브룩스	60

03 그림 그리기 활용

인공지능으로 그림을 생성할 때 사용되는 프롬프트를 챗GPT에 도움을 받아 상황에 맞는 그림을 생성해보도록 합니다.

01 구글에서 "드림스튜디오"를 검색 후 아래 사이트에 접속합니다.

02 드림스튜디오는 이미지 생성을 유료로 사용할 수 있는 사이트입니다. 회원가입시 약 300장 정도의 이미지를 생성 할 수 있는 무료 크레딧을 제공합니다.

[Get started] 버튼을 클릭합니다.

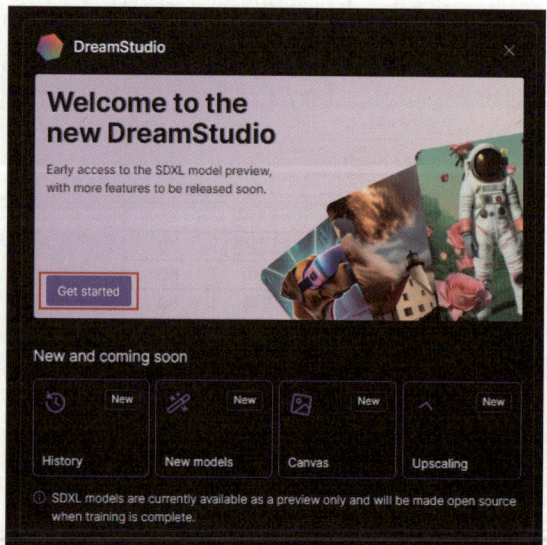

03 로그인 버튼을 눌러 로그인합니다. 회원이 아니라면 이메일, 구글ID를 이용하여 회원가입이 가능합니다.

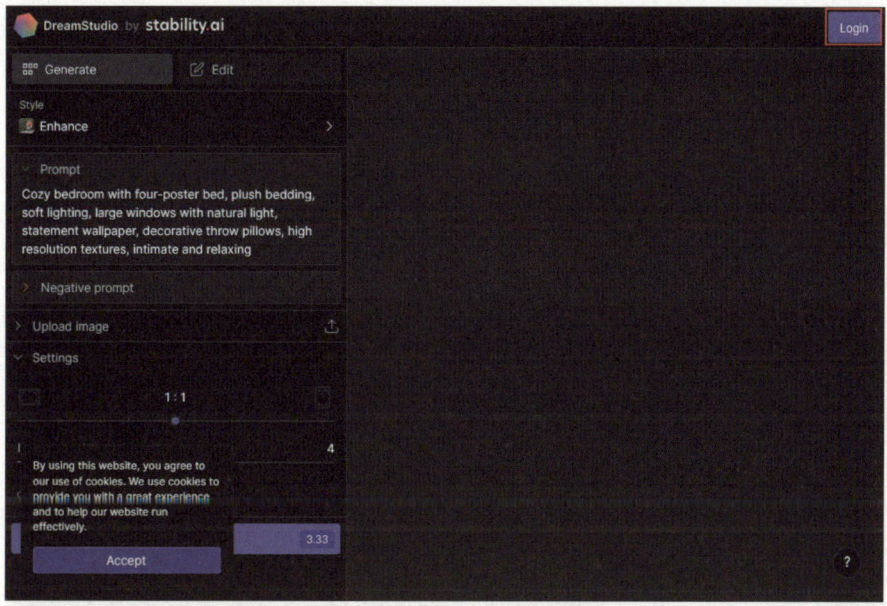

04 Prompt 부분에 텍스트를 입력 후 이미지의 생성이 가능합니다. 나의 크레딧은 오른쪽 위에서 확인이 가능합니다. 이미지 한 장당 0.33 크레딧이 소요됩니다.

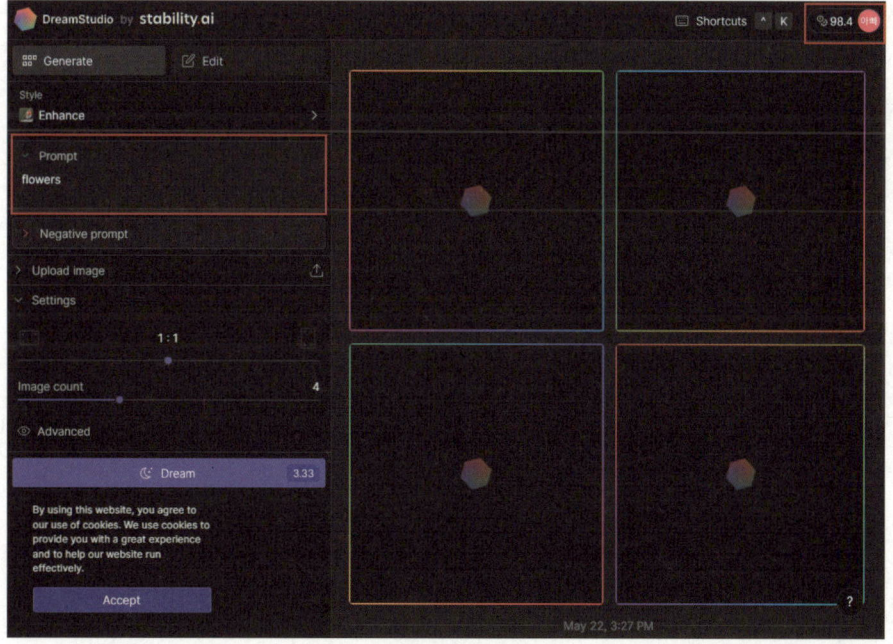

05 Prompt 영역에 "flowers"를 입력 후 Image count를 1로 수정합니다. 기본인 4로 되어 있으면 4장이 생성되므로 4배의 크레딧이 소요됩니다.

[Dream] 버튼을 클릭하여 이미지를 생성합니다. 생성된 이미지를 오른쪽에 표시됩니다.

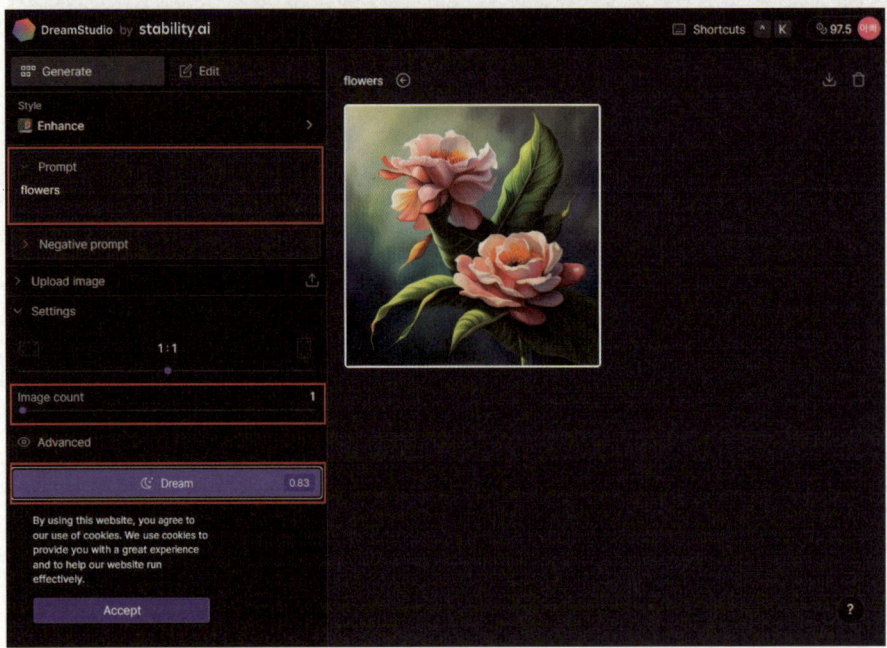

06 이미지를 생성할 때 생성할 이미지를 그릴 때 사용하는 텍스트를 "프롬프트"라고 합니다. 챗GPT를 이용하여 이미지 생성에 필요한 프롬프트를 요청하여 다양한 아이디어를 얻어 프롬프트를 얻고 그림을 생성해보도록 합니다.

행복을 상징하는 프롬프트를 요청하였습니다.

 인공지능으로 그림을 생성할거야. 생성되는 그림을 묘사하는 영어단어들을 프롬프트라고해. 영어로된 프롬프트 옆에 한글로 설명도 작성해줘. 프롬프트는 자세하게 설명되었으면 좋겠어.

행복을 상징하는 아이디어로 프롬프트를 3개 만들어줘.

 프롬프트 1:
영어 프롬프트: "Create a vibrant, colorful painting that represents the feeling of joy and happiness."
한글 설명: "기쁨과 행복을 느끼는 느낌을 나타내는 생동감 넘치고 다채로운 그림을 생성해주세요."

프롬프트 2:
영어 프롬프트: "Design a whimsical illustration depicting a sunny day filled with laughter, smiles, and carefree moments."
한글 설명: "웃음과 미소, 걱정 없는 순간들로 가득한 화창한 날을 그림으로 담은 환상적인 일러스트레이션을 디자인해주세요."

프롬프트 3:

영어 프롬프트: "Compose an artwork that symbolizes the feeling of contentment and serenity, inspired by nature and peaceful surroundings."

한글 설명: "자연과 평화로운 환경에서 영감을 받아 만족감과 평온함을 상징하는 작품을 작성해주세요."

07 아래 3개의 프롬프트를 생성하였고 각 프롬프트를 이용하여 생성된 이미지입니다.

프롬프트 1	영어 프롬프트: "Create a vibrant, colorful painting that represents the feeling of joy and happiness." 한글 설명: "기쁨과 행복을 느끼는 느낌을 나타내는 생동감 넘치고 다채로운 그림을 생성해주세요."
결과 이미지	
프롬프트 2	영어 프롬프트: "Design a whimsical illustration depicting a sunny day filled with laughter, smiles, and carefree moments." 한글 설명: "웃음과 미소, 걱정 없는 순간들로 가득한 화창한 날을 그림으로 담은 환상적인 일러스트레이션을 디자인해주세요."
결과 이미지	

프롬프트 3	영어 프롬프트: "Compose an artwork that symbolizes the feeling of contentment and serenity, inspired by nature and peaceful surroundings." 한글 설명: "자연과 평화로운 환경에서 영감을 받아 만족감과 평온함을 상징하는 작품을 작성해주세요."
결과 이미지	

이처럼 챗GPT를 이용하여 프롬프트를 만들고 그 프롬프트를 이용하여 그림을 생성하였습니다.

드림스튜디오는 그림 생성시 크레딧을 소모하는 형식으로 운영되는 유료 서비스입니다. 다음 장에는 PC에서 설치하여 사용할 수 있는 무료 소프트웨어인 Easy Diffusion을 활용하는 방법에 대해 알아보도록 합니다.

04 무료 그림생성 Easy Diffusion 설치 및 사용방법

Stable-Diffusion은 그림을 생성하는 인공지능 중 하나입니다. 하지만 파이썬을 이용하여 해당 기술을 사용하려면 명령어 입력 등 초보자에게는 어려운 부분이 존재합니다. 이를 보완하기 위해 Easy Diffusion이라는 도구가 개발되었습니다. Easy Diffusion은 Stable-Diffusion을 보다 쉽게 사용할 수 있도록 GUI(Graphical User Interface)를 제공하며, 설치와 사용이 간단하여 일반 사용자도 쉽게 이용할 수 있습니다.

Easy Diffusion은 github 사이트에서 다운로드 가능한 설치파일을 제공하고 있으며, 다운로드 후 간단한 설치 절차를 거치면 쉽게 사용이 가능합니다. 이를 통해 사용자는 AI 기술에 대한 전문적인 지식이 없더라도 쉽게 그림을 생성할 수 있습니다. 사용자는 Easy Diffusion에서 그림의 스타일, 크기, 색상 등을 설정하고 생성 버튼을 클릭함으로써, AI가 해당 설정에 맞는 그림을 생성하도록 할 수 있습니다. 생성된 그림은 사용자가 지정한 폴더에 저장됩니다.

Easy Diffusion 설치

Easy Diffusion은 웹브라우저를 통해 인터페이스를 제공합니다. 먼저 PC에 크롬 브라우저를 설치하고 진행합니다.

01 구글에서 "구글 크롬"을 검색 후 아래 사이트에 접속합니다.

02 [Chrome 다운로드] 버튼을 눌러 크롬을 다운로드 합니다.

03 [다운로드] 폴더에 다운로드 받은 크롬 설치파일을 더블클릭하여 설치합니다.

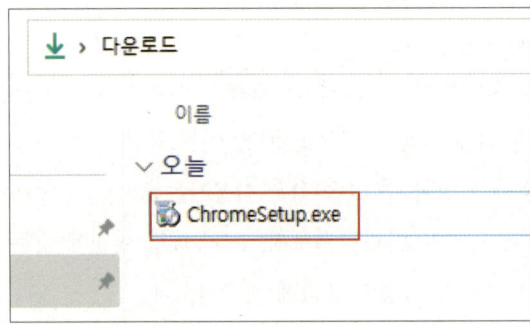

04 설치 완료 후 Chrome 브라우저를 실행합니다.

05 처음 실행 시 [기본 브라우저로 설정]을 눌러 크롬을 기본 브라우저로 설정 합니다.

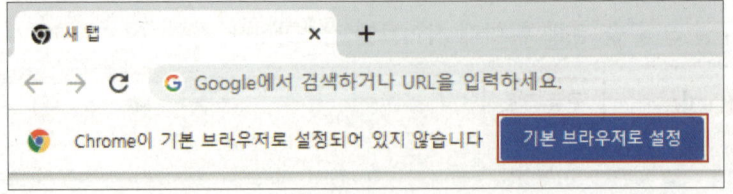

이제 이미지 생성을 위한 Easy Diffusion의 설치를 진행합니다.

01 구글에서 "easy diffusion cmdr2"를 검색 한 다음 아래의 github 사이트에 접속합니다. cmdr2는 Easy Diffusion을 만든사람의 github의 ID입니다.

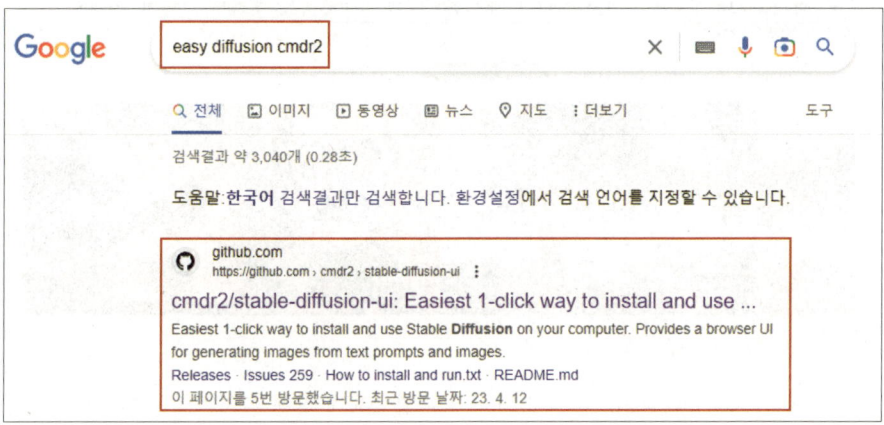

02 Easy Diffusion 사이트에 접속하였습니다.

Easy Diffusion은 Stable-Diffusion을 기반으로 한 사용자 친화적인 인공지능 그림 생성 도구입니다. 이 프로그램은 설치가 간편하고, 다양한 기능들을 제공하여 사용자들이 쉽게 이용할 수 있도록 설계되었습니다. 프로그램의 UI는 깔끔하게 구성되어 있으며, 다양한 모델들을 제공합니다. 그림 생성 시 라이브 프리뷰를 지원하고, 이미지 수정도 가능합니다. 또한 여러 개의 프롬프트 파일을 대기열에 추가할 수 있어 한 번에 다수의 그림을 생성할 수 있습니다.

Easy Diffusion은 다양한 고급 기능도 제공합니다. 사용자가 직접 모델을 만들어 사용할 수 있으며, UI 플러그인도 제공합니다. 또한 GPU를 사용하여 빠르게 그림을 생성하며, 자동으로 악성 모델 검사를 하고, Safetensors를 지원하여 안전한 작업 환경을 제공합니다. 사용자가 프로그램을 수정하고 개발할 수 있는 개발자 콘솔 기능도 제공합니다.

Easy Diffusion은 예술 작품, 디자인, 광고 등 다양한 분야에서 인공지능을 활용하여 그림을 생성하는 데 큰 관심을 받고 있습니다. 이 프로그램을 사용하면 사용자가 인공지능에 대한 전문 지식이 없더라도 쉽게 그림을 생성할 수 있으며, 생성된 이미지를 저장할 수도 있습니다.

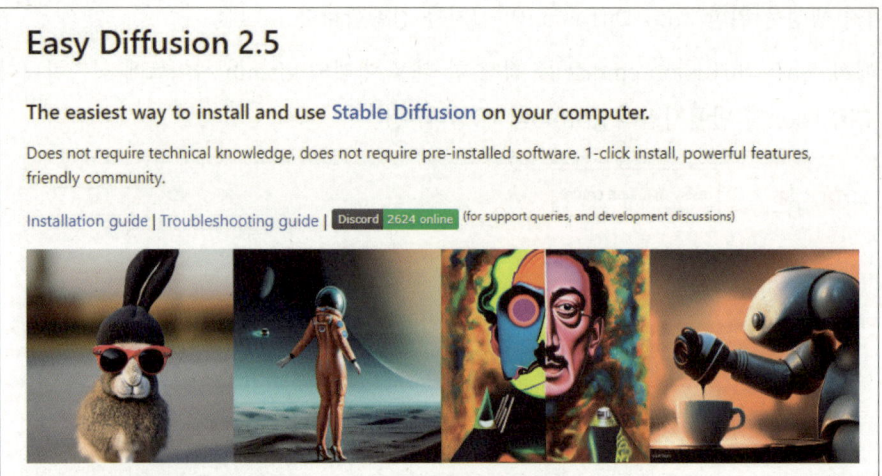

03 스크롤을 아래로 내려 Installation에서 자신의 운영체제에 맞는 설치파일을 다운로드 받습니다.

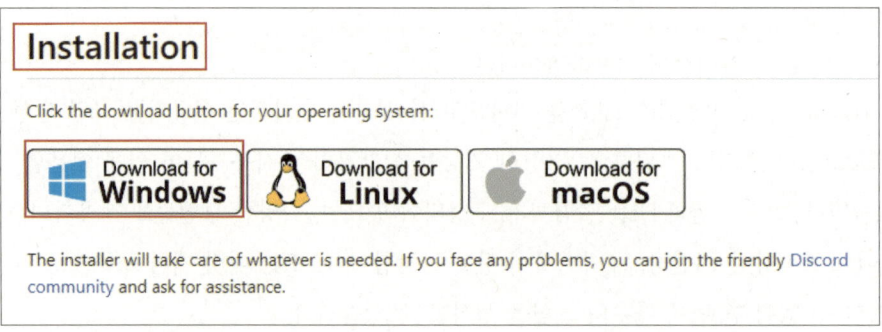

04 [다운로드] 폴더에서 다운로드 받은 설치파일을 더블클릭하여 설치를 진행합니다.

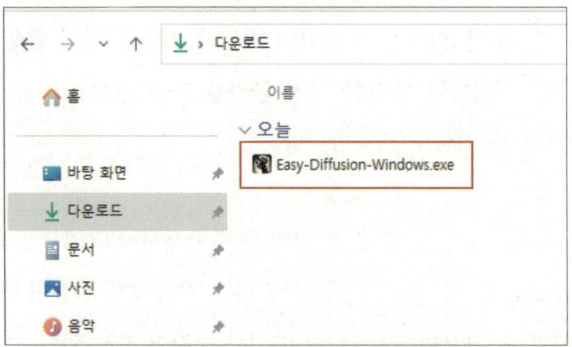

05 등록되지 않은 소프트웨어로 윈도우에서 다음과 같은 보호 창이 뜰 수 있습니다. [추가 정보] 부분을 클릭합니다.

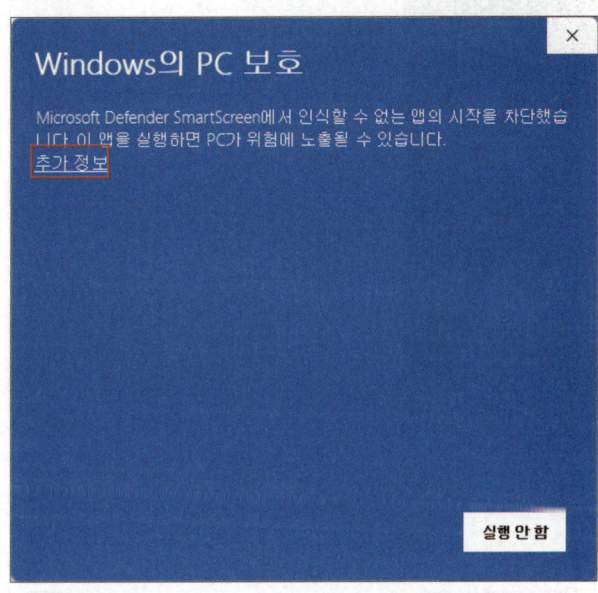

06 [실행] 버튼을 눌러 설치파일을 실행합니다.

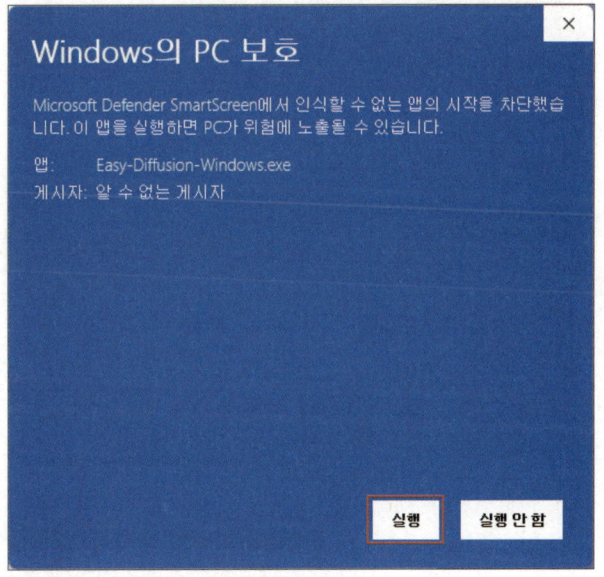

07 [Next] 버튼을 눌러 다음으로 진행합니다.

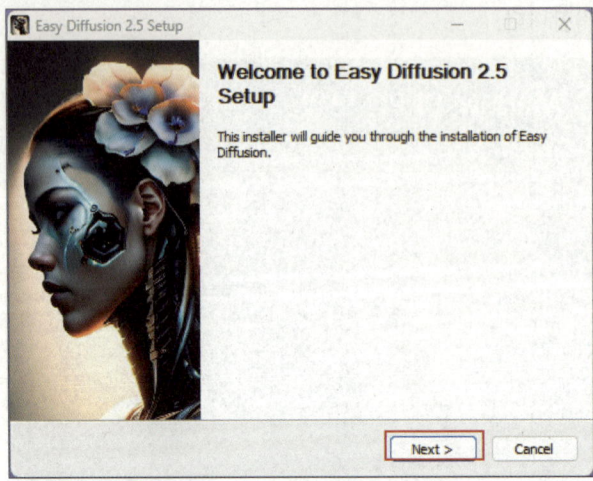

08 설치경로는 기본경로인 C드라이브 아래로 변경하지 않습니다. [Install]을 눌러 설치를 진행합니다.

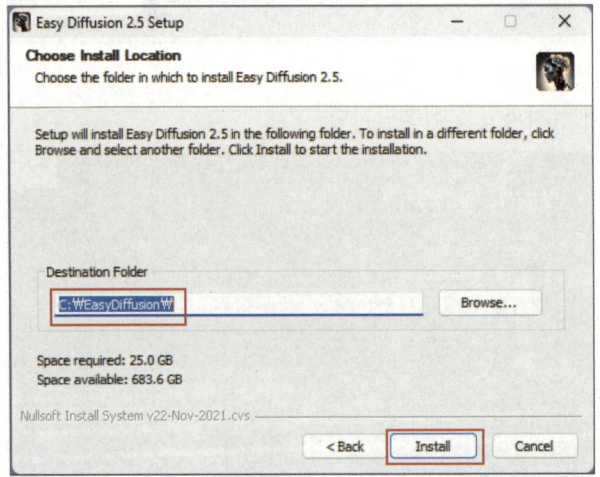

09 설치가 진행중입니다. 설치도중 용량이 큰 모델파일 등을 다운로드 받기 때문에 설치시간이 인터넷환경에 따라 오래 소요될 수 있습니다.

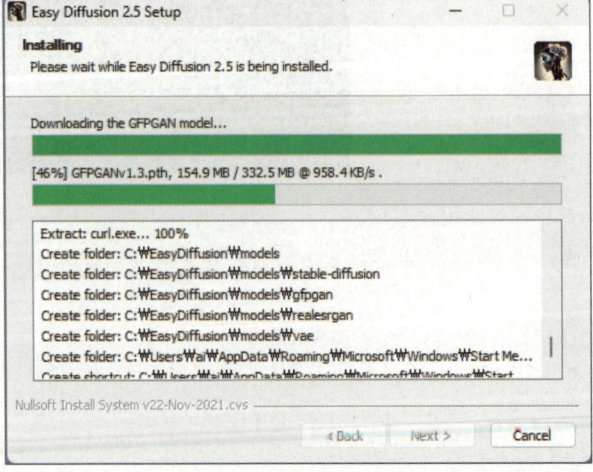

10 설치가 완료되었습니다. [Finish] 버튼을 눌러 설치를 마무리 합니다.

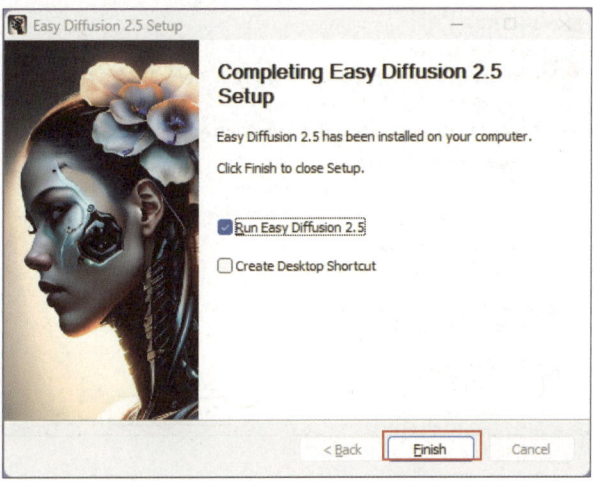

11 설치완료 후 자동실행이 됩니다. 다음의 창을 닫을 경우 실행이 종료 됩니다. 서버가 동작하는 부분으로 웹페이지를 통해 서비스의 접속이 가능합니다.

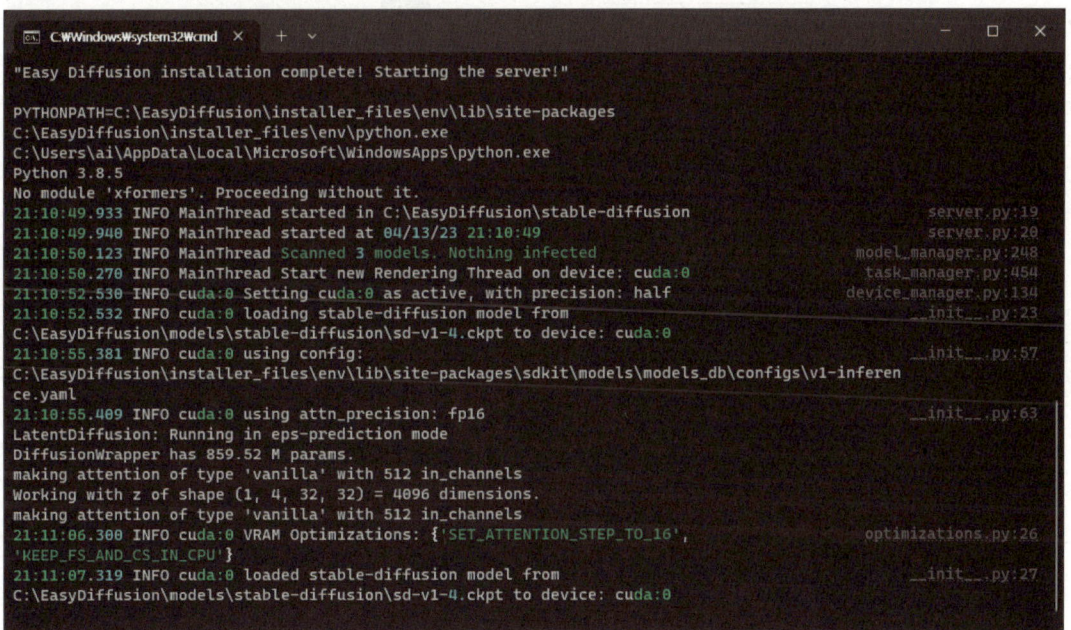

12 윈도우의 보안 경고가 나타날 경우 [액세스 허용] 버튼을 눌러 진행합니다.

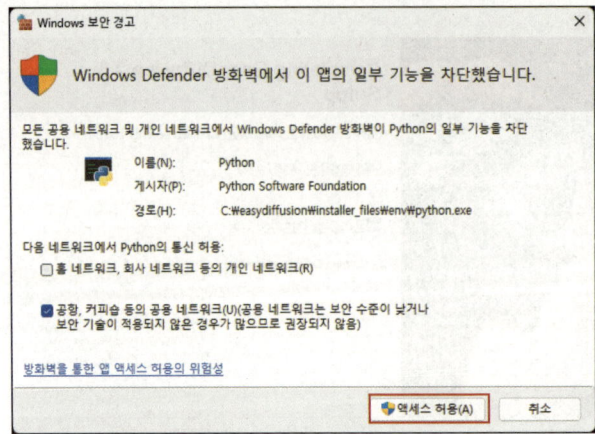

13 프로그램을 다시 실행하려면 검색에서 diffusion을 검색 후 Easy Diffusion 앱을 실행합니다.

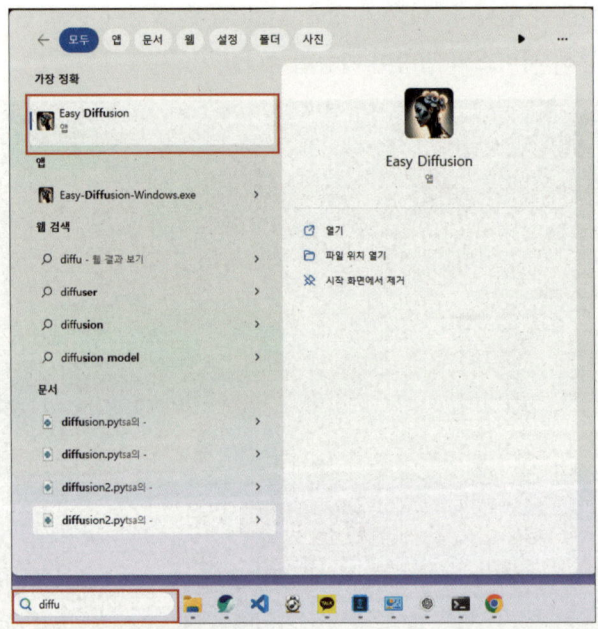

또는 Easy Diffusion이 설치된 폴더에서 [Start Stable Diffusion UI.cmd] 파일을 더블클릭 하여 실행해도 됩니다.

※ Easy Diffusion을 삭제하고 싶다면 설치된 폴더를 삭제하면 됩니다.

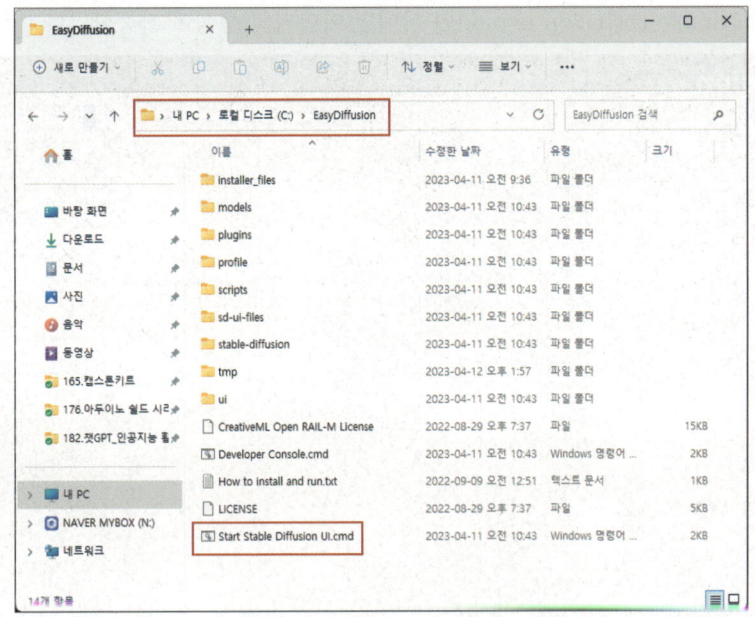

14 Easy Diffusion을 실행시 다음과 같은 창이 나타납니다. 서버가 실행되고 있는 창으로 닫으면 종료되니 닫지 않도록 합니다.

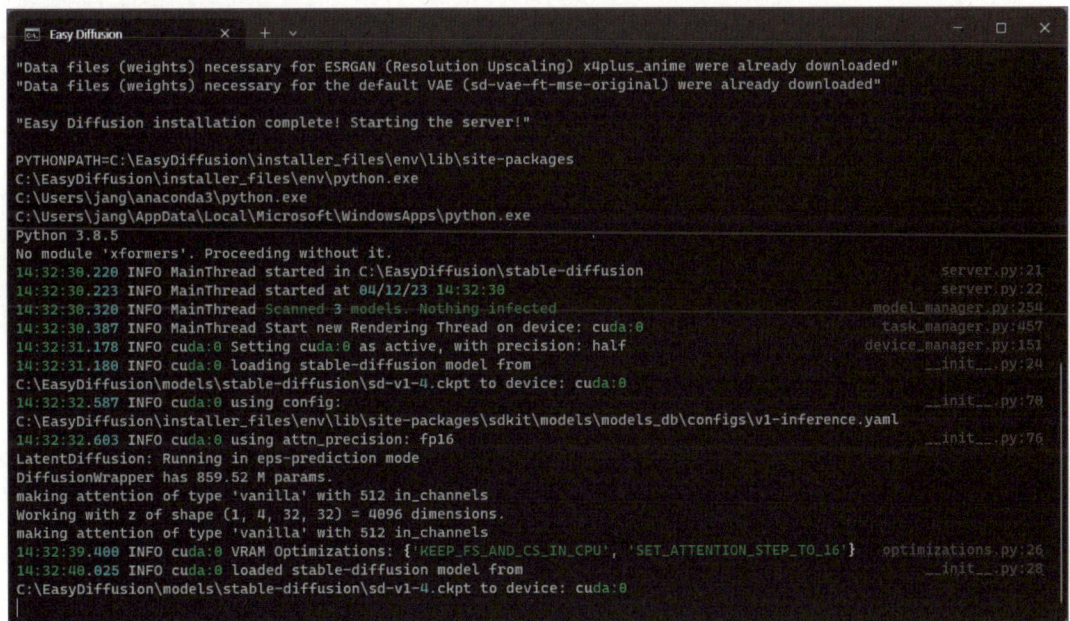

15 자동으로 웹페이지에 접속하여 실행되었습니다.
웹페이지를 닫았다면 아래의 주소를 입력하여 접속이 가능합니다.

- http://localhost:9000/

16 오른쪽 위에 [Stable Diffusion is ready] 상태면 이미지의 생성이 가능합니다.

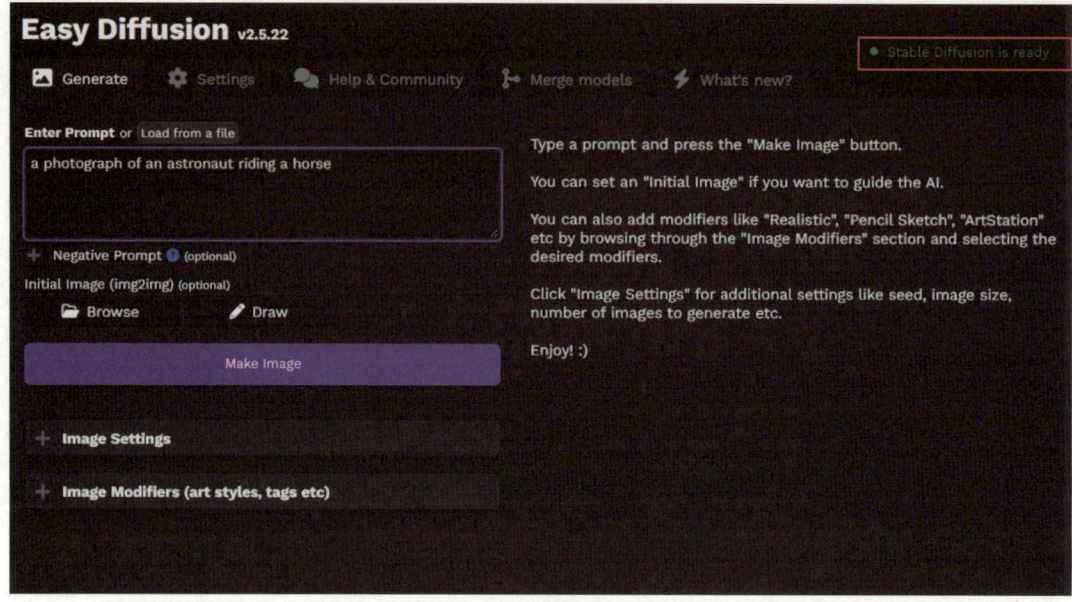

17 [Make Image] 버튼을 클릭하여 이미지를 생성합니다.

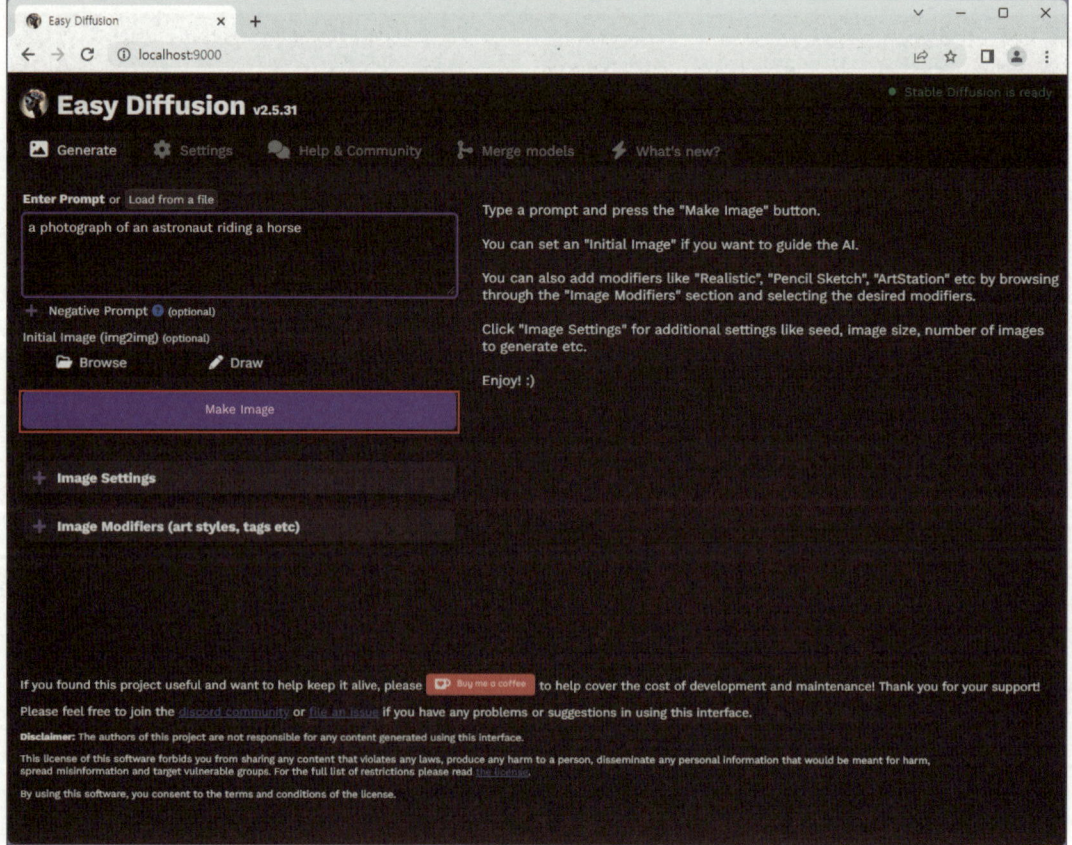

18 이미지는 Prompt영역에 적혀 있는 텍스트를 기반으로 생성됩니다.

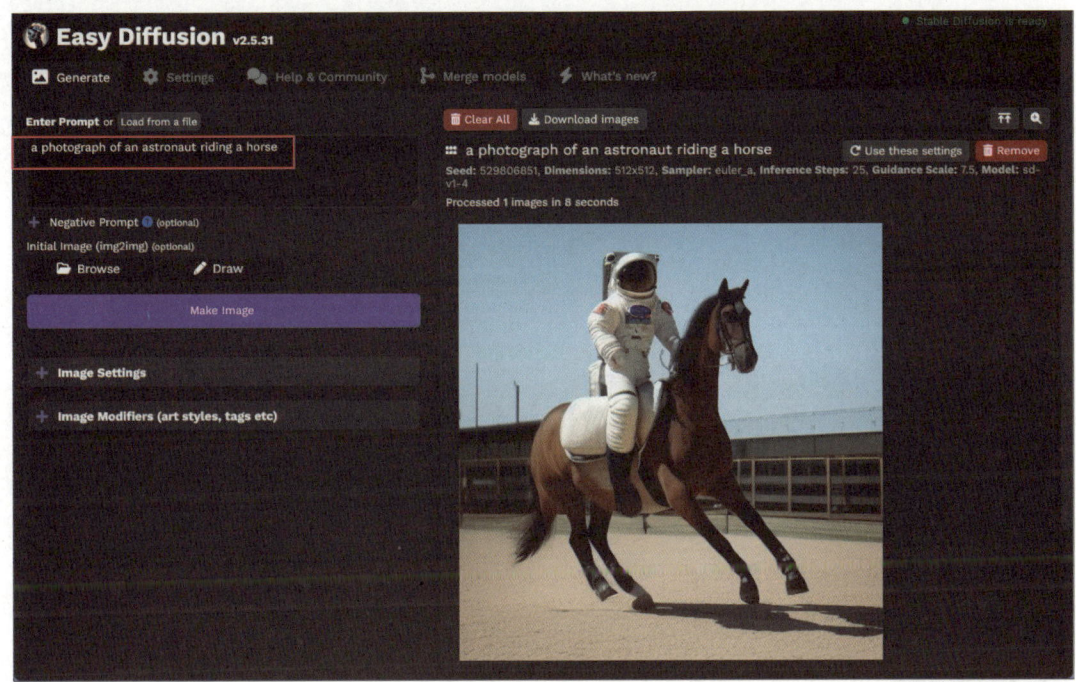

19 Prompt 부분을 flowers로 변경 후 이미지를 생성합니다. 다음과 같이 꽃 이미지가 생성되었습니다.

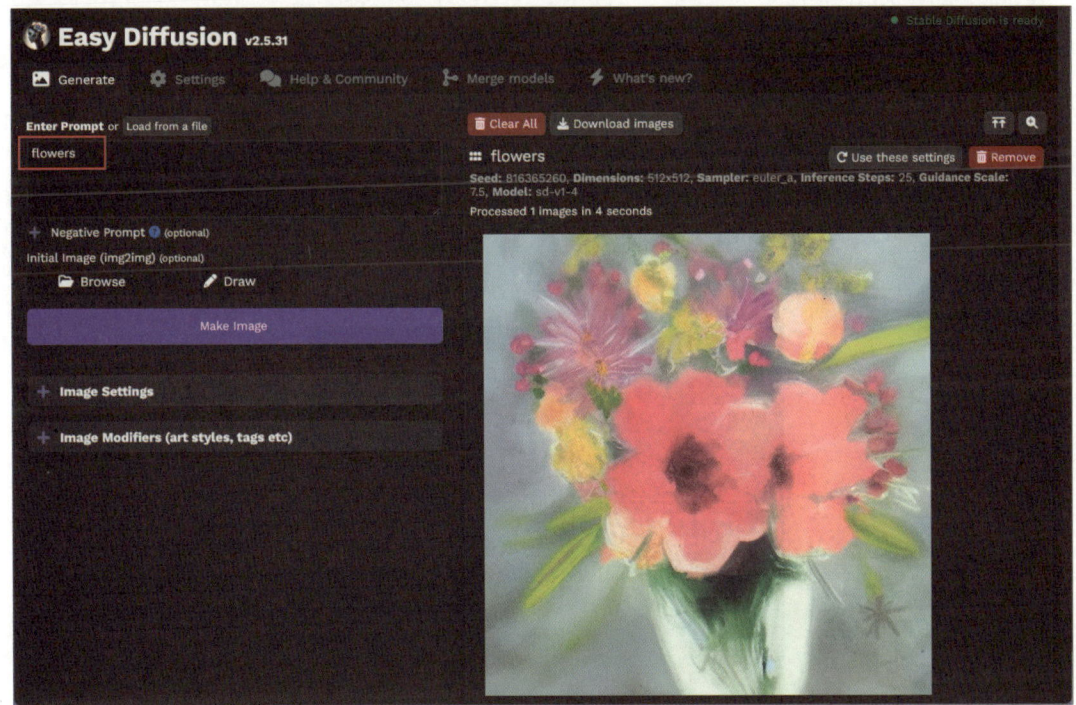

Easy Diffusion을 설치하고 간단한 이미지를 생성해 보았습니다. 다음 장에서 화면구성 및 사용방법에 대해 알아봅니다.

Easy Diffusion 화면구성과 사용법 익히기

Easy Diffusion의 화면구성과 사용방법에 대해서 알아봅니다. 아래 강조된 부분의 탭으로 구성되며 탭을 클릭하여 이동할 수 있습니다.

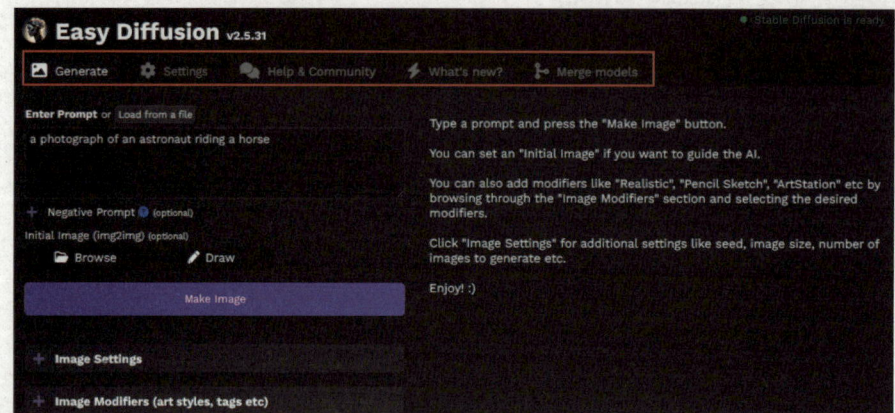

- Generate : 이미지를 생성하는 탭입니다. 가장 기본이며 많이 사용됩니다.
- Settings : 설정에 관련된 탭입니다.
- Help & Community : 도움말 및 커뮤니티를 확인 할 수 있습니다.
- What's new? : 변경사항 등을 알려줍니다. 매우 빠르게 업데이트되고 있는 프로그램으로 변경사항을 확인 할 수 있습니다.
- Merge models : 여러개의 모델을 합쳐 자신만의 새로운 모델을 만들 수 있는 기능의 탭입니다.

Generate

이미지 생성을 위한 기능이 모여있는 탭입니다. 기본 탭입니다.

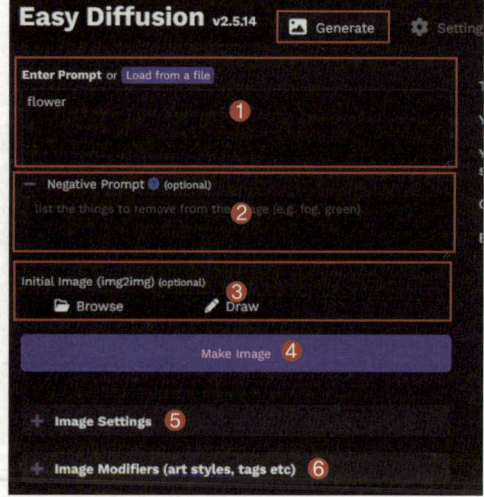

❶ Enter Prompt or Load from a file: 텍스트를 입력합니다. 텍스트를 기반으로 이미지를 생성합니다. 영어로 입력합니다.

❷ Negative Prompt (optional): 부정적인 명령어를 입력합니다. 사진으로 나오지 않았으면 하는 명령어들을 입력합니다. ? 아이콘을 클릭해보면 자세한 설명을 확인 할 수 있습니다.
아래와 같은 명령어들을 입력합니다.

```
Deformed, blurry, bad anatomy, disfigured, poorly drawn face, mutation, mutated, extra limb, ugly, poorly drawn hands, missing limb, blurry, floating limbs, disconnected limbs, malformed hands, blur, out of focus, long neck, long body, ((((mutated hands and fingers)))), (((out of frame)))
```

한글로 번역한 결과 입니다. () 괄호의 개수가 많으면 많을수록 중요한 내용으로 인식합니다.

```
변형됨, 흐릿함, 나쁜 해부학, 기형, 잘못 그려진 얼굴, 돌연변이, 돌연변이됨, 여분의 사지, 추한, 잘못 그려진 손, 사지 누락, 흐릿한, 떠 다니는 사지, 분리된 사지, 기형 손, 흐림, 초점 없음, 긴 목, 긴 몸, (((((돌연변이된 손과 손가락)))), (((프레임 밖)))
```

❸ Initial Image (img2img) (optional): 이미지를 불러오거나 직접 그릴 수 있습니다. 이미지를 이용한 이미지 생성에 사용합니다.

❹ [Make Image] 버튼으로 Prompt를 기반으로 이미지를 생성합니다.

❺ Image Settings으로 앞의 + 를 클릭하여 펼칠 수 있습니다. 많이 다뤄야하는 부분으로 아래에서 상세하게 설명하겠습니다.

❻ Image Modifiers (art styles, tags etc)로 앞의 +를 클릭하여 펼칠 수 있습니다. 이미지가 스타일, 구도등을 설정할 수 있습니다. 아래에서 상세하게 설명하겠습니다.

Initial Image (img2img) (optional)

이미지를 입력하여 이미지로 변환하는 기능으로 옵션으로 추가하여 사용가능합니다.

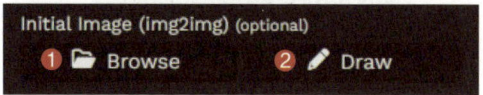

❶ Browse 는 PC의 이미지를 불러올 때 사용합니다.

❷ Draw는 이미지를 그릴 때 사용합니다.

Initial Image (img2img) (optional) 기능은 활용부분에서 조금 더 상세하게 다루도록 하겠습니다.

Image Settings

생성되는 이미지의 크기 등을 결정하는 옵션입니다.

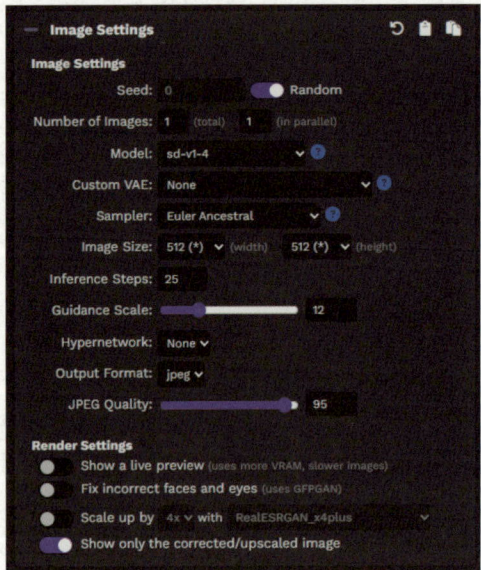

- **Seed**: 이미지의 그릴 때 참고하는 숫자값입니다. Random으로 설정시 무작위 값으로 입력됩니다.

- **Number of Images**: (total)부분은 총 그려지는 이미지의 숫자입니다. (in parallel)은 한 번 그릴 이미지로 그래픽카드의 vram이 충분하다면 in parallel로 한 번에 많이 그릴 수 있습니다.

- **Model**: Easy Diffusion의 경우 모델파일을 자동으로 다운받아 설정되었습니다. sd-v1-4는 stable diffusion v1.4 모델로 기본적인 모델이 설정되었습니다.
[C:\stable-diffusion-ui\models] 경로에 확장자가 .ckpt인 모델파일을 이동시 사용자가 다운로드 받은 다른 모델 파일을 적용할 수 있습니다.

- **Custom VAE**: 생성된 이미지를 개선하는 모델입니다. 눈, 손등을 개선할 수 있는 모델을 선택하여 적용할 수 있습니다. 기본값은 None으로 개선하지 않음으로 설정되어있습니다. 눈을 개선하는 모델은 자동으로 다운로드 받아져 사용가능합니다.

- **Sampler:** 이미지를 그릴 때 사용하는 샘플 방식을 결정합니다.

euler a는 보통 그림을 그릴 때 사용하고 lms 시리즈는 사진을 그릴 때 주로 사용합니다. 원하는 그림에 따라 샘플러를 다르게 적용합니다. 가장 흔하게는 Euler Anvestral을 사용합니다. 다음은 샘플러에 따른 완성된 그림의 사진입니다.

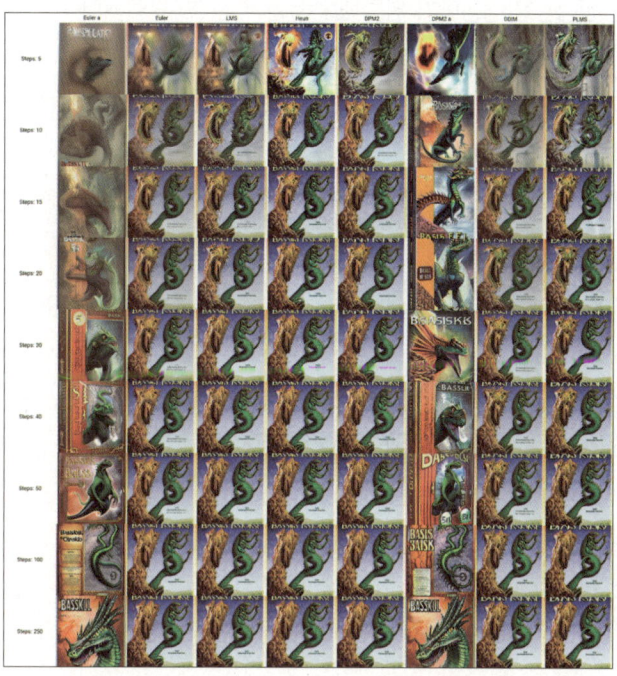

- **Image Size:** 가로, 세로의 이미지사이즈를 픽셀로 그립니다. 더 큰 픽셀로 그림을 생성하기 위해서는 많은 vram(비디오램)이 필요로 합니다.

- **IInference Steps:** 얼마나 여러 번 그릴지 깊이를 결정합니다. 높으면 사진이 그려지는데 시간이 오래 소요됩니다. 너무 낮으면 그림이 제대로 그려지지 않습니다.

아래는 동일한 조건에서 Inference Steps이 1,5,10,20 일때 그림입니다.

Inference Steps:1　　Inference Steps:5　　Inference Steps:10　　Inference Steps:20

- |Guidance Scale: 얼마나 프롬프트에 충실하게 그릴지 계수를 입력합니다. 최소 1.1 부터 최대 50까지로 1.1로 설정시 입력한 텍스트와는 상관없는 그림을 그릴 확률이 높고 최대인 50으로 설정시 프롬프트에 따라 융통성 없는 그림이 그려질 수 있습니다. 일반적으로는 6~15 사이의 값을 입력하여 사용합니다.

- |Hypernetwork: 다른 신경망을 생성하기 위한 신경망입니다. SD 모델에서, Hypernetwork는 현재 단계에서 생성된 이미지와 추가 정보를 입력으로 받아 이를 기반으로 생성자 신경망의 가중치를 동적으로 업데이트합니다. 이를 통해 Hypernetwork는 생성자 신경망이 이전에 생성된 이미지에 대한 정보를 기반으로 더 나은 이미지를 생성할 수 있도록 도와줍니다.

- |Output Format: 저장될 사진의 포맷을 결정합니다. jpeg와 png 형식으로 jpeg는 이미지 압축을 사용합니다. png는 압축하지 않은 이미지로 이미지를 원본 그대로 저장할 수 있으나 용량이 커진다는 단점이 있습니다.

- |JPEG Quality: 사진을 jpeg 타입으로 저장시 이미지의 압축률을 설정합니다. 100에 가까울수록 압축하지 않고 0에 가까울수록 많이 압축합니다. 많이 압축하면 원본 이미지가 깨질 수 있습니다.

- |Show a live preview (uses more VRAM, slower images): 이미지가 그려지고 있는 중간중간 이미지를 출력해서 보여줍니다. 더 많은 VRAM을 사용하고 최종이미지가 그려지는 시간이 느려집니다.

- |Fix incorrect faces and eyes (uses GFPGAN): GFPGAN을 사용하여 얼굴과 눈을 보정하여 그립니다.

- |Scale up by 4x with RealESRGAN_x4plus: 이미지의 사이즈를 키우고 보정합니다.

- |Show only the corrected/upscaled image: 최종 그려진 이미지만을 보여줍니다.

Image Modifiers (art styles, tags etc)

이미지의 스타일을 결정하는 옵션입니다.

스타일을 얼굴 형태로 보여주는 옵션입니다. (우리가 그림체를 확인할 때 보여지는 화면으로 인공지능으로 그림을 그릴 때는 동일한 그림체를 선택시 Face, Land가 동일하게 그려집니다.)

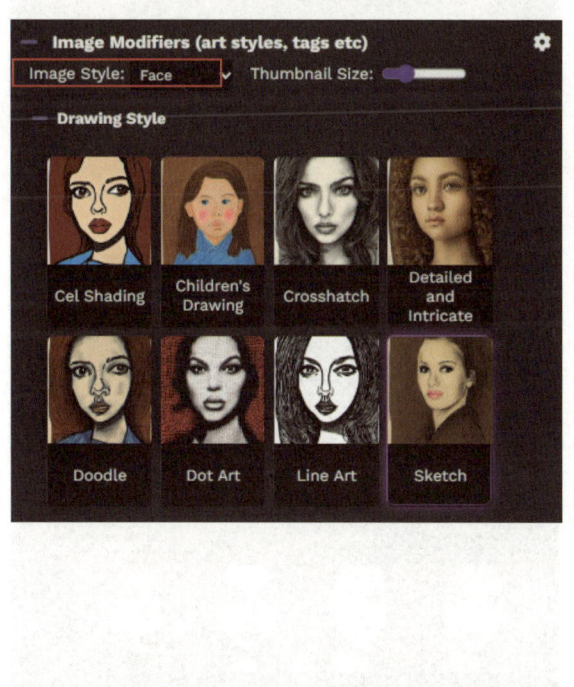

스타일을 풍경형태로 보여주는 옵션입니다.

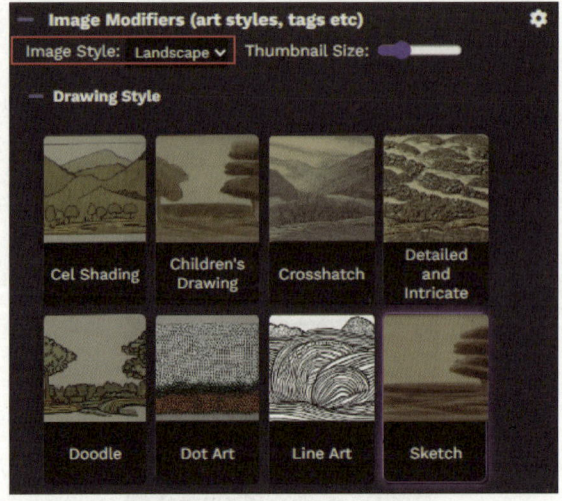

보이는 크기의 설정이 가능한 옵션입니다.

동작을 확인해보도록 하겠습니다.

여기서는 Sketch 부분을 선택합니다.

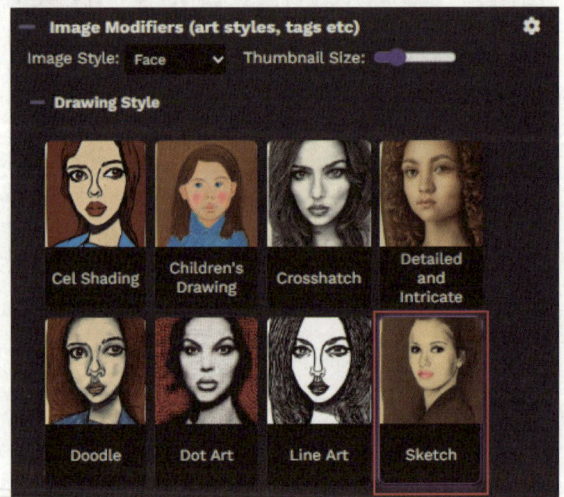

Enter Prompt에는 flower만 입력하였지만 그림체가 포함된 flower, Sketch 가 입력되어 스케치 형태의 그림이 완성되었습니다. 우리가 만드는 그림은 텍스트를 기반으로 그림을 만들어주는 인공지능으로 그림체를 선택 시 텍스트로 추가되어 입력됩니다.

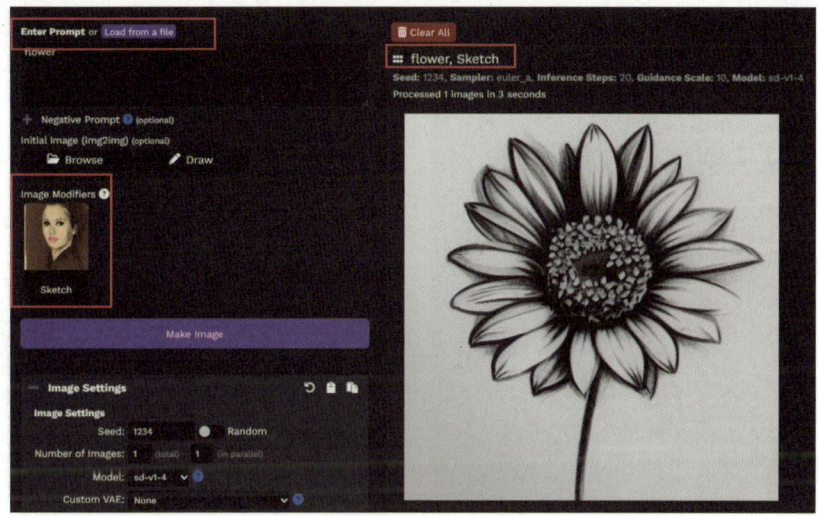

선택한 Image Modifiers에 마우스를 가져다 대면 – 표시를 눌러 삭제 할 수 있습니다. 여러개의 그림체를 선택하여도 됩니다.

그림을 선택 후 [컨트롤 + 마우스 휠]로 적용 강도를 조절할 수 있습니다.

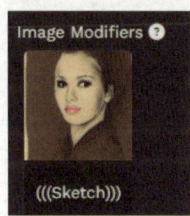

[컨트롤 + 마우스 휠 업] ()의 개수가 많으면 적용 강도의 세기가 올라갑니다. 강하게 그림체를 적용합니다.

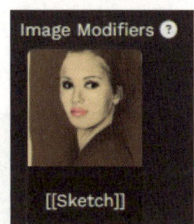

[컨트롤 + 마우스 휠 다운] []의 개수가 많으면 적용 강도의 세기가 내려갑니다. 약하게 그림체를 적용합니다.

프롬프트에 그림체를 직접 입력해도 동일한 그림이 출력되는 것을 확인 할 수 있습니다.
Easy Diffusion은 자주 사용하는 그림체에 대한 Prompt를 UI 형태로 제공함으로써 초보자가 조금 더 그림을 그리기 쉽도록 도와주는 역할을 합니다.

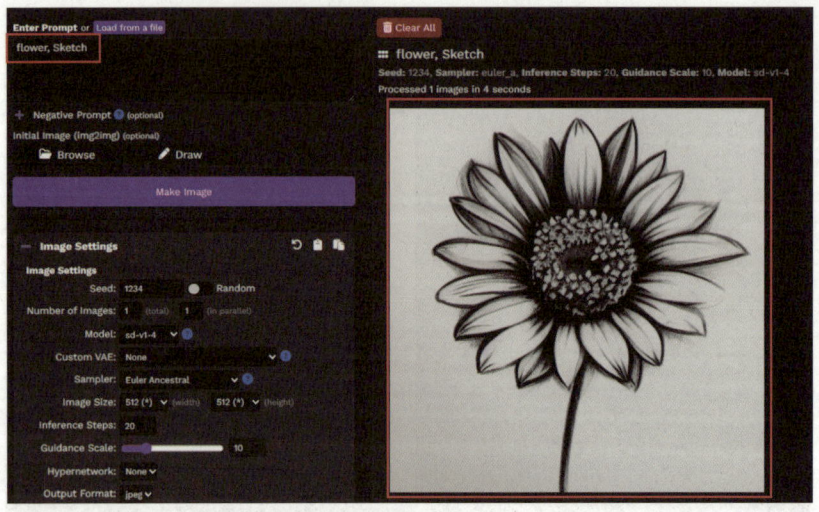

[Settings Settings] 탭의 기능에 대해 다루도록 하겠습니다.

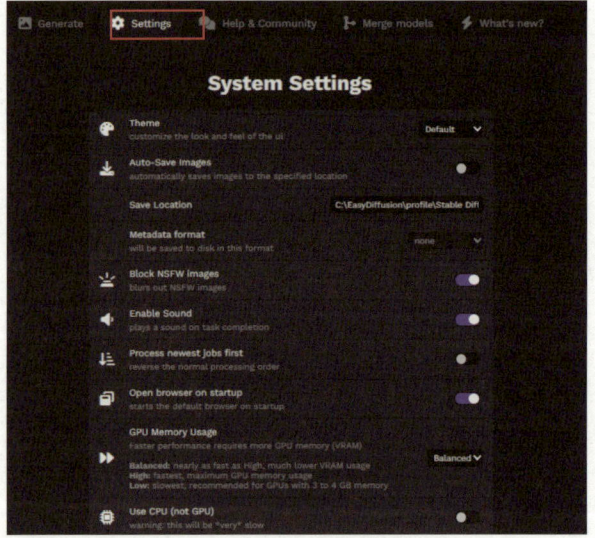

Theme 우리나라 사람들이 자주쓰는 용어로 "테마"라고 합니다. UI의 색상을 변경할 수 있습니다. Default는 검정색으로, 흰색 등 다른 색상으로 변경 가능합니다.

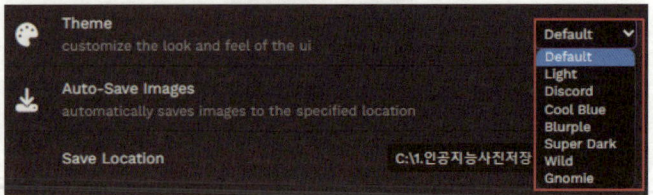

- Auto-Save Images: 생성된 이미지를 자동으로 저장하는지 여부를 설정합니다. 생성되는 사진을 자동저장하는 기능으로 컴퓨터의 하드디스크가 부족하지 않다면 켜짐으로 설정합니다.

- Save Location: 이미지의 저장경로를 설정합니다.

기본경로는 [C:₩EasyDiffusion₩profile₩Stable Diffusion UI]입니다. Easy Diffusion이 한 번 실행될 때마다 번호로 된 폴더가 생성되며 사진이 저장됩니다. 사진이 저장되는 경로는 사용자가 변경하여 사용이 가능합니다.

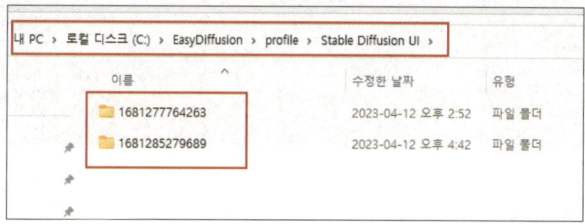

사진이 저장되는 기본경로가 복잡하니 변경해보도록 합니다.

사진이 저장되는 경로를 변경하고 싶다면 윈도우 탐색기에 원하는 위치에 폴더를 생성 후 다음과 같이 경로를 Ctrl + C 또는 [마우스 오른쪽 클릭 후 복사]를 눌러 복사한 뒤 Easy Diffusion의 경로 부분에 Ctrl + V 를 눌러 붙여넣기하여 경로를 지정합니다.

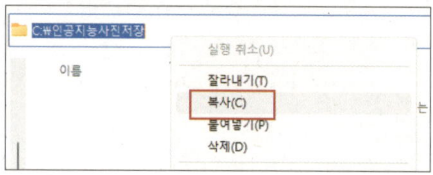

Easy Diffusion의 경로 부분에 Ctrl + V 를 눌러 붙여넣기하여 사진이 저장되는 경로를 지정합니다.

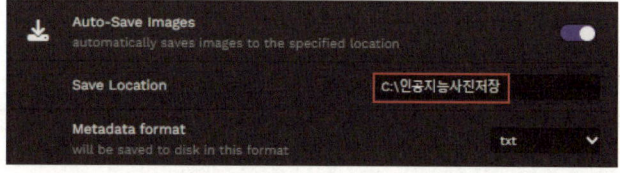

옵션을 변경하였으면 스크롤을 아래로 내려 [Save] 버튼을 눌러 저장해야 적용됩니다.

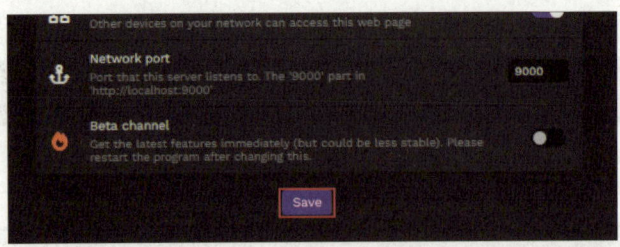

이미지가 생성될 때 이미지와 생성된 이미지의 정보를 가지고 있는 데이터가 생성됩니다. 그 정보를 가지고 있는 데이터의 포맷 형식을 지정합니다. 마음에 드는 사진을 다시 만들기 위해서는 사진의 정보를 함께 저장하는 것이 좋습니다. txt로 설정합니다.

메타데이터 포맷이 txt로 설정되었습니다.

이미지 생성시 Metadata가 저장됩니다. Metadata는 설정된 format 형식으로 저장됩니다.

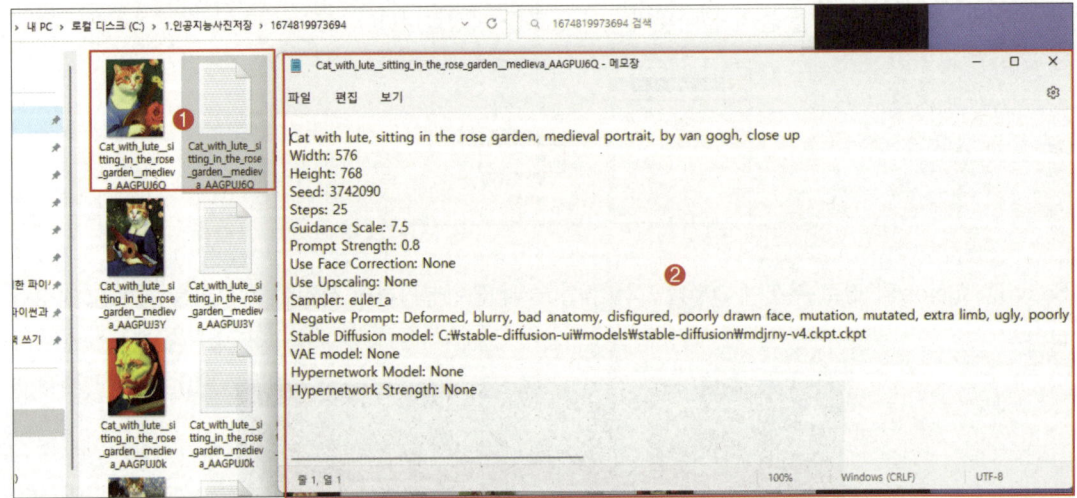

❶ 이미지 생성 후 이미지의 생성 정보를 가진 데이터가 같이 저장됩니다.
❷ 파일을 열어 확인해보면 정보를 확인 할 수 있습니다.

- Block NSFW images: 성인이미지를 표시하지 않습니다. 켜짐으로 설정되어 있으면 성인이미지가 표시되지 않습니다.

- Enable Sound: 소리의 출력여부를 설정합니다.

- Process newest jobs first: 이미지 생성할 때 지금 입력한 프롬프트의 이미지 생성 우선순위를 첫 번째로 할지 마지막으로 할지 설정합니다.

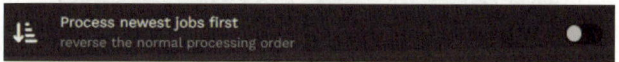

- Open browser on startup: Easy Diffusion을 실행시 자동으로 브라우저를 실행할지 설정합니다. 자동으로 설정하지 않는다면 http://localhost:9000/ 로 웹브라우저를 이용하여 직접 접속합니다.

- GPU Memory Usage: GPU 메모리의 사용량을 결정합니다. 비디오램이 큰 그래픽의 경우 High로 하면 속도가 빠르고 비디오램이 적은 그래픽의 경우 Low로 하여 램 사용량을 줄일 수 있습니다. Balanced의 경우 램 사용양을 적절하게 프로그램이 조절합니다. 속도와 사용량 사이를 적절하게 조절합니다.

비디오램 = 그래픽카드의 메모리

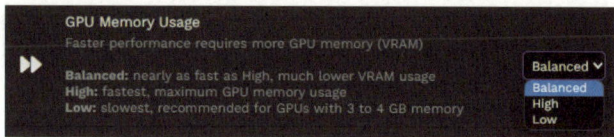

- Use CPU (not GPU): CPU만 사용할지 설정합니다. 속도가 매우 느립니다. GPU가 없는 컴퓨터에서 제한적으로 사용합니다. GPU 사용시 4초 소요되었던 CPU 만 사용시 3분23초로 느려졌습니다. 그래픽카드가 없는 컴퓨터의 경우 비활성화되지 않습니다.

- Auto-Save Settings: 설정값을 유지할지 설정합니다.

[Configure] 버튼을 눌러보면 설정 여부를 결정하는 다양한 옵션이 있습니다.

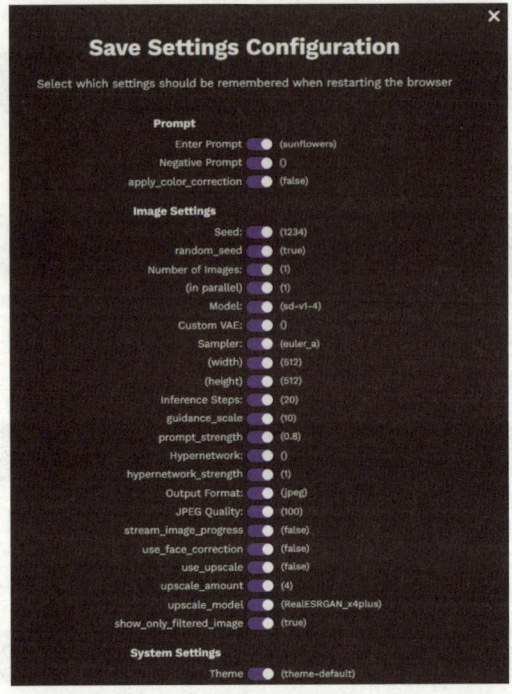

- Confirm dangerous actions: 데이터를 지울 때 지울지/말지 다시 한 번 물어보는 설정입니다.

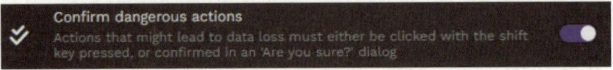

- Make Stable Diffusion available on your network: 네트워크가 연결된 다른 컴퓨터에서 사용할 수 있도록 하는 설정입니다.

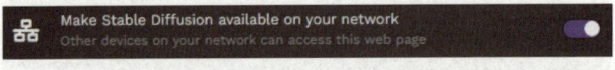

- Network port: 연결 포트를 설정합니다. 기본 포트는 9000번 입니다.

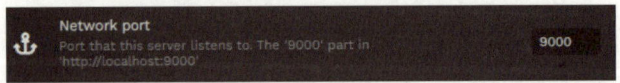

- Beta channel: 최신기능을 바로 다운받아 적용하는 설정입니다. 다시 실행해야 적용됩니다.

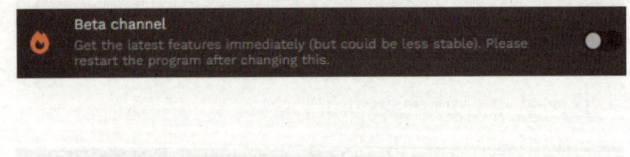

설정 완료 후 [SAVE] 버튼을 꼭 눌러 저장합니다.

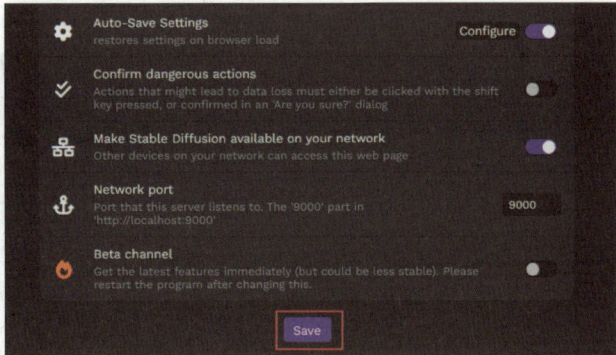

- Help & Community: 도움이나 커뮤니티 등의 탭입니다.

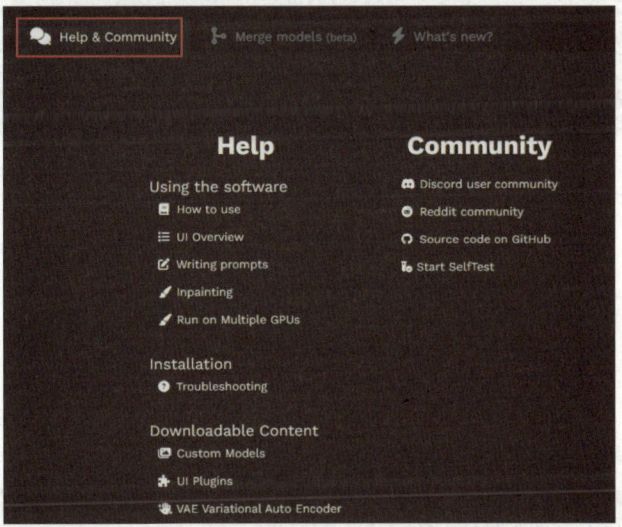

- Merge models (beta): 다양한 모델을 합칠 수 있는 기능입니다. 모델을 합쳐 새로운 모델을 생성 할 수 있습니다. 예를 들어 스테이블 디퓨전 v1.4 모델과 오픈저니 모델을 0.6대 0.4의 비율로 합쳐 새로운 모델을 생성 할 수 있습니다. 각 모델의 비율에 맞게 새로운 모델이 생성됩니다.

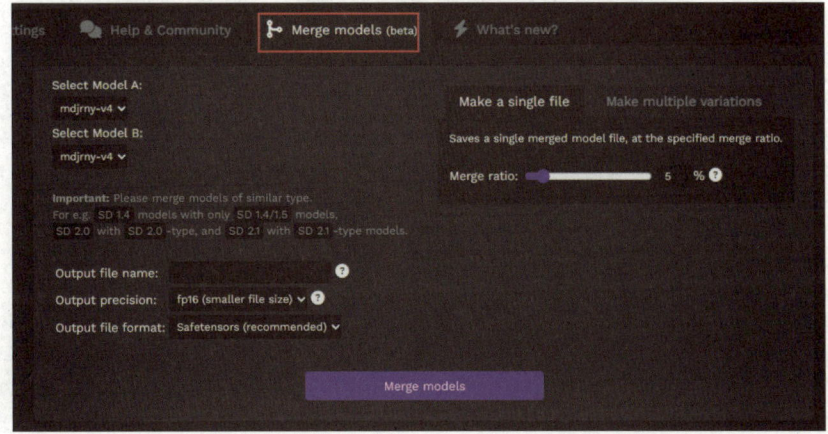

- **What's new?**: 새로운 기능에 대한 설명입니다.

  매우 빠르게 업데이트되고 있는 기능으로 변경된 점을 알려줍니다.

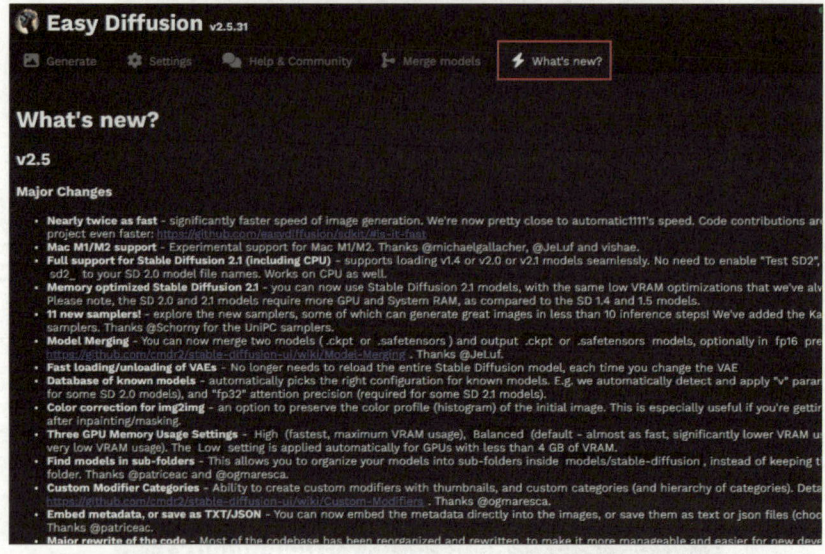

Easy Diffusion으로 그림 생성하는 방법 익히기

Easy Diffusion을 이용하여 그림을 생성하는 방법에 대해 알아봅니다.

01 "sunflowers" 키워드를 입력 후 [Make Image] 버튼을 눌러 이미지를 생성합니다.

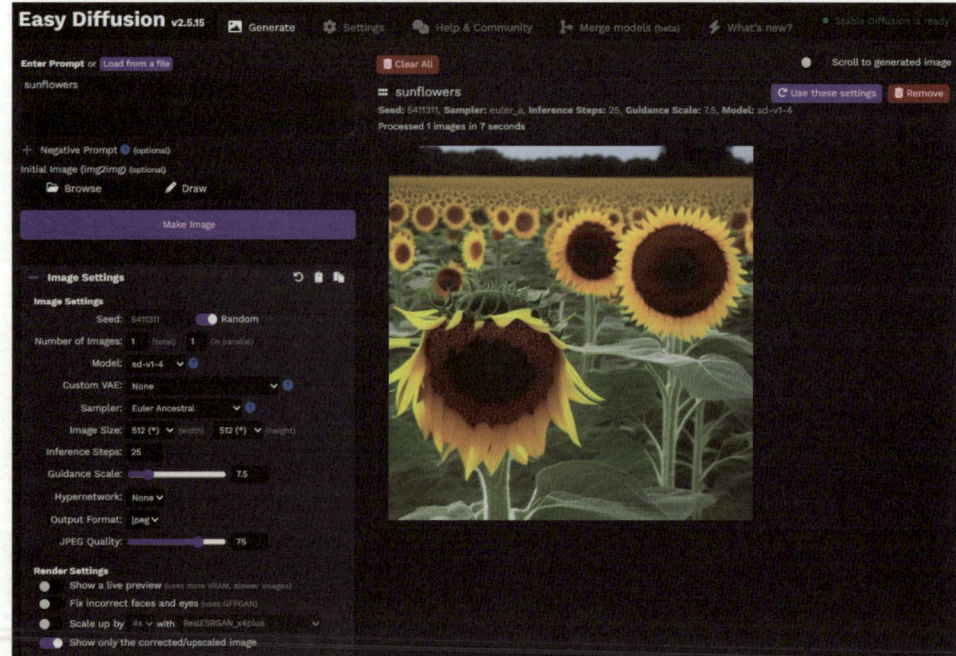

02 [Image Modifiers (art styles, tags etc)] 기능 중 Sketch 를 추가하였습니다. Sketch 형태의 그림이 출력되었습니다.

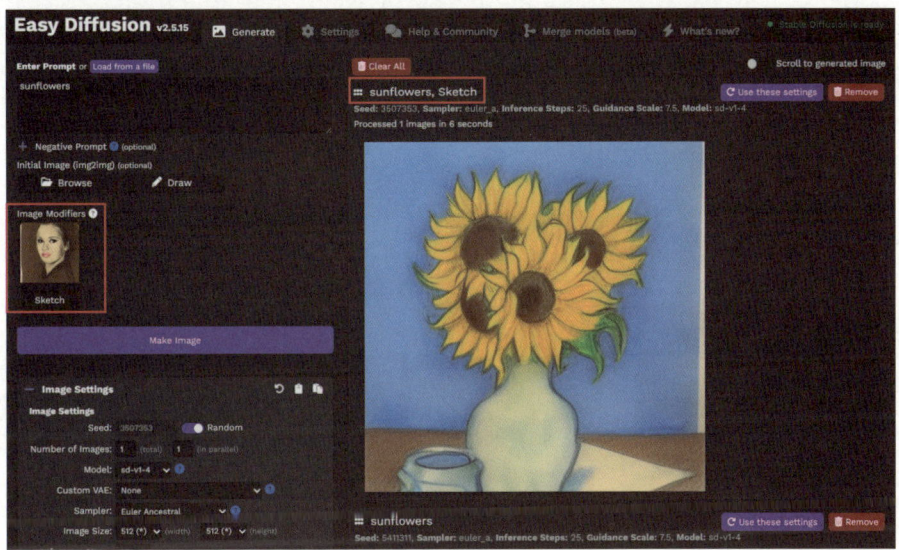

03 [Image Modifiers (art styles, tags etc)] 기능 중 Sketch, Colorful를 추가하였습니다. Sketch, Colorful 형태의 그림이 출력되었습니다.

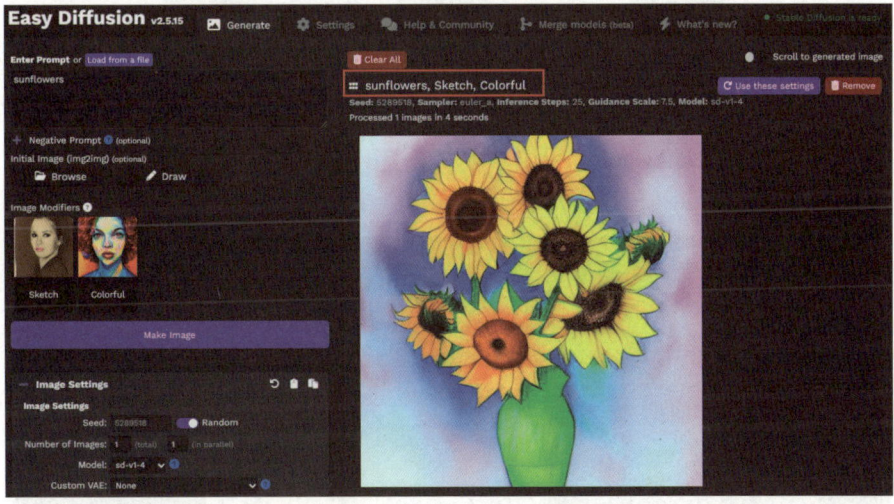

04 이미지의 저장은 [Settings] 탭에서 [Auto-Save Images]가 설정되었다면 [Save Location]에 설정된 주소에 저장됩니다.

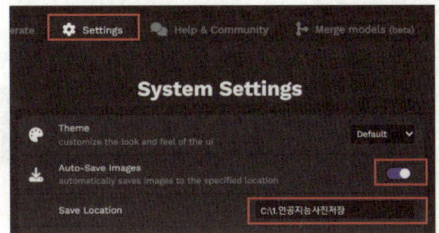

Chapter 03 _ 챗GPT를 사용한 7가지 업무 활용법 · **109**

05 설정된 폴더에 Easy Diffusion이 한 번 실행될 때마다 폴더가 생성되어 저장됩니다. 수정된 날짜를 최신 순으로 변경하면 최근의 생성된 폴더를 확인 할 수 있습니다.

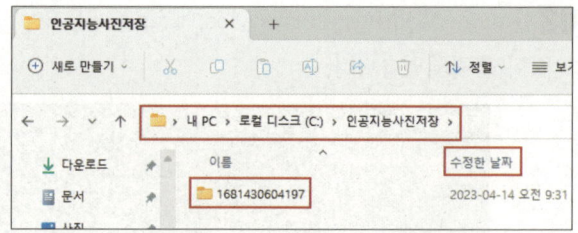

06 최근에 생성된 폴더에 접속하면 다음과 같이 이미지가 저장되어 있습니다. 이미지 옆에 파일은 이미지의 생성 정보를 가지고 있는 데이터입니다.

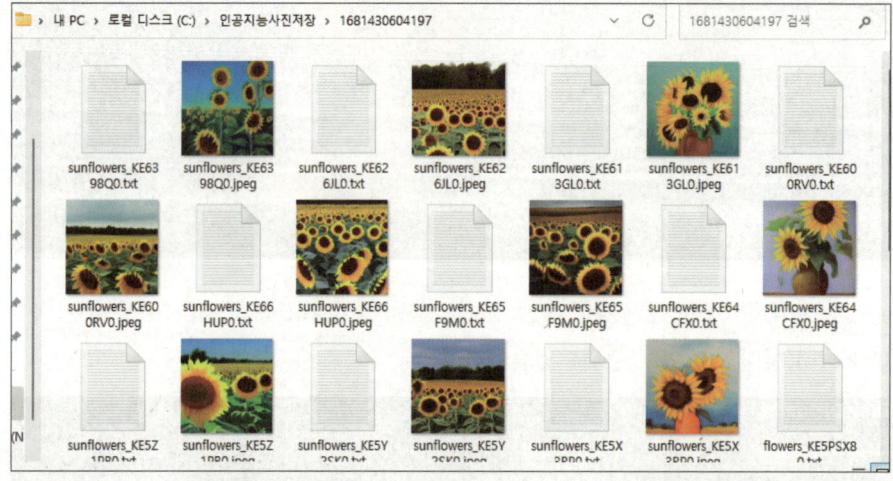

07 생성된 이미지 옆에 [Use these settings] 버튼을 누르면 생성이미지의 모든 정보를 가지고 올 수 있습니다. Seed의 값도 무작위 값이 아닌 사용된 값으로 변경됩니다.

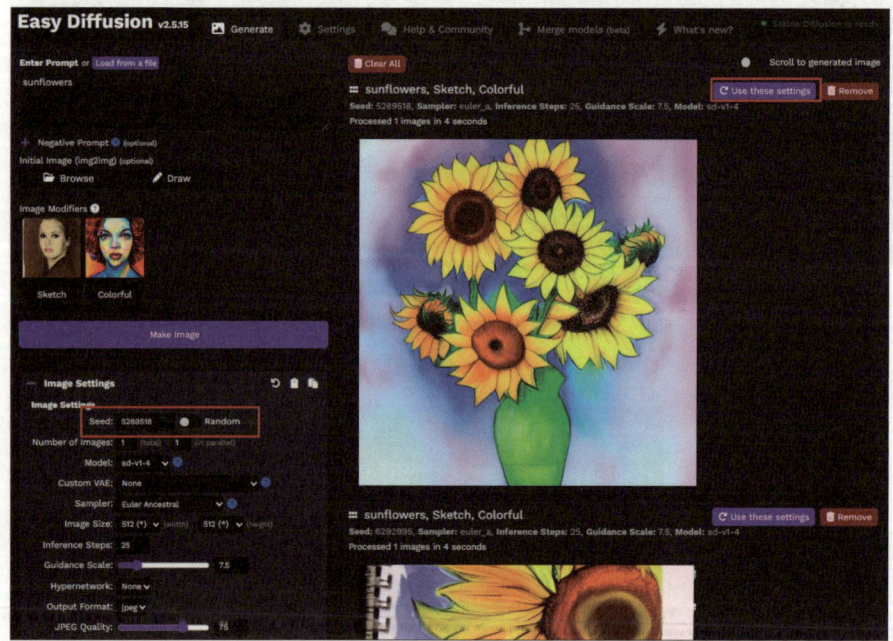

08 분위기가 다른 비슷한 이미지를 만들고 싶다면 Seed 값을 그대로 둔 채로 Model, Sampler, Image Size, Inference Steps, Guidance Scale 등의 값들을 조절하여 이미지를 생성합니다. Model의 경우 기본적으로 sd-v1-4 모델이 적용되어 있습니다. 다른 모델을 다운로드 받아 적용할 수 있습니다.

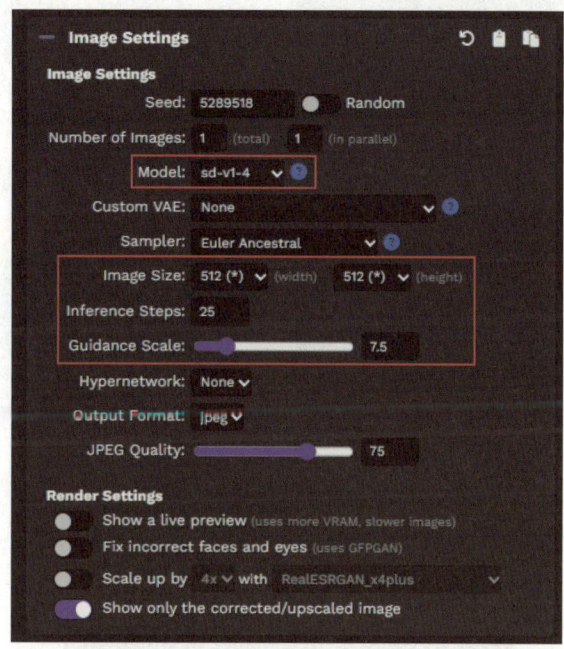

09 생성된 이미지에 마우스를 가져다 대면 다양한 기능을 활용 할 수 있습니다.

- Seed: 생성된 이미지의 무작위 값 입니다.
- Use as Input: 이미지 to 이미지를 생성할 때 입력 이미지로 사용합니다.
- Download: 이미지를 다운로드 합니다.
- Make Sililar Images: 비슷한 이미지를 생성합니다.
- Draw another 25 steps: 이미지의 steps 수를 25 늘려 다른 이미지를 생성합니다.
- Upscale: 이미지의 해상도를 높게 합니다.
- Fix Faces: 얼굴을 수정합니다.

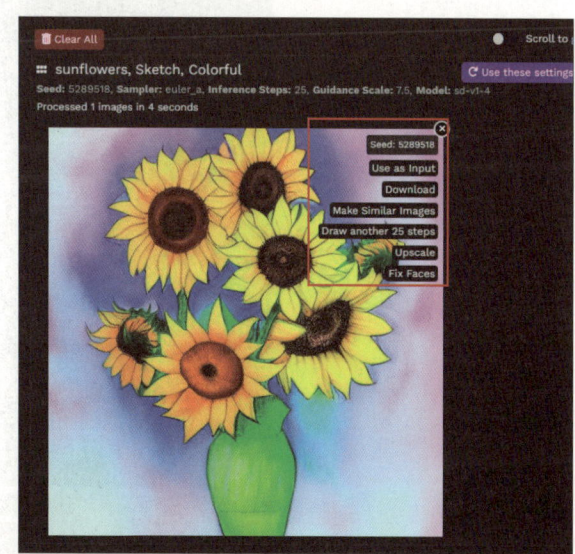

- Use as Input: 이미지 to 이미지를 생성할 때 입력 이미지로 사용합니다.

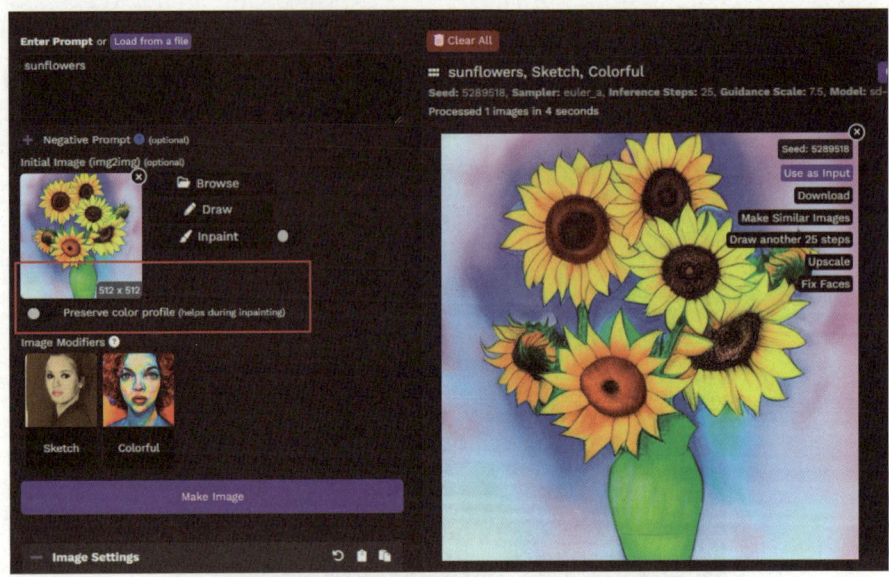

10 Initial Image (img2img) (optional) 기능을 사용하면(이미지를 입력하면) [Image Settings]에 Prompt Strength: 부분이 활성화 됩니다. 입력된 글자를 얼마나 따를지에 대한 설정으로 1이면 글자부분을 모두 따르고 0이면 그림만 참고한다는 뜻입니다.

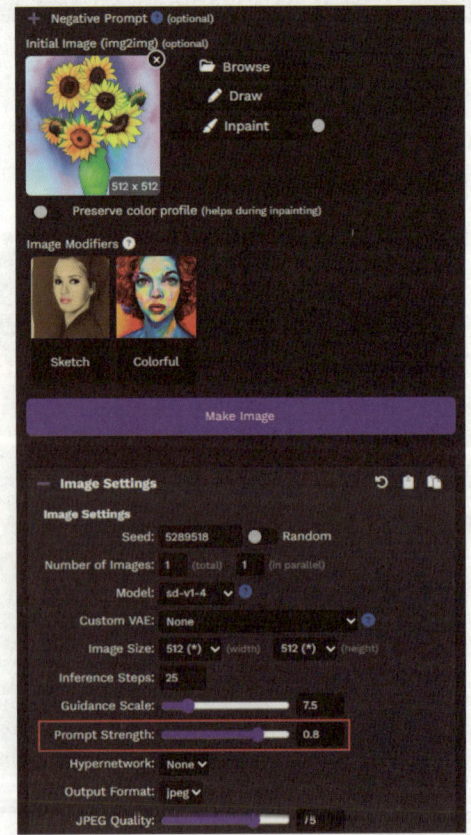

11 Inpaint는 부분만 다시 그릴 수 있는 기능으로 그려진 해바라기중 하나만 다시 그려보도록 하겠습니다. [Inpaint]를 클릭합니다.

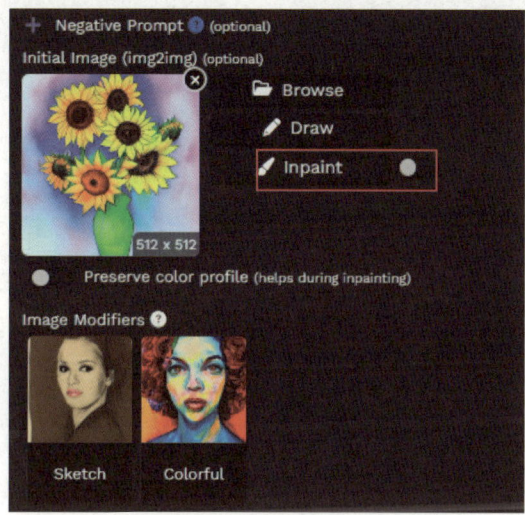

12 브러쉬의 크기 등을 설정한 다음 바꾸고 싶은 부분을 색칠한 다음 [Save] 버튼을 눌러 저장합니다.

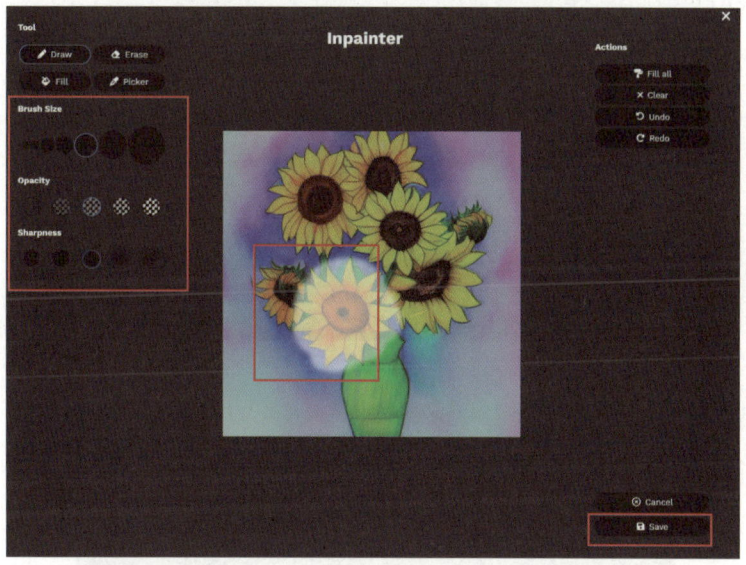

13 기존의 프롬프트(명령어)에 ,(콤마)를 이용해서 바뀔 부분의 특징을 추가합니다. 여기서는 red sunflower를 추가하였습니다. Inpaint 기능을 사용함으로 설정한 다음 Make Image를 눌러 이미지를 생성하였습니다. 씨앗부분이 빨간 해바라기로 변경되었습니다.

Chapter 03 _ 챗GPT를 사용한 7가지 업무 활용법 • 113

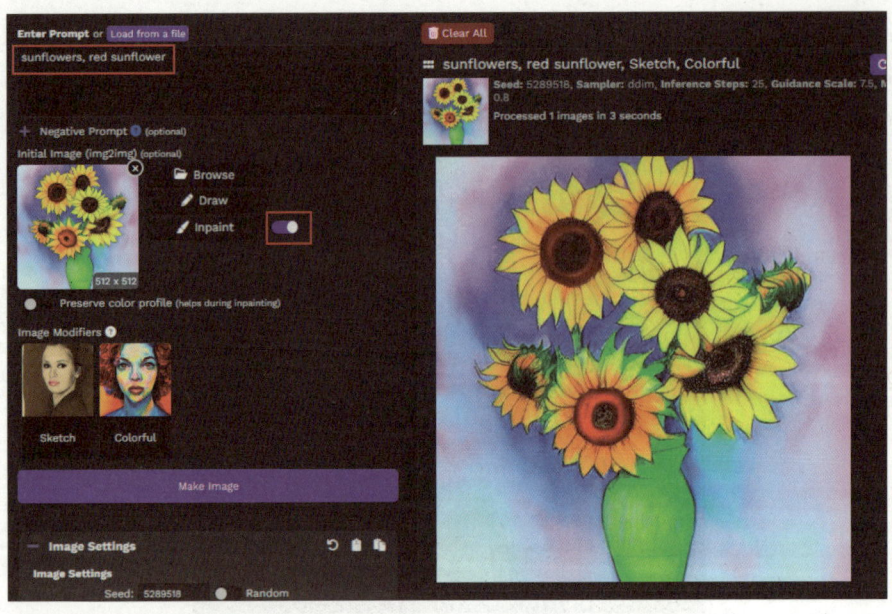

14 Draw를 누르면 백지 상태에서 그림을 그려 비슷한 이미지를 생성할 수 있습니다. 기존의 입력 값은 모두 삭제한 다음 [Draw]를 클릭합니다.

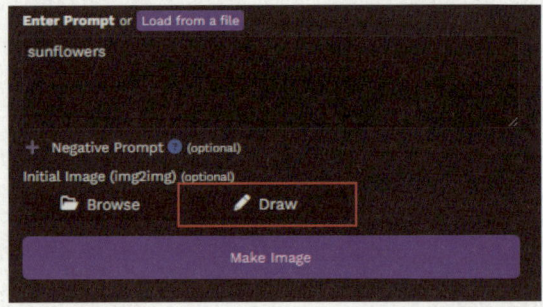

15 다른 구도의 해바라기를 그리고 싶어서 아래처럼 그림을 그렸습니다. 브러쉬 등을 이용하여 그림을 그려줍니다. 그리기가 완성되면 [Save] 버튼을 눌러 저장합니다.

16 인공지능은 그림을 보고 해바라기인지 모릅니다. 프롬프트에 그리고 싶은 글자를 입력합니다. 이미지 생성 버튼을 눌러 이미지를 그리면 비슷한 구도의 해바라기가 그려졌습니다.

17 그려진 그림에 마우스를 가져다 댄 후 [Make Similar Images] 버튼을 클릭합니다. 비슷한 느낌의 그림을 생성합니다.

18 비슷한 느낌의 5개의 이미지가 생성되었습니다.

19 [Draw another 25 steps] 버튼을 눌러 디테일한 그림으로 다시 그립니다.

20 스텝수를 25스텝 늘려 그린 그림으로 조금 더 디테일한 그림이 되었습니다. 다만 스텝을 늘린다고 무한하게 디테일해지지는 않습니다.

21 [Upscale] 버튼을 눌러 그림의 해상도를 높게 만들어봅니다.

22 해상도가 높아진 그림이 생성되었습니다.

23 [Fix Face]를 확인해보기 위해 모두 지운 다음 "smiling man with coffee" 명령어로 그림을 생성합니다. 자세히 보면 눈과 입술이 어색합니다.

생성된 그림에서 [Fix Face] 버튼을 클릭합니다.

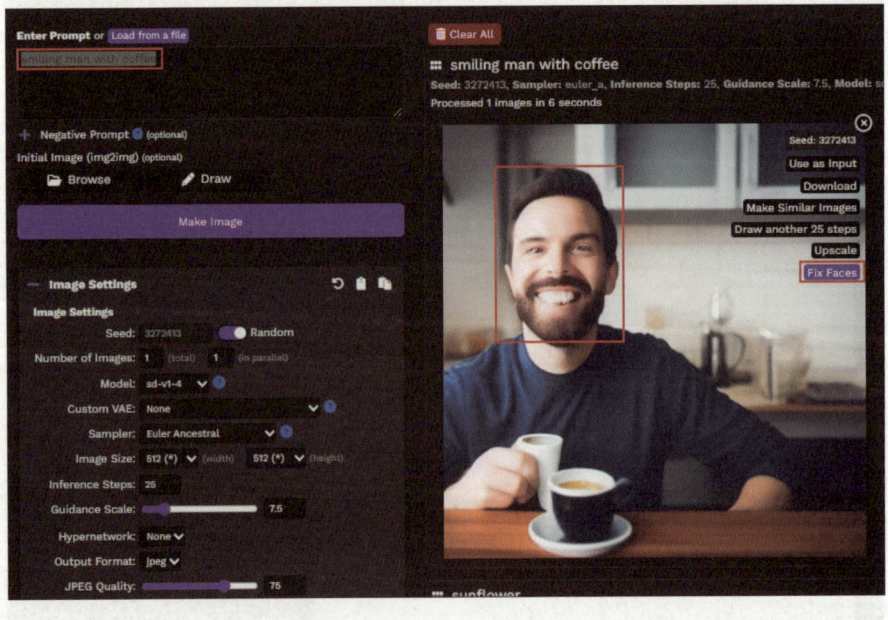

24 [Fix Face]를 처음 실행시 모델 등을 다운로드 받기 때문에 다운로드 받고 적용하는 시간 때문에 처음 한 번은 1~5분가량 소요됩니다.

조금 더 자연스러운 얼굴로 수정되었습니다.

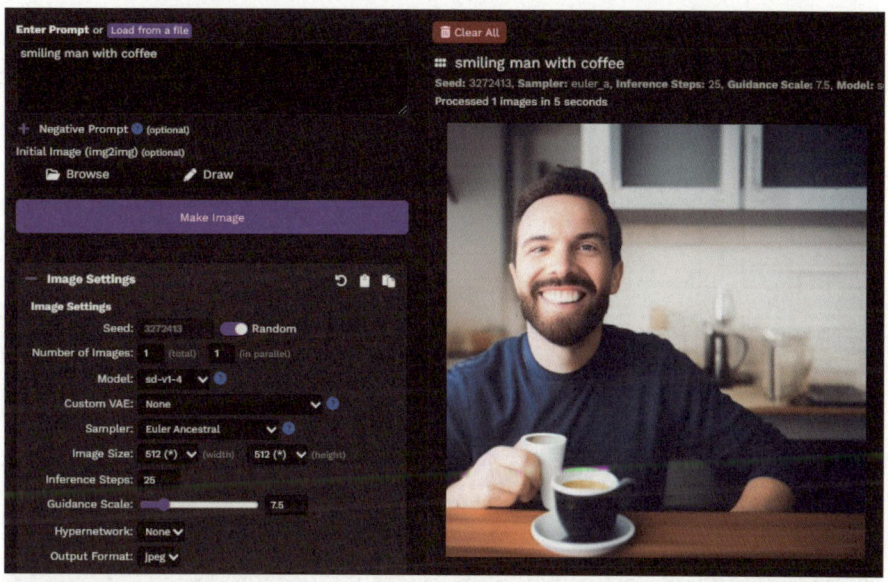

25 두개의 사진을 비교하면 차이를 명확하게 알 수 있습니다.

Fix Face 이전 사진

Fix Face 이후 사진

Chapter 03 _ 챗GPT를 사용한 7가지 업무 활용법 · **119**

26 아래 Rander Settings 부분에서도 Fix Faces와 eyes 그리고 이미지의 해상도를 높이는 업스케일의 적용이 가능합니다. 다만 아래쪽에 체크할 경우 이미지를 만들 때마다 모든 이미지에 대해 처리하므로 시간이 오래 소요됩니다. 이미지를 빨리 많이 뽑은 다음에 원하는 결과의 이미지만을 수정하는 것도 좋은 방법입니다.

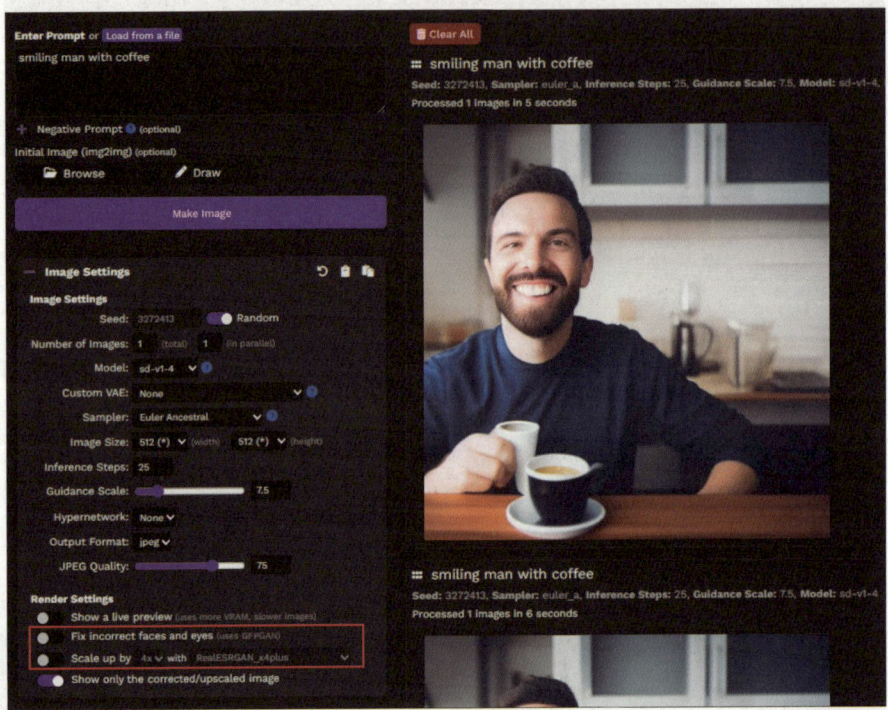

Easy Diffusion 커스컴 모델 다운로드 및 적용하기

Easy Diffusion의 경우 프로그램 설치시 이미지 생성을 위한 모델파일인 [sd-v1-4.ckpt] 파일을 다운로드 받아 적용되어 있습니다. stable-diffusion v1.4 모델로 가장 흔하게 많이 사용하는 모델입니다. 모델파일의 경로는 [C:₩EasyDiffusion₩models₩stable-diffusion] 로 이 위치에 모델파일을 넣으면 모델파일의 적용이 가능합니다.

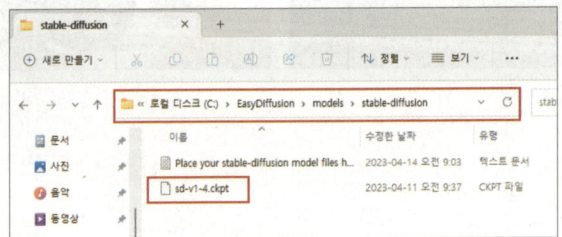

모델파일을 다운로드 받을 수 있는 사이트는 여럿 있습니다. 그 중 대표적인 사이트 몇 곳을 소개하도록 하겠습니다.

❶ huggingface

huggingface로 모델을 다운로드 받을 수 있는 가장 유명한 사이트입니다. 가장 큰 사이트이며 텍스트-이미지 모델뿐만 아니라 다양한 모델 및 모델학습에 필요한 데이터셋 등을 받을 수 있습니다. huggingface 사이트에 접속합니다.

- https://huggingface.co/

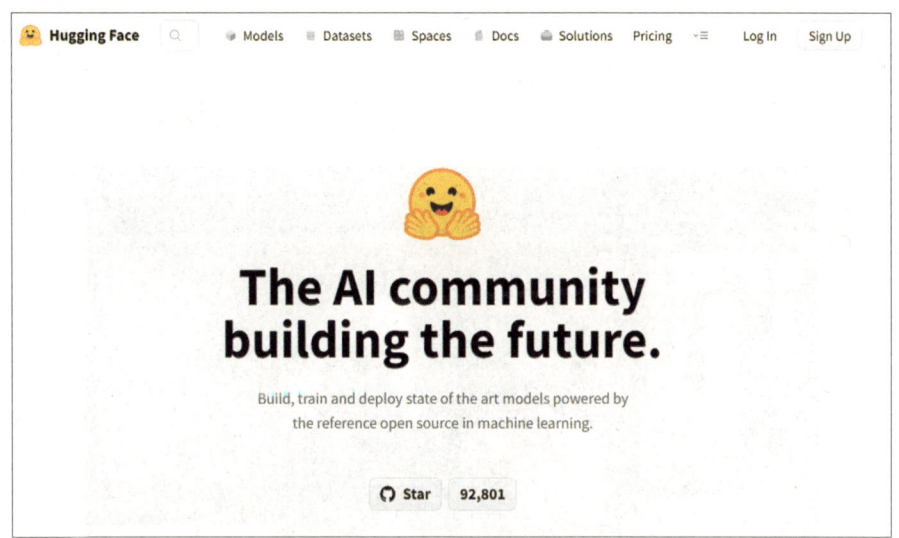

[Models] 탭으로 이동하여 Text-to-Image 부분을 선택하면 우리가 사용할 텍스트-이미지 모델을 확인할 수 있고 다운로드 받을 수 있습니다. huggingface는 텍스트-이미지 모델뿐만 아니라 다양한 인공지능 모델을 다운로드 받을 수 있습니다.

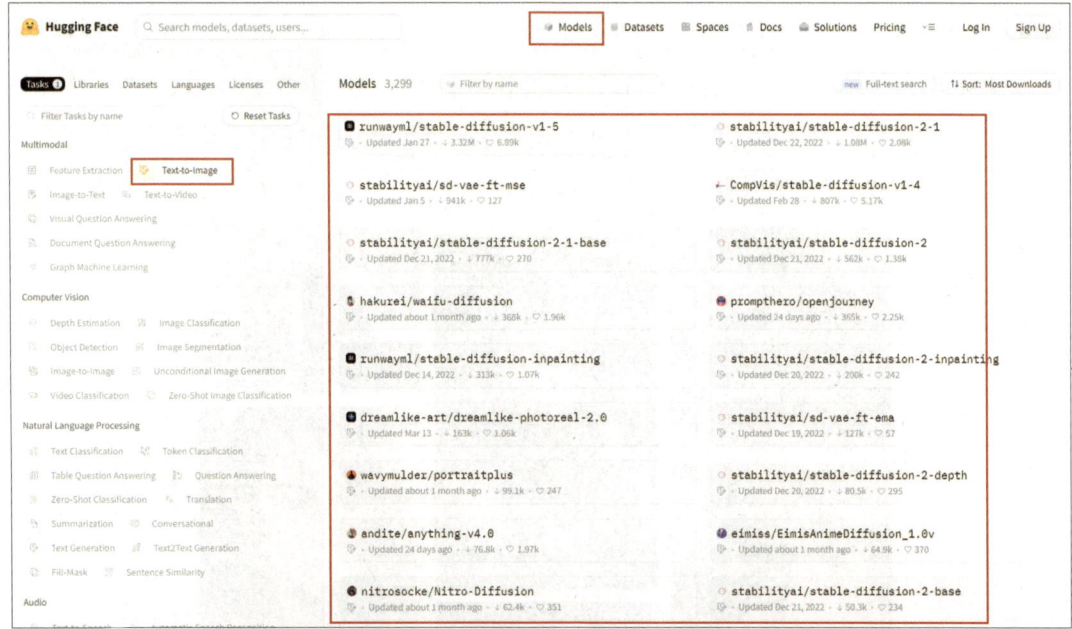

❷ civitai

civitai는 텍스트-이미지 모델 전용 사이트로 최신의 모델을 다운로드 받을 수 있습니다. 인기순위별로 표시되며 가장최신의 기술이 빠르게 업데이트됩니다. 여러 커뮤니티에서 배포되는 인공지능 이미지의 경우 civitai 사이트에서 모델을 다운로드 받아 생성하였을 경우가 높습니다. 그만큼 가장 최신의 기술을 다운로드 받아 적용할 수 있습니다. 바로 이전에 설명한 huggingface와 civitai 사이트가 모델을 다운로드 받는 사이트 중 콘텐츠 규모가 가장 큰 사이트입니다. 인기 있는 모델의 경우 두 개의 사이트에서 동일한 모델을 배포할 수도 있습니다.

- https://civitai.com/

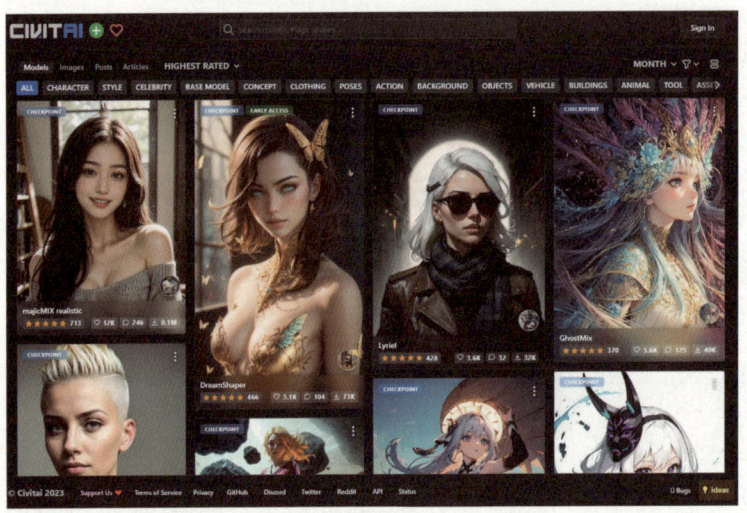

보통 CHECKPOINT 형식으로 많이 배포합니다. LORA도 가끔 볼 수 있습니다.
CHECKPOINT의 경우 풀모델입니다. LORA의 경우 풀모델이 아닌 사람이나, 캐릭터 등을 참고해서 그릴 수 있는 모델입니다. CHECKPOINT의 경우 단독으로 사용이 가능하나 LORA의 경우 기본모델에 추가적으로 사용해야 합니다. LORA 경우 Easy-Diffusion에서는 적용이 잘되지 않아 Stable-diffusionWebUI 부분에서 다루도록 하겠습니다.

❸ stadio

stadio. 사이트에서도 모델을 다운로드 받을 수 있도록 제공합니다. 보통 huggingface와 civitai에서 배포되고 있는 모델이어서 참고용으로 보면 좋습니다.

- https://stadio.ai/models

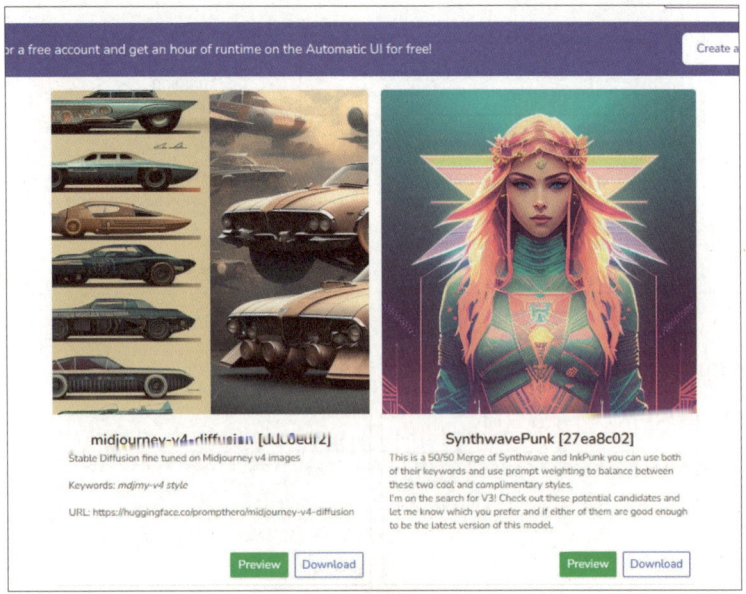

❹ rentry

rentry 사이트에서도 다양한 모델을 다운로드받아 적용할 수 있습니다. 다만 이미지 등이 없어 불친절하며 일반적으로 사용되지 않는 모델 등을 제공합니다.

- https://rentry.org/sdmodels

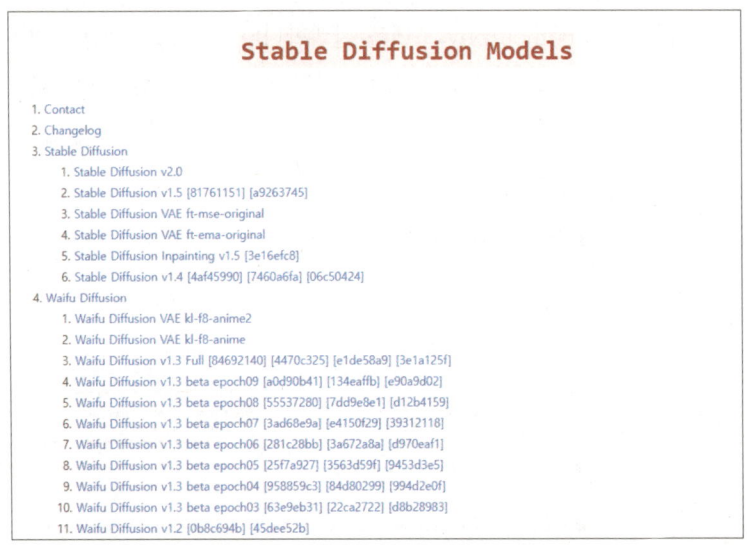

huggingface에 접속하여 새로운 모델을 다운로드 받아 Easy Diffusion에 적용해보도록 합니다.

01 구글에서 "huggingface"를 검색한 다음 아래의 사이트에 접속합니다. huggingface는 검증된 인공지능의 다양한 모델들을 제공합니다.

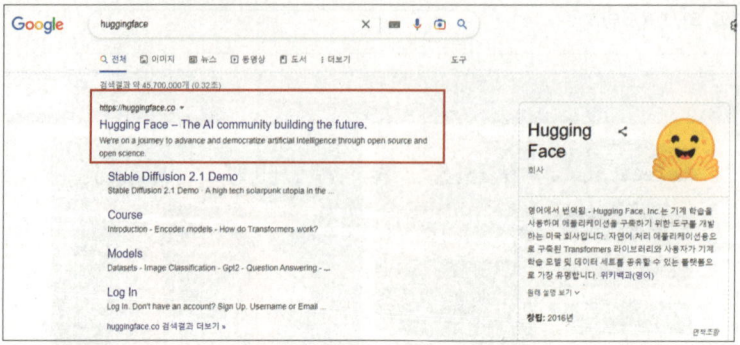

02 https://huggingface.co/ 사이트에 접속하였습니다.

03 [Models] 탭을 클릭하여 이동합니다.

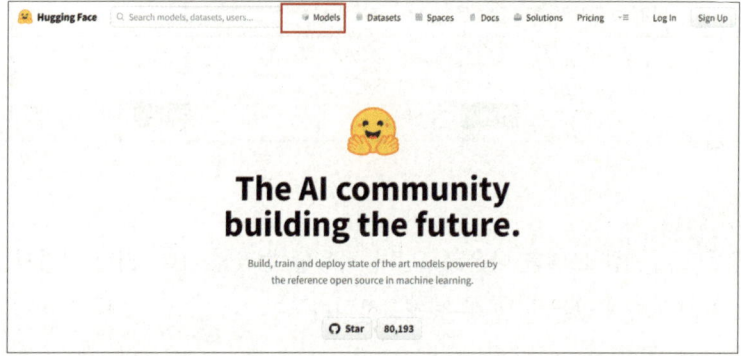

04 Models 탭으로 이동하여 openjourney 모델을 선택합니다. openjourney는 미드저니 스타일의 이미지를 생성하는 모델입니다. 미드저니와 완전 동일하지 않지만 비슷한 이미지를 생성합니다.

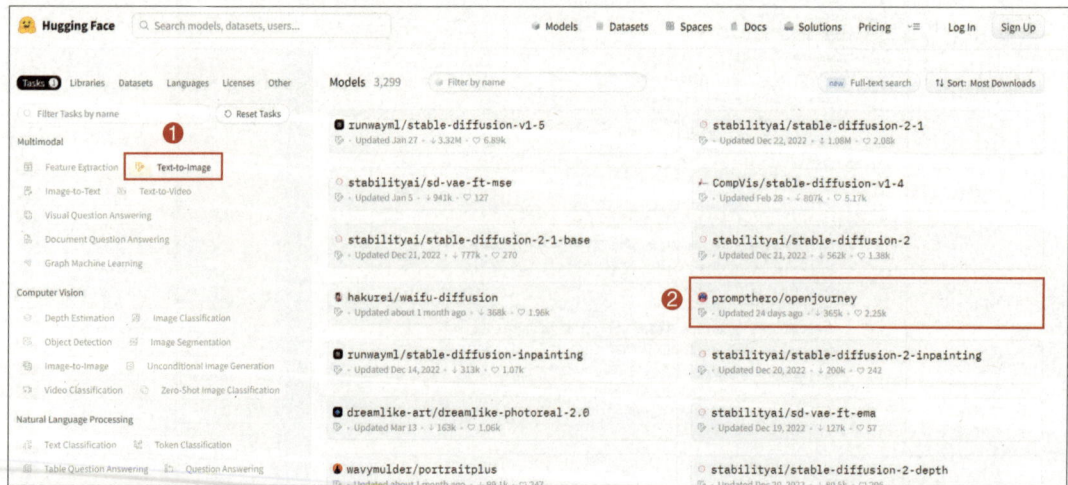

❶ [Text-to-Image] 를 클릭합니다. [Text-to-Image] 모델만 필터되어 출력됩니다.
❷ 많이 다운로드 받은 순서대로 모델이 표시됩니다.

[미드저니]라는 이미지 생성 유료 사이트의 모델과 비슷한 모델인 [오픈저니] 모델을 다운로드 받아 적용해봅니다.

모든 모델을 적용할 수 있습니다. 다만 [오픈저니]가 그림체가 특이하다보니 책에서는 하나만 적용해서 적용 방법에 대해 알아보도록 하겠습니다.

※ 미드저니는 무료로 사용되었던 유명한 인공지능 그림생성 서비스였지만 2023. 04월을 기준으로 무료 베타서비스를 종료하였습니다.

05 Openjourney_v4 부분을 클릭합니다. 계속 최신 버전들이 업데이트되니 버전은 변경되고 업데이트 될 수 있습니다.

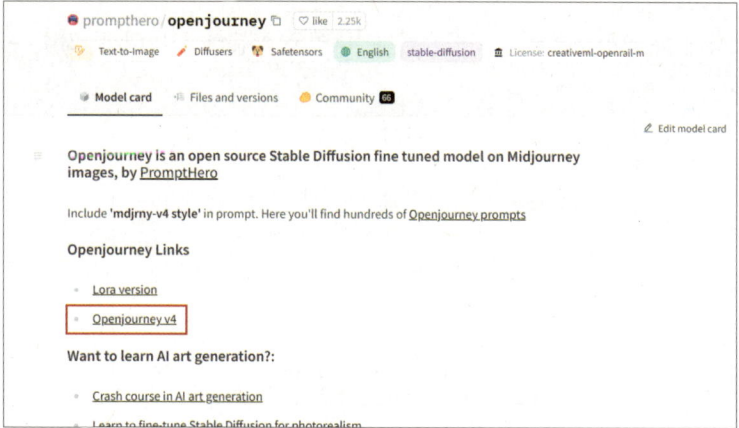

06 Files and versions 탭으로 이동하여 모델을 다운로드 받습니다.

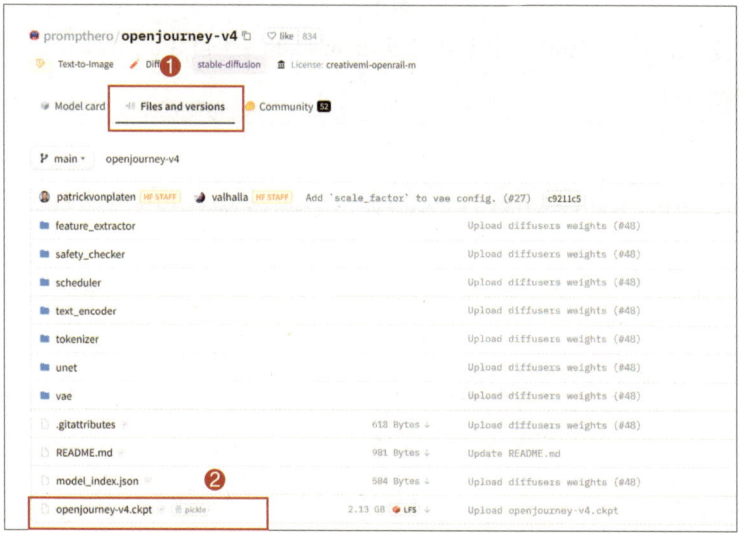

❶ [Files and versions] 탭을 클릭합니다.
❷ openjourney-v4.ckpt 부분을 클릭합니다.

07 [download] 버튼을 클릭하여 파일을 다운로드 받습니다.

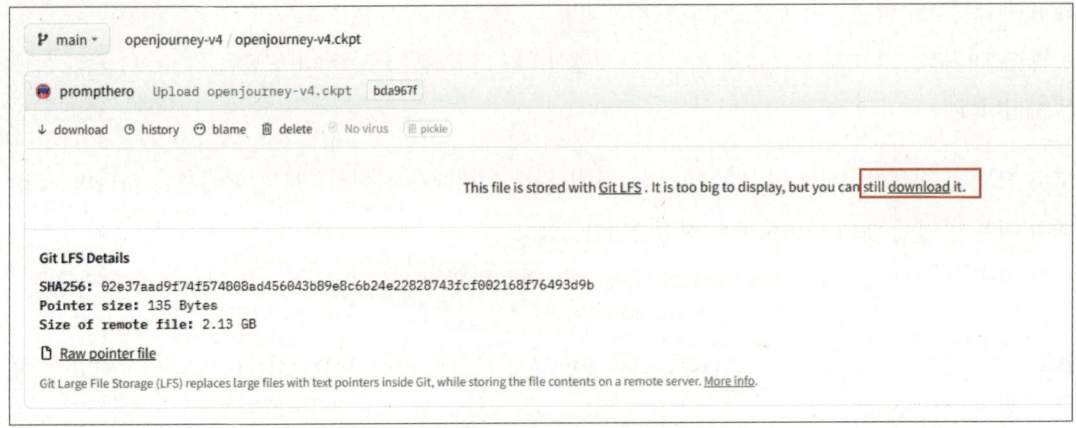

08 다운로드 폴더에 파일이 다운로드 되었습니다. 파일을 이동하기 위해서 Ctrl + X 를 눌러 파일을 잘라냅니다.

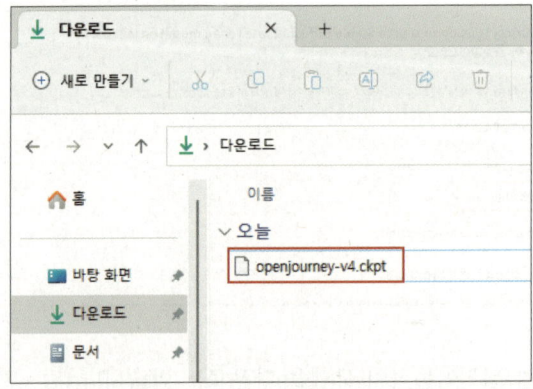

09 잘라낸 파일을 Easy Diffusion 설치된 경우의 models -> stable-diffusion 폴더에 Ctrl + V 를 눌러 이동합니다.

Easy Diffusion 설치된 폴더는 [C:₩EasyDiffusion] 폴더입니다.

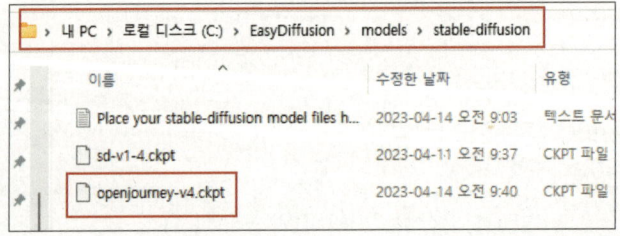

10 새로운 모델을 적용하기 위해서 Model 옆에 새로고침 아이콘을 한 번 클릭합니다.

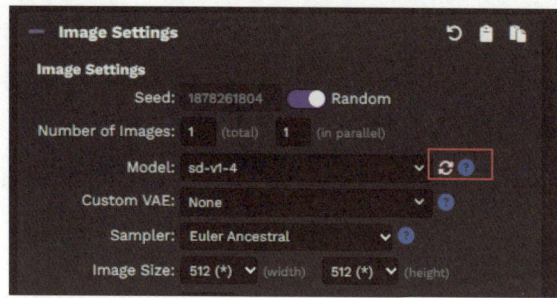

11 Model에서 다운받아 적용한 모델이 추가되었습니다. [Openjourney-v4]로 변경합니다.

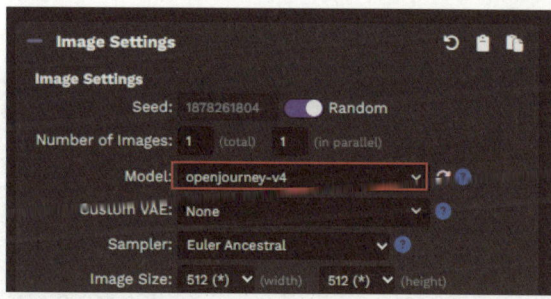

12 기본 설치된 [sd-v1-4] 모델이 아닌 다운로드 받아서 설치한 [Openjourney-v4] 모델로 변경하고 그림을 생성하였습니다. 다양한 모델을 찾아보고 적용해서 원하는 그림을 그릴 수 있습니다.

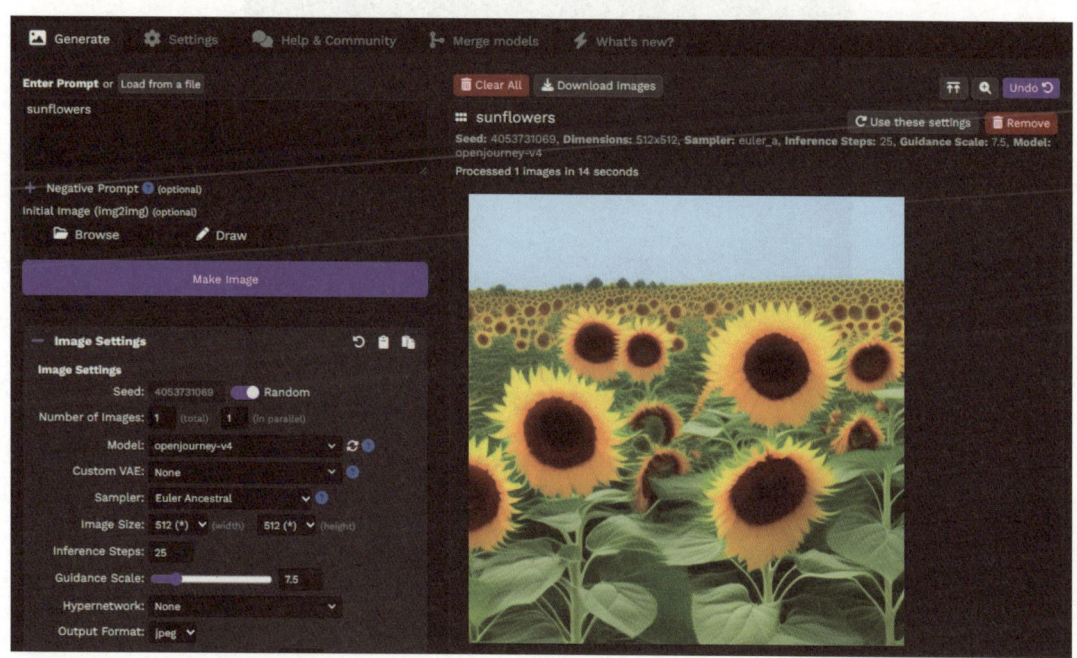

모델을 다운로드 받고 적용하는 과정은 모든 stable-diffusion의 경우 비슷합니다. 다음챕터에서 다룰 [Stable Diffusion webUI]에서도 다운로드 받아 동일하게 적용 가능합니다.

VAE 기능 활용해보기

VAE는 생성된 이미지를 개선합니다. VAE는 이미지의 특정 측면에 대해 학습되며, UI에 기본으로 제공되는 VAE(vae-ft-mse-840000-ema-pruned)는 생성된 이미지의 눈을 개선합니다.

Stable Diffusion UI는 모든 Stable diffusion 모델과 함께 작동하는 vae-ft-mse-840000-ema-pruned VAE 파일을 설치하고 사용합니다. 이는 공식 사이트에서 제공하는 것을 사용합니다.

01 프롬프트에 "smiling man with coffee"를 입력합니다. 모델은 sd-v1-4 모델을 선택 후 [Make Image]를 선택하여 이미지를 생성합니다. 아래 이미지와 동일한 이미지를 생성하고 싶다면 Seed 부분에 925898310 숫자를 넣습니다.

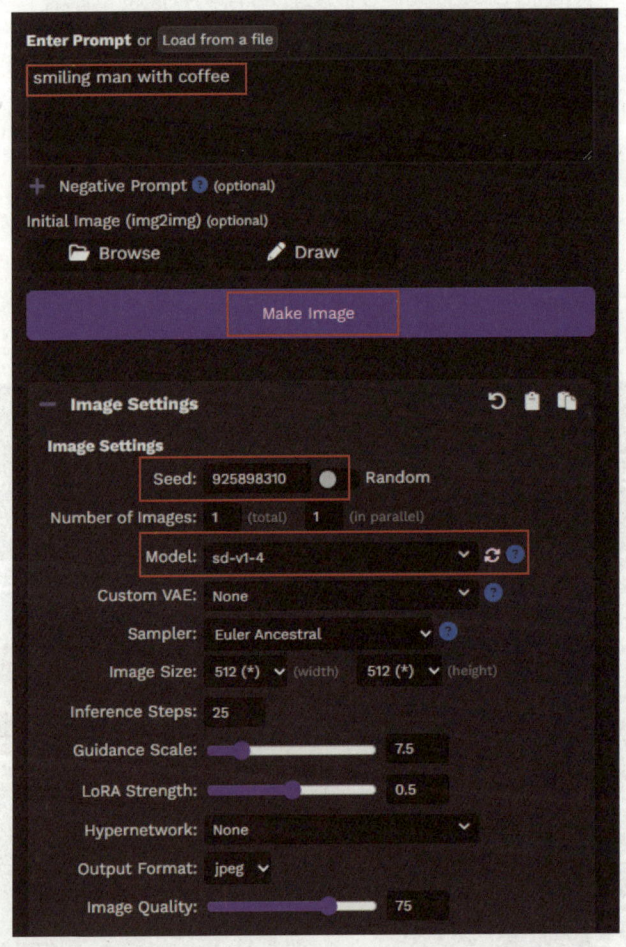

02 눈 부분을 보면 흐릿하게 그려진 것을 확인 할 수 있습니다.

03 Custom VAE: 부분을 기본으로 제공하는 아래 모델로 적용한 다음 이미지를 생성합니다.

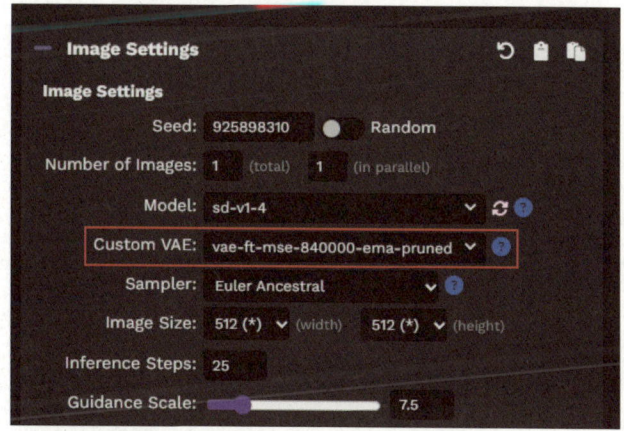

04 눈 부분이 보정되어 그려졌습니다.

05 Easy Diffusion에서 기본으로 제공되는 VAE는 눈을 보정하는 모델로 VAE 또한 모델을 다운 로드 받는 사이트에서 다운로드 받아 적용이 가능합니다.

huggingface에 text-to-image 모델에 보면 vae가 적힌 파일들이 있습니다. vae가 이미지 보정을 위한 모델파일입니다.

06 vae의 경우 [C:\EasyDiffusion\models\vae] 폴더에 파일을 넣은 후 선택하여 적용이 가능합니다. 다양한 vae가 있으며 모델을 보정하기위해서 다양한 방법으로 이미지를 많이 생성해 보면서 적용해야 원하는 결과를 얻을 수 있습니다.

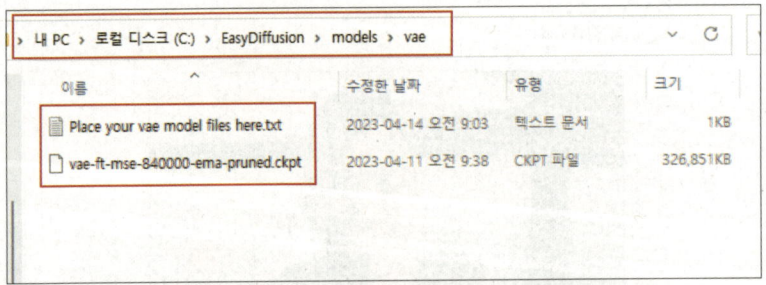

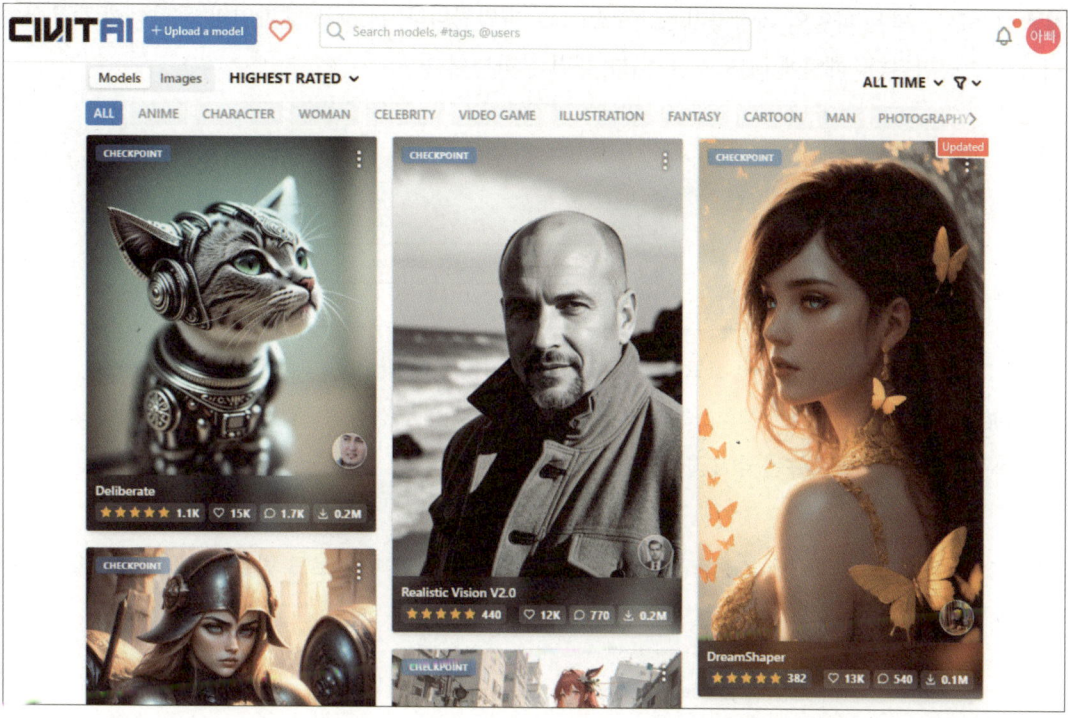

이번엔 civitai에서 모델을 다운로드 받아서 적용해보도록 하겠습니다.

01 civitai에 접속 후 Realistic Vision을 검색하여 파일을 다운로드 받습니다. Realistic Vision은 계속 업데이트된 버전을 제공하고 있으므로 다운로드 시점의 최신버전을 다운로드 받습니다.

- https://civitai.com/

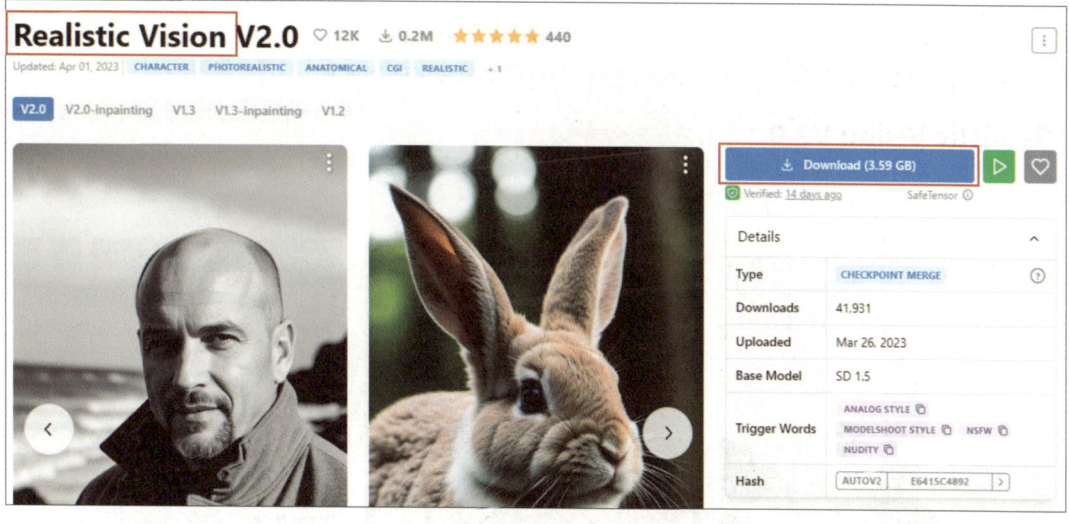

Chapter 03 _ 챗GPT를 사용한 7가지 업무 활용법 • **131**

02 다운로드 받은 파일의 확장자가 .safetensors 파일입니다. ckpt 모델파일과 동일하게 적용하여 사용이 가능합니다. 파일에 [컨트롤 + X]를 눌러 잘라냅니다.

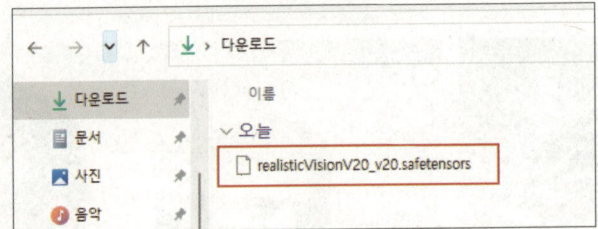

- **ckpt**: 모델을 압축하고, 파이썬 코드 등이 같이 저장되어 있으며 바이러스에 취약합니다.
- **safetensors**: 하나의 파일로 생성하여 바이러스에 강하며 이미지 생성속도와 램 사용양이 적어 최근에는 safetensors로 파일을 만드는 추세입니다.

03 [C:₩EasyDiffusion₩models₩stable-diffusion] 폴더에 다운로드 받은 모델파일을 붙여넣기 하여 이동합니다.

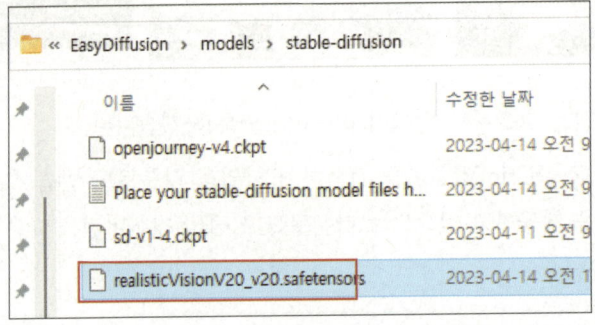

04 샘플사진과 동일한 사진을 생성하기 위해서 샘플사진을 클릭합니다.

05 오른쪽 아래 이미지 생성 정보를 Copy할 수 있습니다.

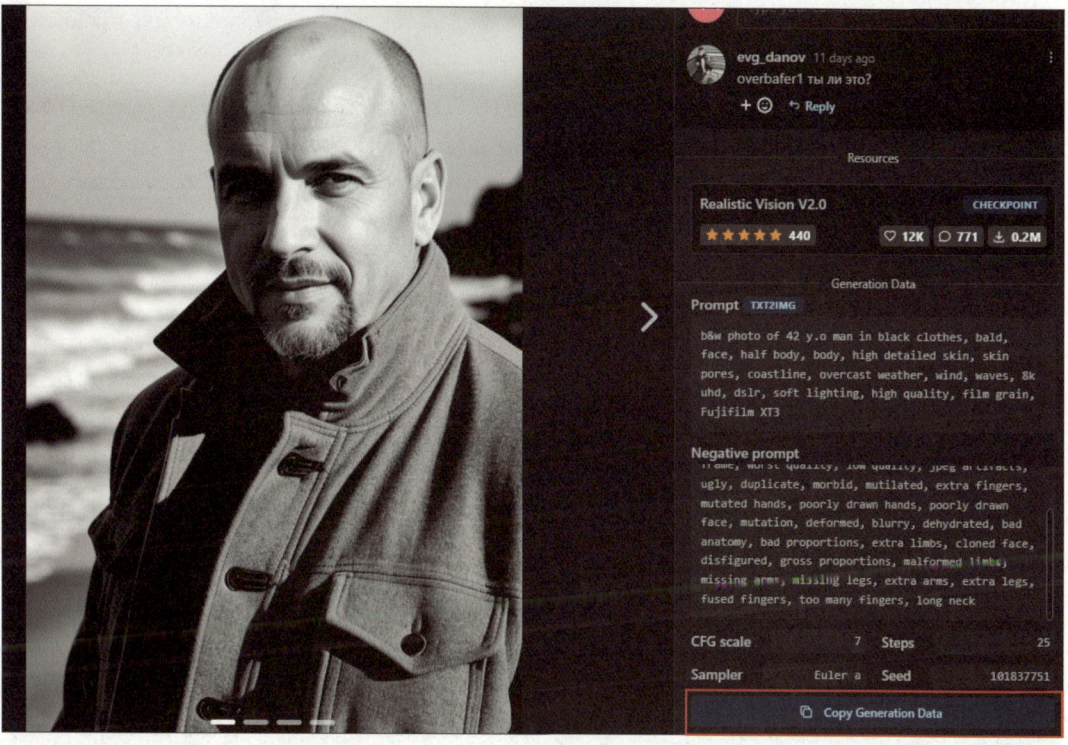

06 메모장을 하나 열어 Ctrl + V 로 붙여넣기 하면 이미지 생성의 정보를 확인 할 수 있습니다. 모든 이미지가 정보가 있지는 않지만 대부분의 이미지가 이처럼 이미지 생성을 위한 정보를 제공합니다.

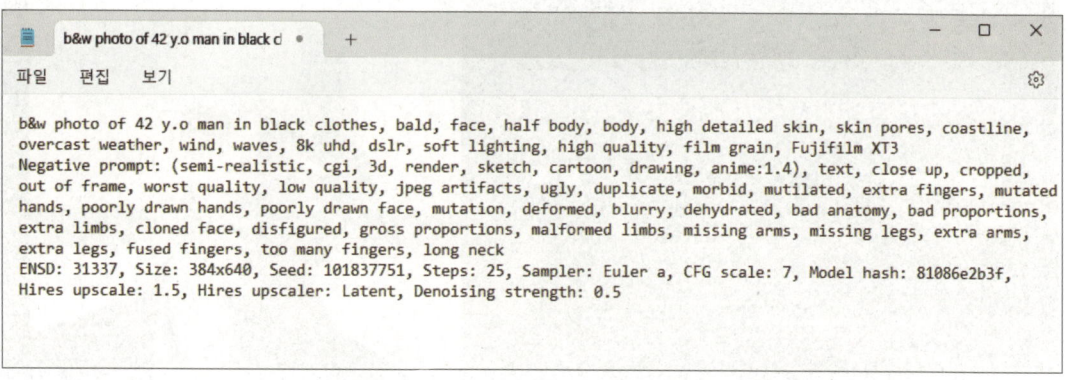

07 정보는 프롬프트, 부정프롬프트, 생성정보 등으로 나누어 있습니다. 생성정보부분의 ENSD 부분은 Easy-Diffusion에서는 수정할 수 없습니다. stable-diffusion-WebUI에서 수정할 수 있는 부분으로 stable-diffusion-WebUI를 기준으로 이미지를 생성하는 경우가 많습니다.

프롬프트	b&w photo of 42 y.o man in black clothes, bald, face, half body, body, high detailed skin, skin pores, coastline, overcast weather, wind, waves, 8k uhd, dslr, soft lighting, high quality, film grain, Fujifilm XT3
부정 프롬프트	Negative prompt: (semi-realistic, cgi, 3d, render, sketch, cartoon, drawing, anime:1.4), text, close up, cropped, out of frame, worst quality, low quality, jpeg artifacts, ugly, duplicate, morbid, mutilated, extra fingers, mutated hands, poorly drawn hands, poorly drawn face, mutation, deformed, blurry, dehydrated, bad anatomy, bad proportions, extra limbs, cloned face, disfigured, gross proportions, malformed limbs, missing arms, missing legs, extra arms, extra legs, fused fingers, too many fingers, long neck
생성정보	ENSD: 31337, Size: 384x640, Seed: 101837751, Steps: 25, Sampler: Euler a, CFG scale: 7, Model hash: 81086e2b3f, Hires upscale: 1.5, Hires upscaler: Latent, Denoising strength: 0.5

08 모델을 선택 후 이미지 생성을 위한 프롬프트, 부정프롬프트, 옵션 등을 입력한 다음 이미지를 생성합니다. 샘플이미지와 완전 동일한 이미지가 생성되지 않았지만 Realistic Vision 모델을 적용하여 이미지를 생성하였습니다. 샘플이미지와 완전 동일한 이미지의 생성이 필요하지 않다면 쉽게 사용할 수 있는 Easy-Diffusion을 사용하여 쉽게 이미지를 생성하는것도 좋습니다.

05 음악 생성

챗GPT를 이용하여 음악을 생성해보고 생성된 음악을 재생하여 봅니다. 챗GPT는 텍스트 모델로 직접적으로 음악을 생성 할 수는 없지만 음계를 생성 후 생성된 음계를 이용하여 음악을 재생해보도록 합니다.

 커피숍에서 하루 종일 들을만한 음악의 악보를 ABC 음악 표기법으로 만들어줘

 물론입니다! 커피숍에서 들을 만한 음악의 악보를 ABC 음악 표기법으로 만들어드리겠습니다. 다음은 간단한 멜로디 예시입니다.

```
X:1
T:Coffee Shop Melody
M:4/4
L:1/8
K:Cmaj
G2 G2 G2 G2 | A2 A2 A2 A2 | G2 G2 G2 G2 | F2 F2 F2 F2 |
E2 E2 E2 E2 | D2 D2 D2 D2 | E2 E2 E2 E2 | C2 C2 C2 C2 ||
```

이는 C 장조에서 작성된 8분음표로 구성된 간단한 멜로디입니다. 이와 같은 형식으로 다양한 악보를 작성할 수 있습니다. 원하시는 곡이 있으면 알려주세요!

01 ABC 표기법의 음악을 재생할 수 있는 사이트에 접속합니다.
- http://www.tradtunedb.org.uk/#/editor

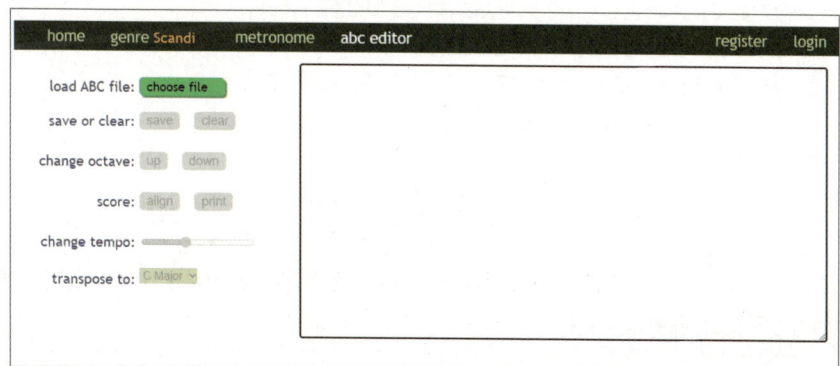

02 악보를 붙여넣은 다음 실행아이콘을 클릭하여 음악을 재생 할 수 있습니다.

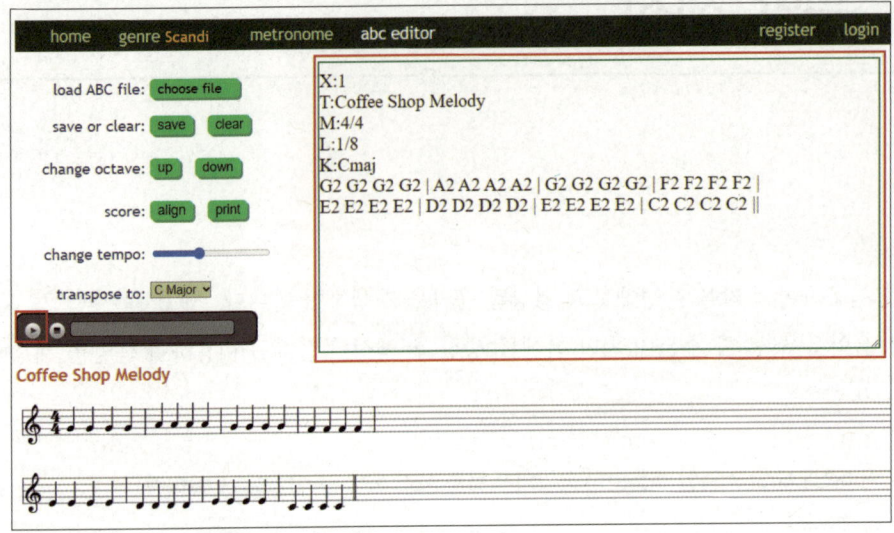

조금 더 긴 음악을 생성해보도록 합니다.

  밝고 경쾌한 느낌을 주는 음악을 4분정도의 길이로 길게 만들어줘.
코드로는 10줄 이상

  아래는 밝고 경쾌한 느낌을 주는 음악의 악보 예시입니다. 길이는 약 4분 정도이며, 코드로는 10줄 이상이 되는 악보입니다. 다음 악보를 참고하시기 바랍니다.

```
X:1
T:Happy and Lively
M:4/4
L:1/8
K:Cmaj
Q:1/4=150
|: G2 G2 G2 G2 | A2 A2 A2 A2 | G2 G2 G2 G2 | F2 F2 F2 F2 |
| E2 E2 E2 E2 | D2 D2 D2 D2 | E2 E2 E2 E2 | C2 C2 C2 C2 ||
| G2 G2 G2 G2 | A2 A2 A2 A2 | G2 G2 G2 G2 | F2 F2 F2 F2 |
| E2 E2 E2 E2 | D2 D2 D2 D2 | E2 E2 E2 E2 | C4 C4 C4 C4 ||
| G2 G2 G2 G2 | A2 A2 A2 A2 | G2 G2 G2 G2 | F2 F2 F2 F2 |
| E2 E2 E2 E2 | D2 D2 D2 D2 | E2 E2 E2 E2 | C2 C2 C2 C2 ||
| G2 G2 G2 G2 | A2 A2 A2 A2 | G2 G2 G2 G2 | F2 F2 F2 F2 |
| E2 E2 E2 E2 | D2 D2 D2 D2 | E2 E2 E2 E2 | C4 C4 C4 C4 ||
| G2 G2 G2 G2 | A2 A2 A2 A2 | G2 G2 G2 G2 | F2 F2 F2 F2 |
| E2 E2 E2 E2 | D2 D2 D2 D2 | E2 E2 E2 E2 | C2 C2 C2 C2 ||
```

이 악보는 C 장조에서 작성되었으며, 분당 150 박자로 연주됩니다. 간단한 반주와 경쾌한 멜로디로 구성되어 있습니다. 원하시는 변경사항이 있으면 알려주세요!

01 아래 사이트에 접속하여 챗GPT가 생성한 악보를 붙여넣은 다음 재생합니다.

- http://www.tradtunedb.org.uk/#/editor

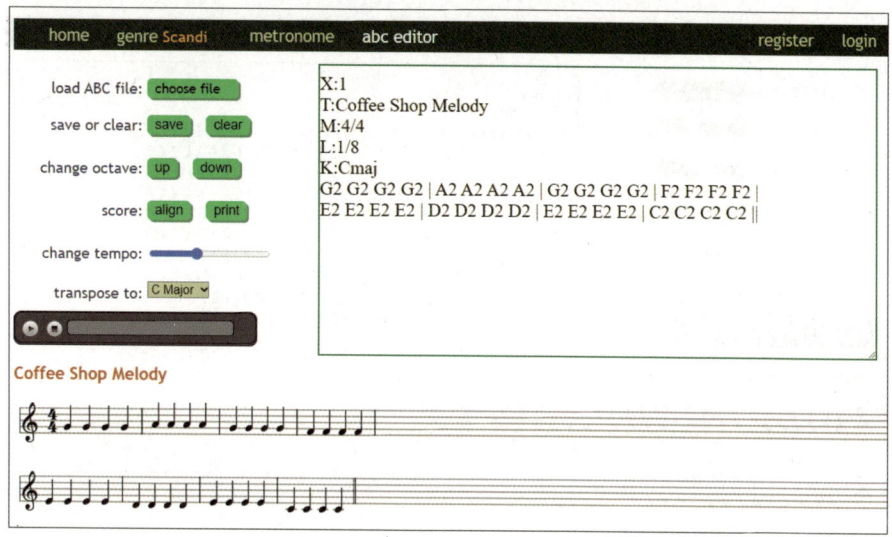

특정 목적에 맞는 음악을 만들어봅니다.

 영화음악을 만들거야. 대규모 전투를 치루기전 긴장감이 넘치고 웅장한 느낌을 표현하는 음악의 악보를 ABC 표기법으로 만들어줘

 당신이 원하는 대규모 전투의 긴장감과 웅장함을 표현하는 음악의 악보를 ABC 음악 표기법으로 작성해 드리겠습니다. 아래는 예시입니다.

```
X:1
T:Epic Battle
M:C
L:1/4
Q:1/4=120
K:Dm
V:1
[V:1] [D,,D,][D,D,][D,D,][D,] | [E,E,][E,E,][E,E,][E,] | [F,F,][F,F,][F,F,][F,] | [G,G,][G,G,][G,G,][G,] |
[A,A,][A,A,][A,A,][A,] | [B,B,][B,B,][B,B,][B,] | [C,C,][C,C,][C,C,][C,] | [D,D,][D,D,][D,D,][D,] |
[D,,D,][D,D,][D,D,][D,] | [E,E,][E,E,][E,E,][E,] | [F,F,][F,F,][F,F,][F,] | [G,G,][G,G,][G,G,][G,] |
[A,A,][A,A,][A,A,][A,] | [B,B,][B,B,][B,B,][B,] | [C,C,][C,C,][C,C,][C,] | [D,D,][D,D,][D,D,][D,] ||
[V:2 clef=bass]
[V:2] z4 z4 | D,4 D,4 | F,4 F,4 | G,4 G,4 |
A,4 A,4 | B,4 B,4 | C4 C4 | D4 D4 |
z4 z4 | D,4 D,4 | F,4 F,4 | G,4 G,4 |
A,4 A,4 | B,4 B,4 | C4 C4 | D4 D4 ||
```

이 악보는 D 단조에서 작성되었으며, 4분음표로 구성된 대규모 전투의 긴장감과 웅장함을 표현하고자 하였습니다. 분당 120 박자로 연주되도록 지정되었습니다. 원하시는 변경사항이 있으면 알려주세요!

01 아래 사이트에 접속하여 챗GPT가 생성한 악보를 붙여넣은 다음 재생합니다.

- http://www.tradtunedb.org.uk/#/editor

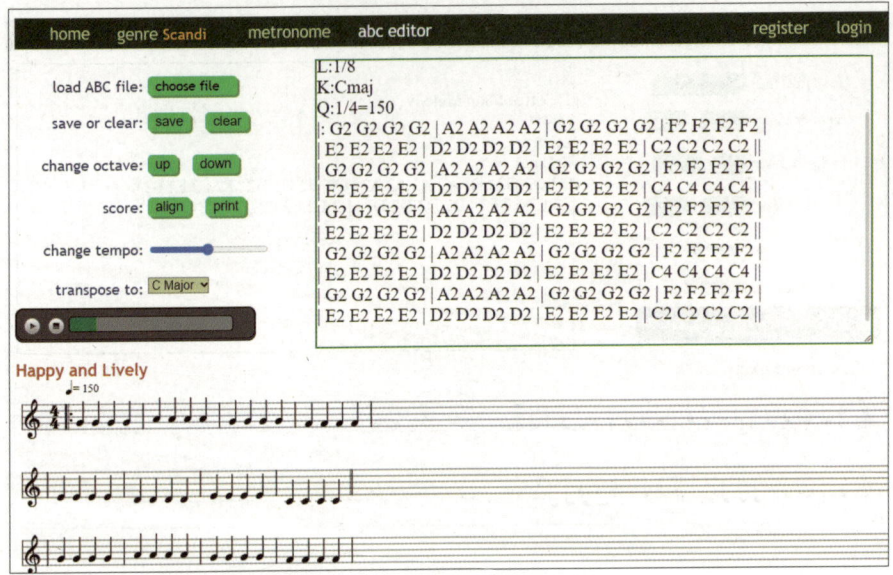

06 보고서 만들기

챗GPT를 활용하여 효율적으로 업무를 보도록 합니다. 챗GPT의 자료조사 및 정리 기능을 사용하여 보고서를 빠르게 만드는데 사용합니다.

다음은 비슷한 내용의 주제를 챗GPT를 활용해서 질문하고 검증을 통해 빠르게 보고서를 작성한 사례입니다. 질문 주제는 인공지능 교육의 필요성, 인공지능 교육의 필요성과 디지털 리터러시에 관한 보고서를 작성 요청하였고 본문에는 인공지능 교육의 필요성과 디지털 리터러시에 관한 보고서를 실었습니다.

 인공지능 교육의 필요성과 디지털 리터러시에 관한 보고서를 작성해줘

 제목: 인공지능 교육의 필요성과 디지털 리터러시 보고서

1. 서론
인공지능(AI) 기술은 현대 사회에서 점점 더 중요한 역할을 수행하고 있으며, 디지털 기술의 발전과 함께 우리의 일상 생활에 깊이 관여하고 있습니다. 이에 따라 인공지능 교육과 디지털 리터러시 교육은 현대 사회에서 필수적인 요소로 인정받고 있습니다. 본 보고서에서는 인공지능 교육의 필요성과 디지털 리터러시에 대해 다루고자 합니다.

2. 인공지능 교육의 필요성
2.1 산업과 직업 변화: 인공지능의 발전으로 인해 일부 직업은 자동화되거나 대체될 수 있습니다. 그러나 동시에 새로운 직업과 기회가 형성되고 있습니다. 인공지능 교육은 학생들이 새로운 직업 기회에 대비하고 적응할 수 있는 기술과 지식을 습득할 수 있도록 도와줍니다.

2.2 창의적 문제 해결 능력 강화: 인공지능 교육은 컴퓨터 과학, 프로그래밍, 알고리즘 등의 기초 지식을 학생들에게 제공함으로써, 학생들의 창의적 사고와 문제 해결 능력을 강화시킵니다. 이는 학생들이 다양한 분야에서 혁신적인 아이디어를 발전시킬 수 있게 합니다.

2.3 윤리적 고려 사항: 인공지능은 개인 정보 보호, 알고리즘 편향, 인공지능 윤리 등과 관련된 다양한 문제를 일으킬 수 있습니다. 인공지능 교육은 이러한 윤리적 고려 사항을 이해하고 관리하는 방법을 가르치며, 학생들이 적절한 사용과 발전에 기여할 수 있도록 도와줍니다.

3. 디지털 리터러시의 중요성

3. 1 정보 검색 및 평가 능력: 디지털 시대에서는 인터넷을 통해 다양한 정보에 접근할 수 있습니다. 그러나 정보의 질과 신뢰성을 평가하는 능력이 중요합니다. 디지털 리터러시 교육은 학생들에게 신뢰할 수 있는 정보를 식별하고, 필요한 정보를 검색하며, 이를 평가하는 능력을 향상시킵니다.

3. 2 디지털 도구 활용 능력: 디지털 리터러시는 학생들이 다양한 디지털 도구와 애플리케이션을 활용하여 작업하고 협력하는 능력을 개발하는 것을 의미합니다. 이는 학생들의 생산성을 향상시키고, 현실 세계에서 필요한 기술과 지식을 습득하는 데 도움을 줍니다.

3. 3 디지털 윤리와 안전: 디지털 시대에서는 사이버 범죄, 사생활 침해, 온라인 괴롭힘 등 다양한 위험이 존재합니다. 디지털 리터러시 교육은 학생들에게 올바른 온라인 행동, 개인 정보 보호, 사이버 안전에 대한 이해와 관련된 윤리적 가치를 가르침으로써, 온라인 환경에서 안전하고 윤리적으로 행동할 수 있는 능력을 갖출 수 있도록 도와줍니다.

4. 인공지능 교육과 디지털 리터러시 교육 방법

4. 1 교육 체계 통합: 인공지능 교육과 디지털 리터러시 교육은 교육 체계에 통합되어야 합니다. 컴퓨터 과학 교육과 정보 검색 및 평가 능력, 디지털 도구 활용 능력, 디지털 윤리와 안전 등의 주제를 포함한 교육과정을 설계하고 실시하는 것이 중요합니다.

4. 2 문제 중심 학습: 인공지능 교육과 디지털 리터러시 교육은 학생들이 실제 문제를 해결하고 협력하는 경험을 할 수 있도록 문제 중심 학습을 강조해야 합니다. 프로젝트 기반 학습, 팀 프로젝트, 코딩 클럽 등을 통해 학생들이 실제 상황에서 디지털 기술을 활용하여 문제를 해결할 수 있는 능력을 기를 수 있습니다.

4. 3 교사와 학부모의 역할: 교사와 학부모는 인공지능 교육과 디지털 리터러시 교육을 지원하기 위해 학생들에게 적절한 지도와 지원을 제공해야 합니다. 교사와 학부모는 스스로 업데이트하여 인공지능과 디지털 기술의 최신 동향과 윤리적 고려 사항을 이해하고 학생들에게 전달할 수 있도록 노력해야 합니다.

5. 결론

인공지능과 디지털 기술은 현대 사회에서 더욱 중요한 위치를 차지하고 있으며, 이에 따라 인공지능 교육과 디지털 리터러시 교육의 필요성이 대두되고 있습니다. 인공지능 교육은 학생들이 산업 변화에 대비하고, 창의적 문제 해결 능력을 강화하며, 윤리적 고려 사항을 이해하는 데 도움을 줍니다. 또한, 디지털 리터러시 교육은 정보 검색 및 평가 능력, 디지털 도구 활용 능력, 디지털 윤리와 안전에 대한 이해를 강화하여 학생들이 디지털 시대에서 안전하고 윤리적으로 행동할 수 있는 능력을 갖출 수 있도록 지원합니다. 따라서 인공지능 교육과 디지털 리터러시 교육은 교육 체계에 통합되어 학생들의 미래 성공을 위한 필수적인 요소로 간주되어야 합니다.

기존에 작성된 보고서에 다른 내용을 추가하여 보고서를 작성합니다.

인공지능 시대를 살아가기 위한 초등교육의 전략과 코딩 교육의 중요성
위 내용에 실제 가르칠 내용을 추가하고 다시 좀 더 상세하고 전문적으로 작성해줘
보고서 하단에 참조를 넣어 코딩교육 관련 내용을 추가해줘

제목: 인공지능 시대를 살아가기 위한 초등교육의 전략과 코딩 교육의 중요성

1. 서론
인공지능 기술의 발전으로 우리의 사회와 산업은 변화하고 있습니다. 초등교육에서는 인공지능 시대에 적극적으로 대응하기 위한 전략과 코딩 교육의 중요성에 대해 상세히 다루고자 합니다. 이 보고서에서는 초등교육에서의 전략과 코딩 교육의 핵심 내용을 전문적으로 분석하고 제시하고 있습니다.

2. 인공지능 시대를 대비한 초등교육의 전략
2. 1. 기술적 역량 강화
인공지능 기술의 발전은 기술적 역량을 갖춘 인재의 필요성을 더욱 강조하고 있습니다. 초등학교에서는 코딩 교육을 통해 학생들이 문제 해결과 논리적 사고를 기반으로 기술적 역량을 강화할 수 있습니다. 코딩 교육은 학생들에게 컴퓨터 프로그래밍 언어를 익히고, 알고리즘을 이해하고 적용하는 과정을 포함합니다. 이를 통해 학생들은 인공지능 기술과의 상호작용을 위한 필수적인 능력을 배양할 수 있습니다.

2. 2. 협력과 소통 능력 강조
인공지능 시대에서는 협력과 소통 능력이 더욱 중요해지고 있습니다. 초등학교에서는 학생들이 팀 프로젝트와 그룹 활동을 통해 협력과 소통 능력을 개발할 수 있도록 지원해야 합니다. 코딩 교육은 학생들에게 공동 작업과 문제 해결을 위한 팀워크의 중요성을 깨닫게 합니다. 학생들은 코드를 함께 작성하고 아이디어를 공유하며, 서로의 관점을 이해하고 존중하는 방법을 배울 수 있습니다.

2. 3. 창의성과 문제 해결 능력 강화
인공지능 시대에서는 창의성과 문제 해결 능력이 핵심 역량으로 요구됩니다. 코딩 교육을 통해 학생들은 프로그래밍적 사고를 기를 수 있으며, 다양한 문제에 대한 창의적인 해결책을 발굴할 수 있습니다. 코딩 교육은 학생들에게 실험, 실패, 수정, 개선의 과정을 경험하도록 esthrt고, 문제를 분석하고 알고리즘을 적용하여 컴퓨터에게 작업을 수행할 수 있는 능력을 기르는 것을 목표로 합니다.

3. 코딩 교육의 중요성
3. 1. 미래 직업을 위한 기초 탄탄화
인공지능과 자동화 기술의 발전으로 직업 시장은 변화하고 있습니다. 코딩 교육은 학생들에게 미래 직업을 위한 기초 탄탄한 기술과 이해력을 제공합니다. 코딩을 배우는 과정에서 학생들은 컴퓨터 프로그래밍에 대한 이해를 높이고, 새로운 기술과 도구에 적응할 수 있는 능력을 키웁니다. 이를 통해 학생들은 미래 직업 시장에서 더 나은 기회를 가질 수 있습니다.

3. 2. 문제 해결과 창의적 사고 강화
코딩 교육은 학생들의 문제 해결과 창의적 사고 능력을 강화하는 데 도움을 줍니다. 코딩을 통해 학생들은 복잡한 문제를 분석하고 해결책을 도출하는 과정을 경험합니다. 이를 통해 학생들은 새로운 아이디어를 발굴하고 다양한 접근 방식을 통해 문제를 해결할 수 있는 능력을 개발할 수 있습니다.

3. 3. 논리적 사고와 순서화된 문제 해결 방법 습득
코딩 교육은 학생들에게 논리적 사고와 순서화된 문제 해결 방법을 습득하는 기회를 제공합니다. 코딩을 배우는 과정에서 학생들은 문제를 분해하고, 작업을 단계적으로 구성하는 방법을 익힙니다. 이를 통해 학생들은 복잡한 문제를 해결하기 위한 체계적인 접근법을 개발하고, 이를 실제 상황에 적용할 수 있는 능력을 키웁니다.

4. 결론
인공지능 시대를 살아가기 위해 초등교육에서는 코딩 교육을 통해 학생들의 기술적 역량, 협력과 소통 능력, 창의성과 문제 해결 능력을 강화해야 합니다. 코딩 교육은 학생들이 인공지능 시대에서 미래를 대비할 수 있는 필수적인 도구이며, 학생들의 미래 직업 기회를 확장하고 더 나은 사회를 구축하는 데 기여할 수 있습니다. 초등교육에서 코딩 교육의 중요성을 인식하고 관련 전략을 구체화하여 구현함으로써 학생들의 미래를 준비하는 데 최선을 다해야 합니다.

참조:
1. Resnick, M. (2017). Lifelong Kindergarten: Cultivating Creativity through Projects, Passion, Peers, and Play. MIT Press.
2. Hmelo-Silver, C. E. (2004). Problem-based learning: What and how do students learn?. Educational psychology review, 16(3), 235-266.
3. Kafai, Y. B., & Burke, Q. (2014). Connected Code: Why Children Need to Learn Programming. MIT Press.
4. Voogt, J., & Roblin, N. P. (2012). A comparative analysis of international frameworks for 21st century competences: implications for national curriculum policies. Journal of Curriculum Studies, 44(3), 299-321.
5. Barr, V., & Stephenson, C. (2011). Bringing computational thinking to K-12: What is Involved and What is the Role of the Computer Science Education Community? ACM Inroads, 2(1), 48-54.
위의 참조문헌은 코딩 교육의 필요성과 효과에 대한 연구와 관련된 중요한 자료들입니다. 이를 참고하여 코딩 교육의 전략과 중요성을 보다 상세히 이해하고, 초등교육에서의 코딩 교육을 구현하는 데 도움을 얻을 수 있습니다.

07 글쓰기 및 광고 문구 만들기

챗GPT에게 질문을 하고 답변을 얻을 때 출력스타일을 정하여 원하는 스타일의 답변을 얻을 수 있습니다. 또한 답변 스타일의 문체도 '~함', '~습니다' 등으로 원하는 스타일의 답변을 얻을 수 있습니다.

- tone : 출력문장의 감정 상태를 지정합니다.

angry: 화난, authoritative: 권위적인, clinical: 임상의, cold: 차가운, confident: 자신감 있는, cynical: 냉소적인, emotional: 감정적인, empathetic: 공감하는, excited: 흥분한, formal: 공식적인, friendly: 친근한, happy: 행복한, humorous: 유머러스한, informal: 비공식적인, ironic: 아이러니한, negative: 부정적인, neutral: 중립적인, optimistic: 낙관적인, pessimistic: 비관적인, positive: 긍정적인, sarcastic: 풍자적인, serious: 진지한, sympathetic: 공감하는, tentative: 망설이는, warm: 따뜻한

- wrting style : 문체를 지정해서 글 내용의 분위기를 지정합니다.

academic: 학문적인, analytical: 분석적인, argumentative: 논쟁적인, conversational: 대화체의, creative: 창의적인, critical: 비판적인, descriptive: 서술적인, epigrammatic: 경구적인, epistolary: 서신체의, expository: 설명적인, informative: 정보를 제공하는, instructive: 교육적인, journalistic: 언론의, metaphorical: 은유적인, narrative: 이야기체의, news: 뉴스, persuasive: 설득적인, poetic: 시적인, professional: 전문적인, satirical: 풍자적인, technical: 기술적인

글쓰기

결혼식 준비를 위한 안내문을 writngstyle 지정없이 질문하여 답을 얻고, 다음은 writngstyle을 시적으로, 간결하게 적어줄 것을 요청하여 챗GPT의 답을 비교해봅니다.

 결혼 준비를 위한 안내문을 만들어 줘

 [안내문]

결혼 준비 안내

축하드립니다! 결혼을 앞두고 계신 여러분을 위해 결혼 준비에 관한 안내를 드립니다. 아래의 항목들을 숙지하시고 준비에 참고하시기 바랍

1. 결혼 일정 확정: 결혼 일정을 정확히 확정하고 관련된 일정을 조율합니다. 예식 날짜, 시간, 장소 등을 결정하고 예약을 완료하세요.

2. 예식 스타일과 테마 선택: 예식의 스타일과 테마를 선택합니다. 클래식한 형식인지, 독특한 테마를 적용할지 등을 고려해 보세요.

3. 예식 예산 계획: 예식에 사용할 예산을 계획합니다. 예식비, 의상, 장식, 음식 등을 포함한 전반적인 예산을 세부적으로 고려해 보세요.

4. 웨딩 플래너와 상담: 웨딩 플래너와 상담하여 전문적인 도움을 받으세요. 예식 준비를 원활하게 진행하기 위해 전문가의 조언과 도움은 큰 도움이 됩니다.

5. 결혼식 초대장: 예식 초대장을 디자인하고 인쇄하여 손님들에게 전달하세요. 일정, 장소, 드레스 코드 등을 명시하여 손님들에게 명확한 안내를 제공하세요.

6. 드레스 및 의상 준비: 신부와 신랑의 웨딩 드레스와 의상을 선택하고 예약해야 합니다. 사이즈 맞춤, 신발, 액세서리 등을 포함하여 준비하세요.

7. 장식과 꽃 준비: 예식 장소의 장식과 꽃을 선택하고 주문하세요. 테이블 세팅, 꽃다발, 화환 등을 고려하여 예쁘고 특별한 장식을 완성해 보세요.

8. 음식과 음료: 예식에서 제공할 음식과 음료를 결정하고 음식 업체와 상담하세요. 다양한 메뉴와 식음료를 고려하여 손님들의 입맛에 맞는 식사를 제공하세요.

9. 안전한 결혼식을 위한 조치: 코로나19와 같은 상황을 고려하여 안전한 결혼식을 위한 조치를 취해야 합니다. 손 세정제, 마스크, 소독제 등을 구비하고, 장소의 인원 제한 및 사회적 거리두기 지침을 준수하세요.

10. 포토그래퍼와 예약: 결혼식의 아름다운 순간을 기록해줄 포토그래퍼를 예약하세요. 전문적인 사진 촬영을 통해 소중한 추억을 영원히 간직할 수 있습니다.

11. 리허설: 예식 전에 결혼식 리허설을 진행하세요. 음악, 춤, 엔트리 등을 연습하여 원활한 진행을 위한 준비를 완료하세요.

12. 호텔 및 숙박 예약: 결혼식 당일 또는 주변에 숙박할 곳을 예약하세요. 손님들을 위해 편안하고 품질 좋은 숙박 시설을 선택하세요.

13. 하객 리스트 관리: 결혼식에 참석할 손님들의 명단을 관리하세요. 초대장 발송, 응답 확인, 좌석 배치 등을 체계적으로 관리하여 혼란을 방지하세요.

14. 결혼식 프로그램 계획: 예식 프로그램을 세부적으로 계획하세요. 예식 진행 순서, 축사, 축가, 특별 이벤트 등을 포함하여 감동적이고 잊지 못할 결혼식을 만들어보세요.

이제 여러분은 결혼식을 위한 준비에 대한 안내를 받았습니다. 사랑과 희망이 넘치는 이 특별한 날을 준비하는 동안 즐거움과 설렘을 함께 느껴보세요. 결혼식이 당신과 당신의 파트너에게 행복과 기쁨으로 가득한 날이 되기를 기원합니다.

결혼 준비를 위한 안내문을 만들어 줘 ,writingstyle:poetic, 간결하게

 사랑의 노래가 흐르는 이 시간,
결혼의 준비를 함께 해봅시다.

일정 확정, 테마 선택,
예산 계획과 플래너 상담.

초대장 전달, 드레스 준비,
장식과 꽃, 음식과 음료.

사회적 거리두기를 잊지 말고,
안전한 결혼식을 준비해봅시다.

함께하는 순간, 영원한 사랑의 시작,
결혼 준비를 간결하게 진행해봅시다.

챗GPT 시대에 필요한 미래 역량에 관한 답변스타일을 변경해봅니다.

 챗GPT 시대에 필요한 미래 역량,tone:emotional,writiing style:persuasive

 미래의 도약을 위해 준비하세요.
챗GPT 시대의 필수 역량을 함께 키워봅시다.

감정을 담아 인공지능과 소통하며,
새로운 세계를 열어가는 자리가 바로 지금입니다.

감동과 감정을 전달하는 능력,
그 힘으로 사람들을 감화시킬 수 있는 당신의 매력을 발휘하세요.

비판적 사고와 창의적인 해결책,
문제를 해결하는 데 필요한 도구로서 챗GPT의 역할은 절대적입니다.

감정과 설득력을 더해 글을 쓰는 법,
마음을 흔들어 사람들의 동의와 공감을 이끌어내는 당신의 힘을 보여주세요.

미래의 챗GPT 시대에 필요한 미래 역량을 가지고
우리는 함께 도전하고 성장할 수 있습니다.

감정으로 사람들을 움직이며,
설득력 있는 글을 쓰는 당신이 미래를 이끌어갑니다.

사용자의 필요에 따라 다양한 느낌과 전달력이 다른 문장들을 얻었습니다. 중간 중간 필요한 문체를 바꾸어 사용하면 됩니다.

광고 문구 만들기

다음은 SMART 한 세상이라는 주제로 광고 문구를 만드는 일반적인 과정입니다.

 SMART 한 세상이라는 주제로 광고 문구를 만들어줘.
SMART가 이니셜로 들어가도록 해줘

 "새로운 세상을 만드는 SMART 시대, 지금 시작하세요!"
"SMART으로 똑똑한 선택, 미래를 열어보세요!"
"SMART한 선택, 지금 세상을 변화시키세요!"
"SMART하게 움직이는 세상, 당신도 그 일부가 되세요!"
"SMART한 삶의 키를 찾아, 미래를 선도하세요!"
"SMART한 기술로 더욱 똑똑해지는 세상, 함께할 준비 되셨나요?"
"SMART한 도전, 미래의 성공을 향해 달려보세요!"
"SMART한 선택으로 혁신과 성장을 경험하세요!"
"SMART한 사고로 미래를 예측하고, 세상을 변화시키세요!"
"SMART한 선택이 여러분을 성공으로 이끌어 줄 것입니다!"

추가로 SMART 단어의 이니셜로 시작하는 광고 문구를 만들어 임팩트 있는 문장을 만들어봅니다.

 'S','M','A','R','T' 영문 이니셜을 맨 앞에 두고 이니셜로 시작하는 한 문장을 만들어줘.
내용은 인공지능시대 살아남기, 인공지능 시대 살아가기 전략 등을 넣어줘.

 "SMART Solutions: Strategically Maneuvering to Thrive in the AI Era."
"SMART Mindset: Adapting Strategies to Master the Challenges of the AI Age."
"SMART Approach: Riding the Wave of AI Revolution, Transforming the Way We Live."
"SMART Tactics: Maximizing Opportunities, Redefining Success in the AI Era."
"SMART Resilience: Thriving in the AI Age through Adaptability and Technological Advancements."
"SMART Survival: Navigating the AI Era with Strategic Planning and Innovation."
"SMART Strategies: Embracing the AI Revolution, Thriving in the Digital Age."
"SMART Adaptation: Mastering the AI Era, Excelling in the Age of Artificial Intelligence."
"SMART Journey: Strategizing, Managing, and Achieving in the AI-Powered World."
"SMART Transformation: Harnessing AI, Redefining Success in the Digital Age."

챗GPT에게 질문을 통해 얻은 답들을 정리하고 각자 발전 시켜서 다음과 같은 광고 문구를 만들어봅니다.

"SMART Solutions: 인공지능 시대에서 번영하기 위한 전략적 조작"
"SMART Mindset: 인공지능 시대의 도전을 습득하기 위한 전략적 대응"

"SMART Approach: 우리가 사는 방식을 변형하는 인공지능 혁명에 탑승"
"SMART Resilience: 적응력과 기술적 진보를 통해 인공지능 시대에서 번영"
"SMART Tactics: 인공지능 시대에서의 기회를 극대화하고 성공을 재정의"

tone을 지정하고 writingstyle을 지정해서 다양한 느낌의 광고 문구를 만들어봅니다.

 인공지능 그림전시회에 사용할 광고문구 3개 작성, tone:friendly, writing style:technical, 한글로 번역해줘

 1. "미래의 예술, 인공지능 그림전시회에 여러분을 초대합니다! 기술과 창의력이 만나는 놀라운 작품들을 경험해보세요.
일시: [이벤트 날짜],
장소: [이벤트 장소].
함께해요, 무료 입장입니다!"

2. "안녕하세요! 인공지능 그림전시회에서는 기술적인 혁신과 예술의 아름다움이 만나요. 정밀한 알고리즘과 창의적인 아이디어로 탄생한 작품들을 만나보세요.
[이벤트 날짜]에
[이벤트 장소]에서 만나요.
무료로 입장 가능합니다!"

3. "여러분을 인공지능 그림전시회로 초대합니다! 인공지능이 창조한 작품들이 펼쳐지는 이 특별한 장소에서 기술의 진보와 예술의 아름다움을 함께 느껴보세요. 일정과 장소는 다음과 같습니다.
[이벤트 날짜],
[이벤트 장소].
무료 입장으로 모두 환영합니다!"

CHAPTER 04

챗GPT를 사용한 6가지 심화 활용법

챗GPT를 다양하게 활용할 수 있는 것이 무엇인지 알아봅니다. 티처블머신을 이용한 파이썬 코딩, 파이썬 데이터분석, 파이썬 인공지능, 아두이노 활용, 스크래치 코딩, P5.js 활용 등이 있습니다.

01 티처블머신을 이용한 파이썬 코딩

티처블머신을 이용하여 이미지를 분류하는 예제를 만들어봅니다.
이미지 검색을 위하여 픽사베이, 구글이미지 사이트에서 사과, 오렌지 사진을 다운로드 받습니다.

- https://pixabay.com/ko/
- https://images.google.com/

다운로드 받은 사진은 [검증용사진], [사과], [오렌지] 폴더에 넣습니다. [사과] 폴더에는 사과사진 10장 이상, [오렌지] 폴더에는 오렌지사진 10장 이상, [검증용사진] 폴더에는 사과, 오렌지 사진 각각 2장 이상을 준비합니다.

이제 사진을 학습하여 모델을 생성하기 위해 티처블머신 사이트에 접속합니다.

01 구글에서 "티처블머신"을 검색 후 아래 사이트에 접속합니다.

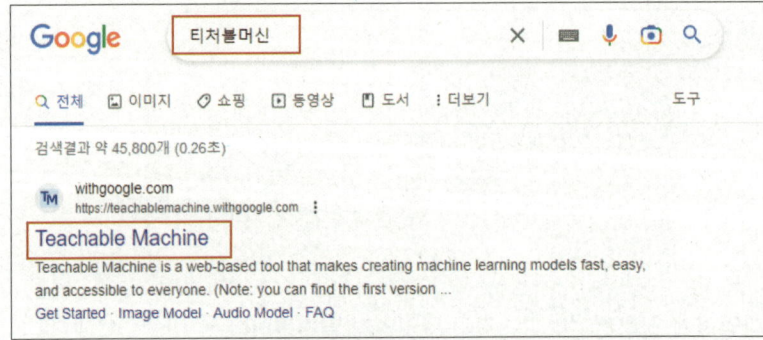

02 [시작하기] 버튼을 눌러 계속 진행합니다.

03 우리가 진행하는 프로젝트는 이미지를 분류하는 프로젝트로 [이미지 프로젝트]를 클릭하여 진행합니다.

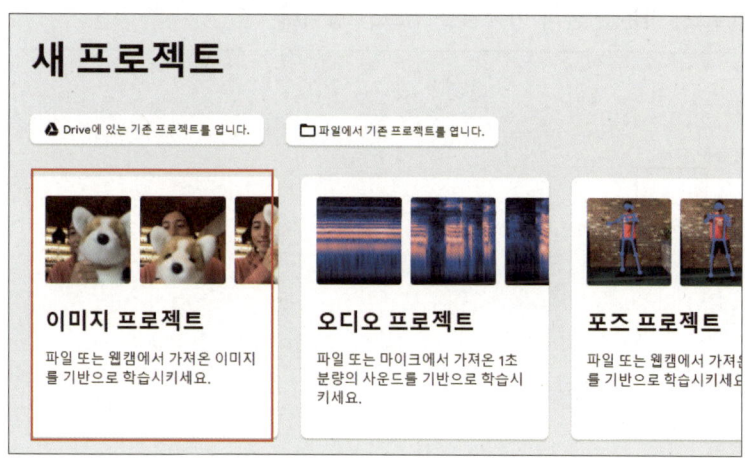

04 [표준 이미지 모델]을 클릭합니다.

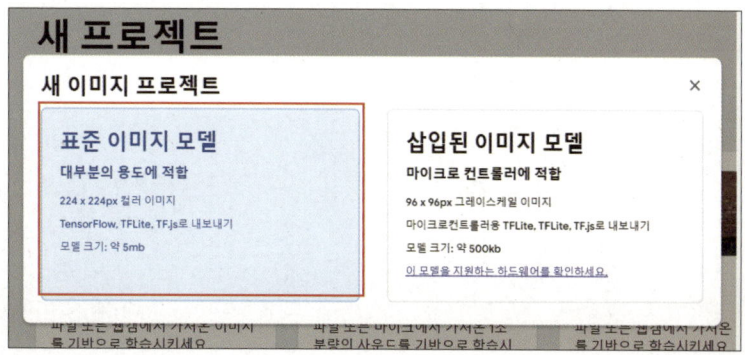

05 Class 1, Class 2의 이름을 각각 사과, 오렌지로 변경합니다. [연필] 아이콘을 클릭하여 수정할 수 있습니다.

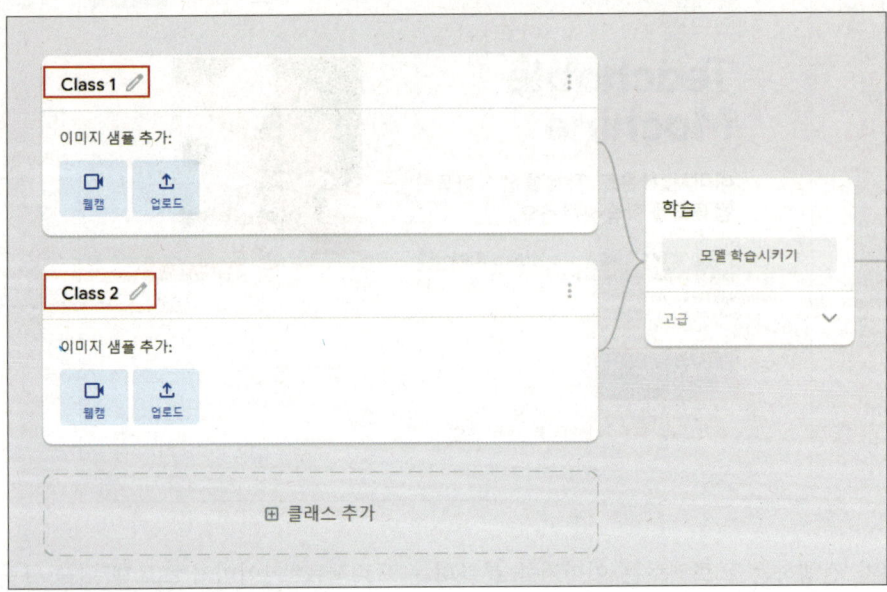

06 [사과]에 [업로드] 버튼을 눌러 이미지를 업로드 합니다.

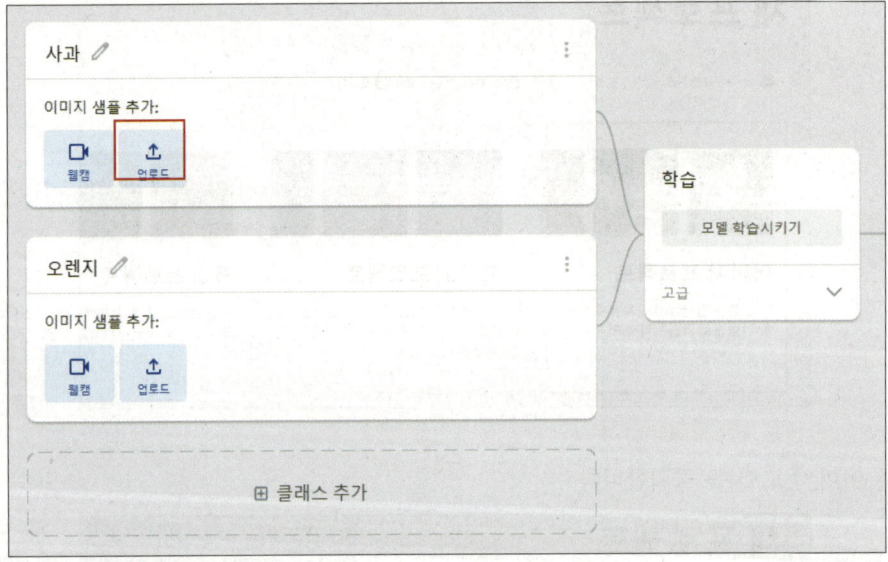

07 파일에서 이미지를 불러와 업로드 합니다.

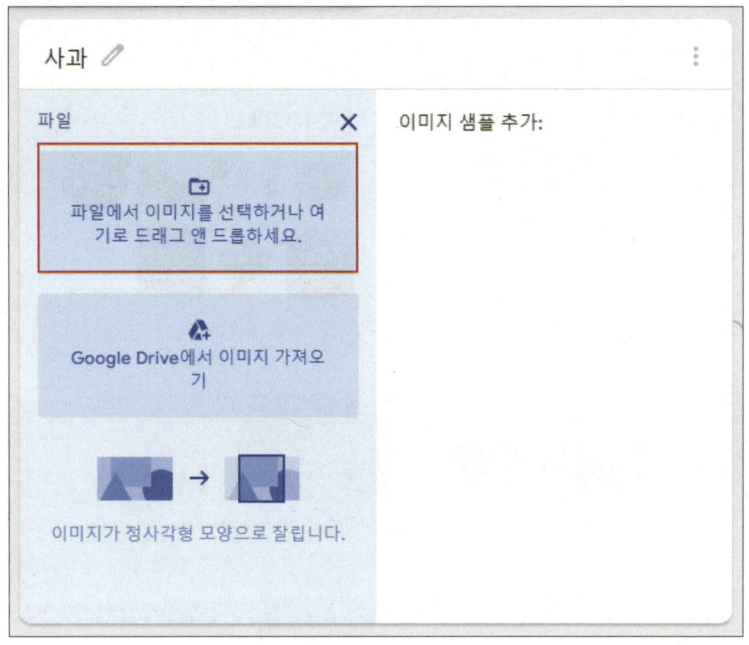

08 사과 폴더의 모든 사진을 선택 후 [열기] 버튼을 눌러 사과 이미지를 업로드 합니다.

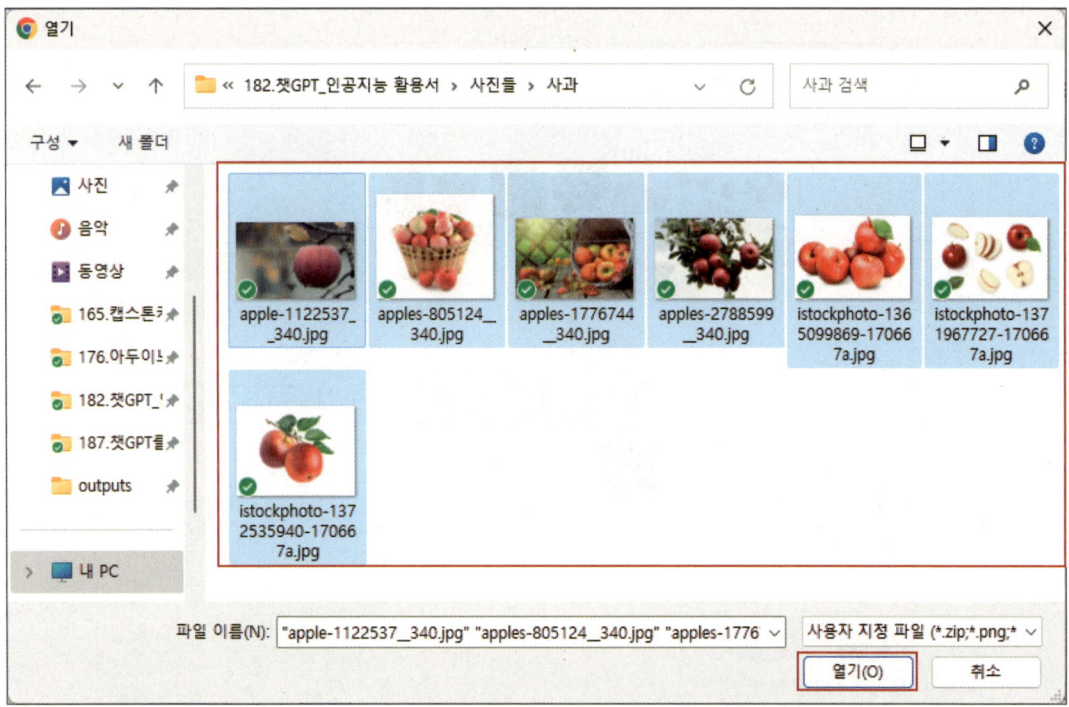

09 사과 이미지가 업로드 되었습니다.

10 오렌지의 이미지도 동일한 방법으로 업로드 합니다. 업로드 완료 후 [모델 학습시키기] 버튼을 눌러 모델을 학습합니다.

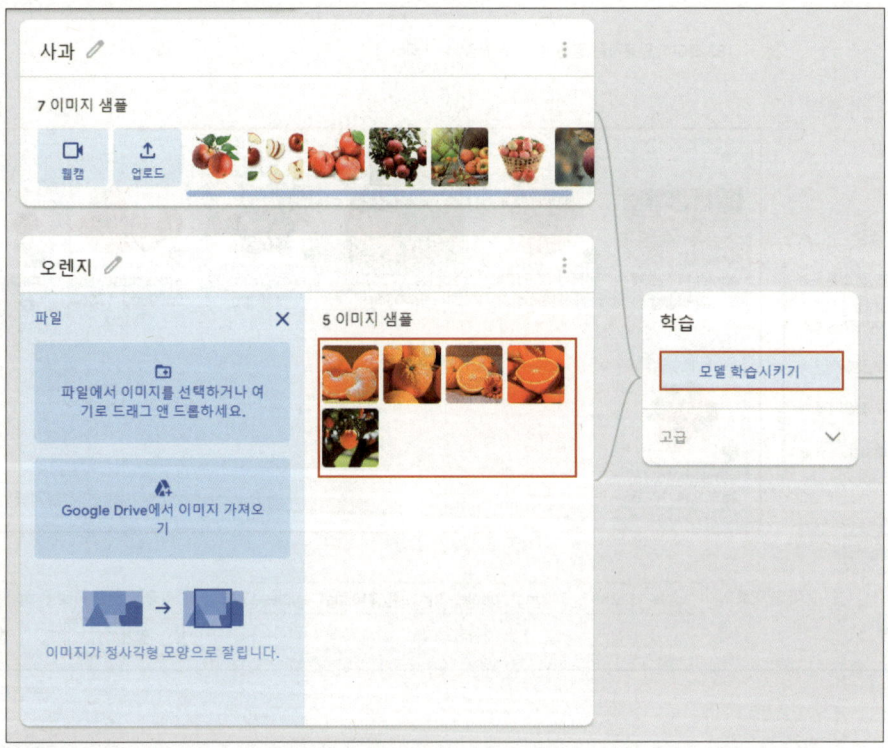

11 학습된 모델을 [모델 내보내기] 버튼을 눌러 모델을 내보냅니다.

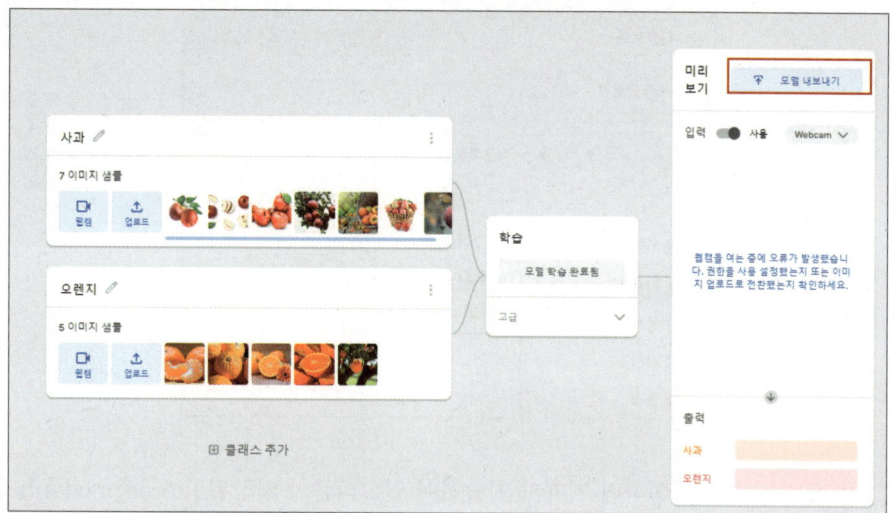

12 [Tensorflow] 탭으로 이동 후 [Keras]를 선택한 다음 [모델 다운로드] 버튼을 눌러 모델을 다운로드 받습니다.

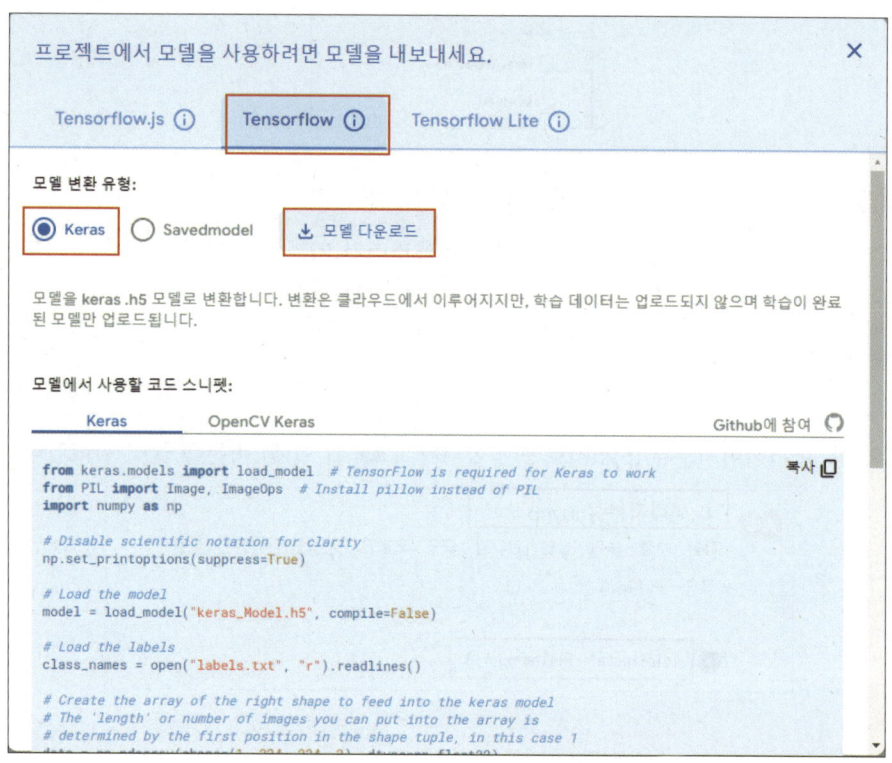

13 [다운로드] 폴더에 압축된 파일로 다운로드된 파일의 압축을 풀어 다음과 같이 준비합니다.

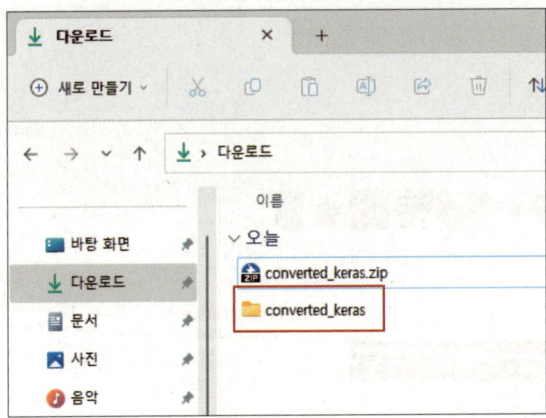

14 압축을 푼 폴더를 열어 확인하면 기계가 학습하여 알고리즘이 저장된 [keras_model.h5] 파일과 라벨이 저장된 [labels.txt] 파일이 있습니다. 2개의 파일은 코랩에서 업로드되어 사용됩니다.

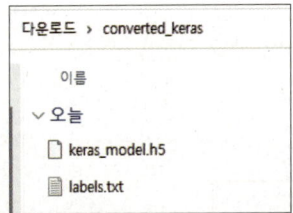

이제 코랩을 시작하여 이미지 분류를 하는 코드를 만들어봅니다.

01 아래의 코드를 입력합니다. 코랩은 다양한 라이브러리가 기본 설치되어 있으나 사진을 불러오는 pillow 라이브러리가 설치되어 있지 않아 추가적으로 설치합니다.

```
!pip install Pillow==9.1.0
```

02 파일의 이름은 [이미지분류.ipynb]로 변경합니다. [▶ 셀 실행] 버튼을 눌러 실행합니다.

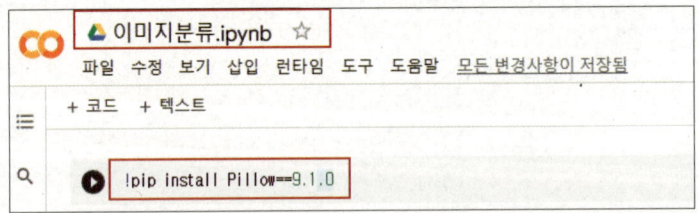

03 pillow 라이브러리가 설치되었습니다. 라이브러리 설치 후 [런타임] –> [런타임 다시 시작]을 클릭하여 런타임을 다시 실행합니다. 설치된 라이브러리를 적용하는 과정입니다.

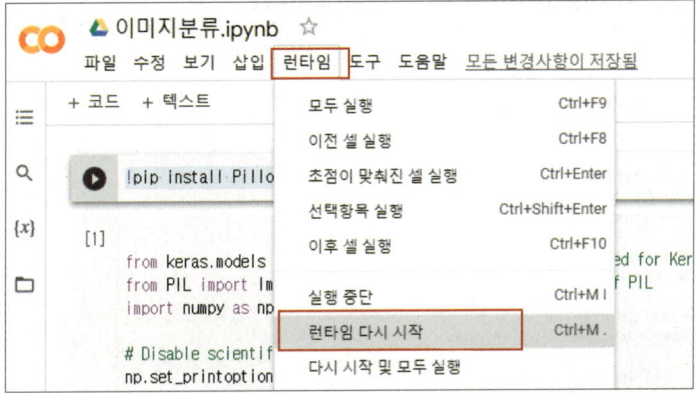

04 티처블머신에서 예제코드를 복사합니다. [Tensorflow] 탭에서 [Keras] 코드를 [복사] 버튼을 눌러 코드를 복사합니다.

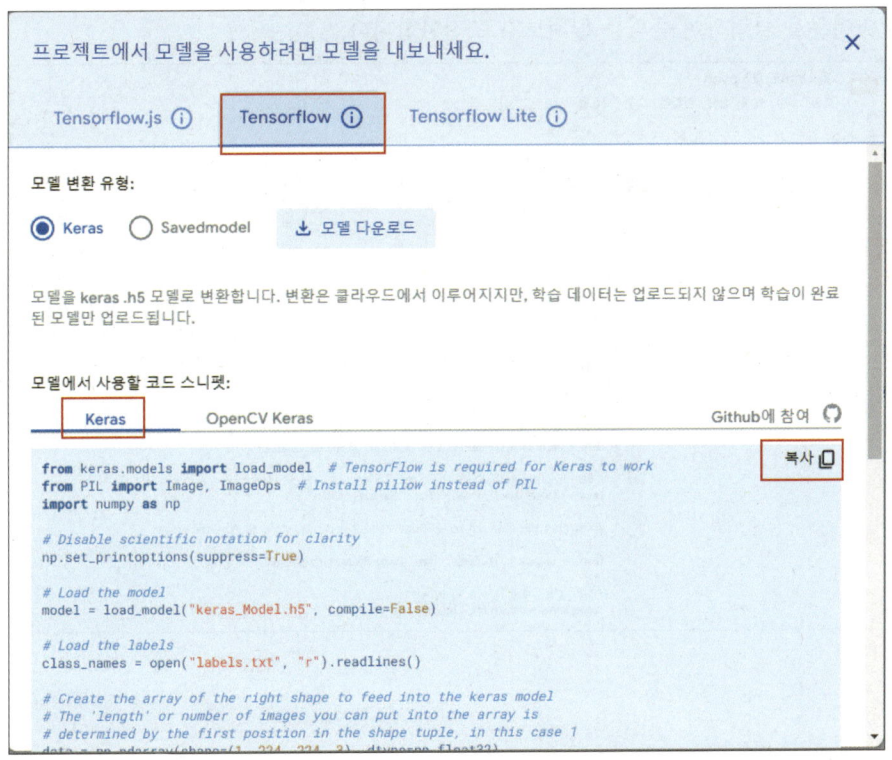

Chapter 04 _ 챗GPT를 사용한 6가지 심화 활용법 • **157**

05 코랩에서 [+코드]를 눌러 아래 코드영역을 추가하여 복사한 코드를 붙여넣습니다.

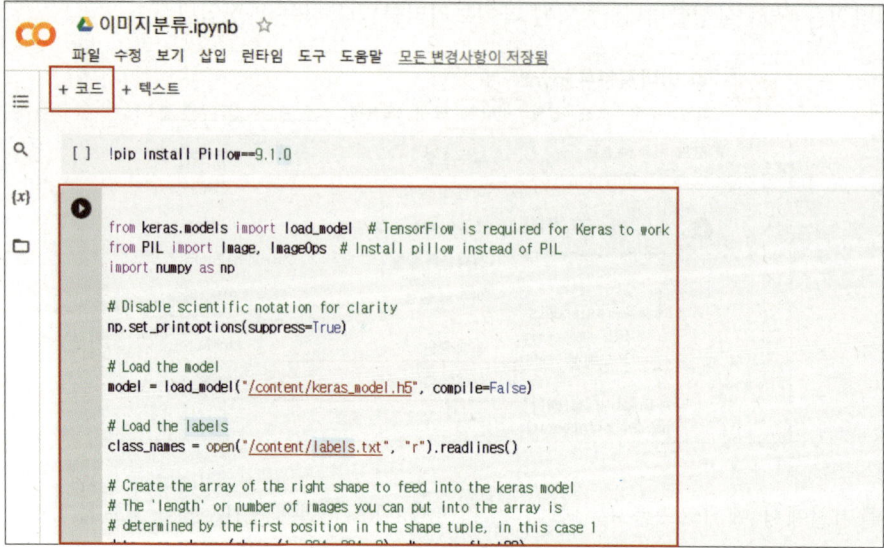

06 폴더 아이콘을 클릭하여 폴더를 펼쳐보기로 전환합니다.

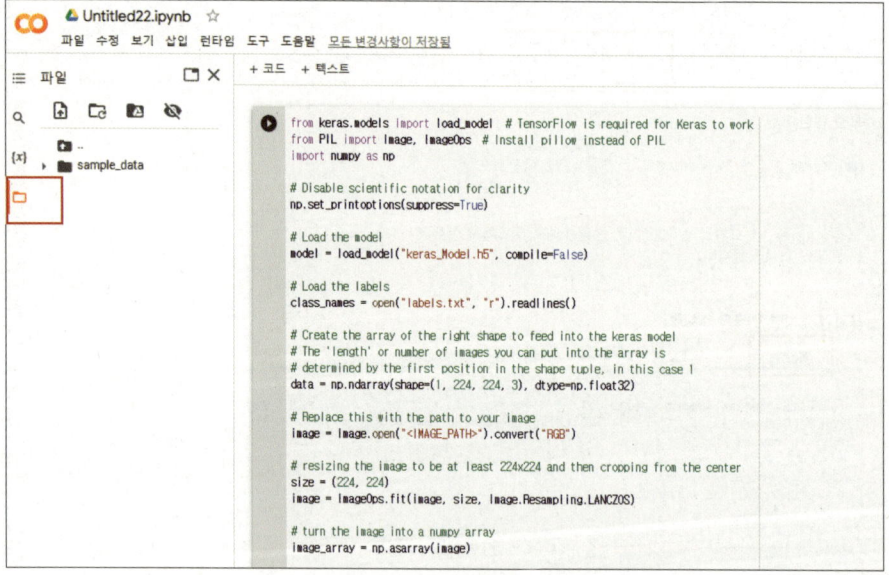

07 [검증용사진] 폴더에 저장한 이미지를 모두 선택 후 폴더로 드래그하여 사진들을 업로드 합니다.

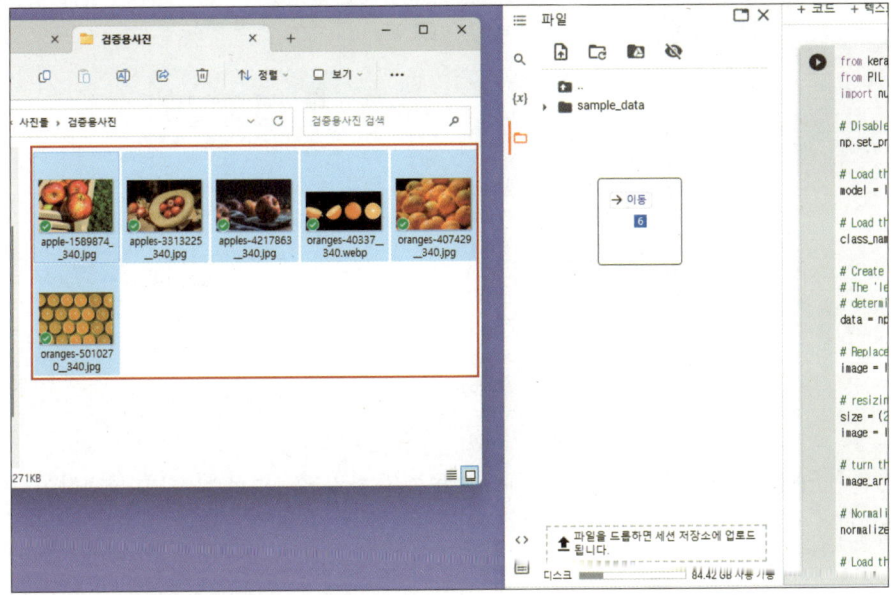

08 사진이 업로드 되었습니다. 이미지의 용량이 클 경우 시간이 오래 소요될 수 있습니다.

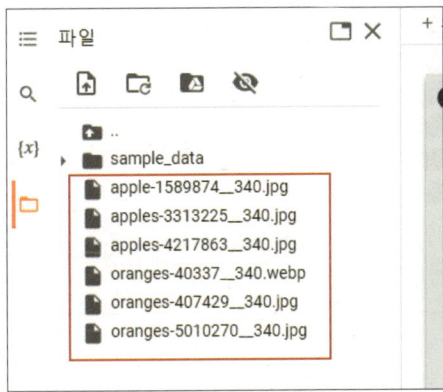

09 압축을 풀어두었던 [keras_model.h5] 모델파일과 정보를 저장하고 있는 [labels.txt] 파일도 코랩으로 업로드합니다.

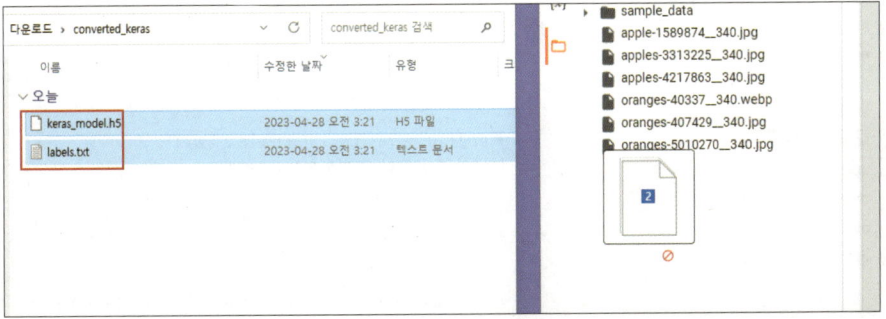

10 모델파일과 라벨파일이 업로드 되었습니다.

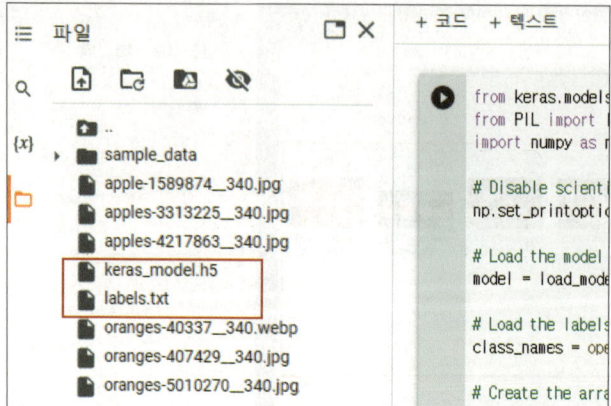

11 업로드된 [keras_model.h5] 파일에 마우스 오른쪽을 클릭 후 [경로 복사]를 클릭하여 파일의 경로를 얻습니다.

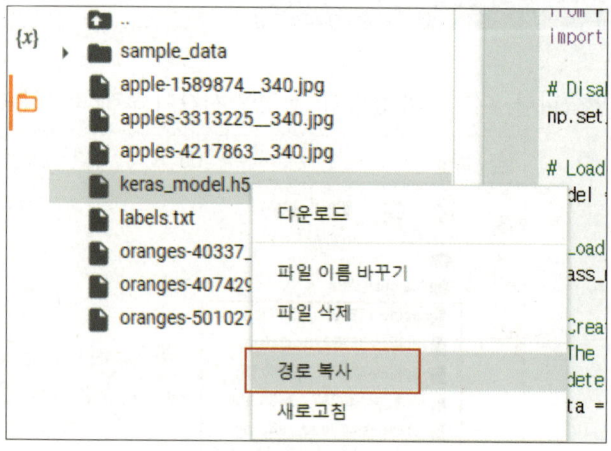

12 코드에서 모델파일의 경로부분을 붙여넣기 하여 다음과 같이 수정합니다.

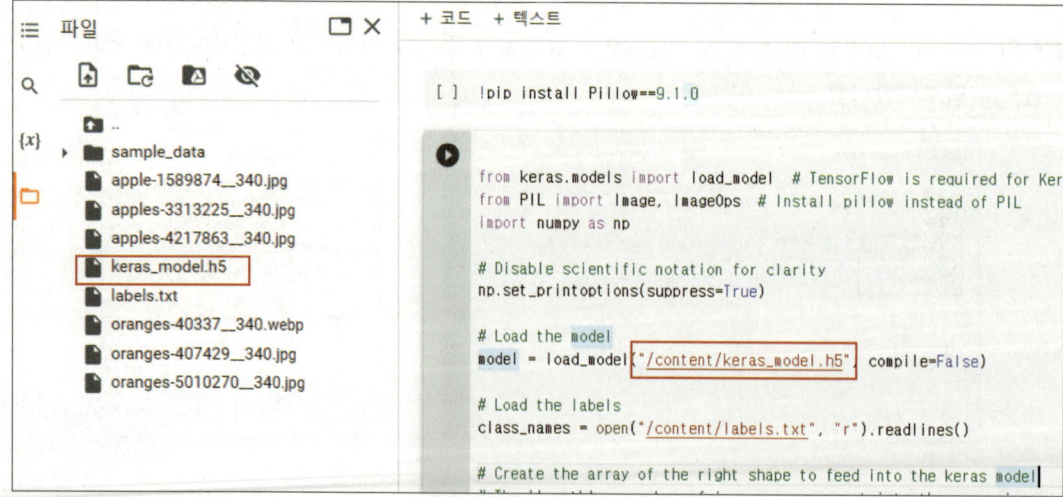

13 [labels.txt] 파일도 경로를 복사하여 아래와 같이 경로를 수정합니다.

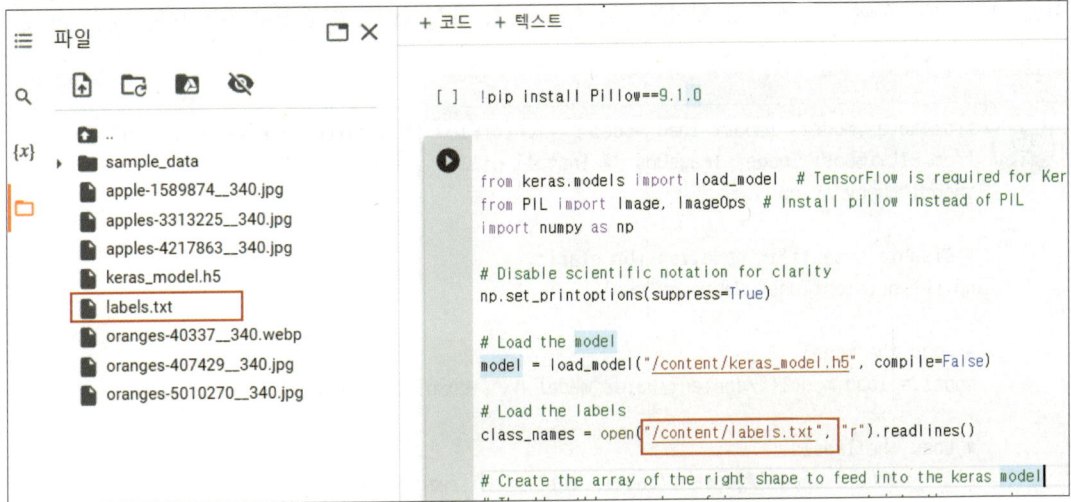

14 테스트용 이미지 한 개를 경로 복사하여 이미지경로에 붙여넣습니다.

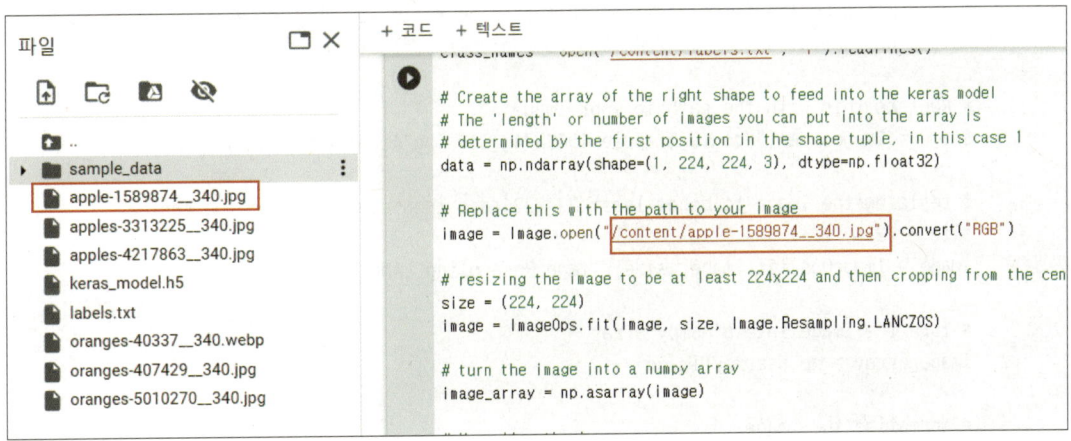

15 [셀 실행] 버튼을 눌러 실행합니다.
다음과 같이 결과가 출력되었습니다. 검증용사진 중 하나를 인식하여 사과로 분류하였습니다.

```
Looking in indexes: https://pypi.org/simple, https://us-python.pkg.dev/colab-wheels/public/simple/
Requirement already satisfied: Pillow==9.1.0 in /usr/local/lib/python3.10/dist-packages (9.1.0)
1/1 [==============================] - 1s 1s/step
Class: 사과
Confidence Score: 0.9653457
```

이제 폴더내에 모든 사진을 분류하기 위해서 챗GPT에게 코드를 생성하는 질문을 하였습니다. 전체코드를 복사하여 추가적으로 원하는 부분의 코드를 작성해달라고 요청하였습니다. /content 폴더는 코랩의 기본폴더입니다.

```python
from keras.models import load_model  # TensorFlow is required for Keras to work
from PIL import Image, ImageOps  # Install pillow instead of PIL
import numpy as np

# Disable scientific notation for clarity
np.set_printoptions(suppress=True)

# Load the model
model = load_model("/content/keras_model.h5", compile=False)

# Load the labels
class_names = open("/content/labels.txt", "r").readlines()

# Create the array of the right shape to feed into the keras model
# The 'length' or number of images you can put into the array is
# determined by the first position in the shape tuple, in this case 1
data = np.ndarray(shape=(1, 224, 224, 3), dtype=np.float32)

# Replace this with the path to your image
image = Image.open("/content/apple-1589874__340.jpg").convert("RGB")

# resizing the image to be at least 224x224 and then cropping from the center
size = (224, 224)
image = ImageOps.fit(image, size, Image.Resampling.LANCZOS)

# turn the image into a numpy array
image_array = np.asarray(image)

# Normalize the image
normalized_image_array = (image_array.astype(np.float32) / 127.5) - 1

# Load the image into the array
data[0] = normalized_image_array

# Predicts the model
prediction = model.predict(data)
index = np.argmax(prediction)
class_name = class_names[index]
confidence_score = prediction[0][index]

# Print prediction and confidence score
print("Class:", class_name[2:], end="")
print("Confidence Score:", confidence_score)
```

위의 코드에서 /content 폴더에 모든 사진을 예측하는 코드로 변경해줘 아래 코드는 /content 폴더 내 모든 이미지 파일을 예측하는 코드입니다.

```python
import os

# Iterate over all files in the directory
for filename in os.listdir('/content'):
    if filename.endswith('.jpg') or filename.endswith('.png'):  # Only process image files
        # Create the array of the right shape to feed into the keras model
        # The 'length' or number of images you can put into the array is
        # determined by the first position in the shape tuple, in this case 1
        data = np.ndarray(shape=(1, 224, 224, 3), dtype=np.float32)

        # Load the image and convert it to RGB format
        image = Image.open(os.path.join('/content', filename)).convert('RGB')

        # Resize the image to be at least 224x224 and then cropping from the center
        size = (224, 224)
        image = ImageOps.fit(image, size, Image.Resampling.LANCZOS)

        # Turn the image into a numpy array
        image_array = np.asarray(image)

        # Normalize the image
        normalized_image_array = (image_array.astype(np.float32) / 127.5) - 1

        # Load the image into the array
        data[0] = normalized_image_array

        # Predict the model
        prediction = model.predict(data)
        index = np.argmax(prediction)
        class_name = class_names[index]
        confidence_score = prediction[0][index]

        # Print prediction and confidence score
        print(f"Image file: {filename}")
        print(f"Class: {class_name[2:]}")
        print(f"Confidence Score: {confidence_score}\n")
```

[+코드]를 눌러 아래쪽에 코드영역을 추가한 다음 챗GPT가 답변한 코드를 붙여넣습니다.

챗GPT가 /content 폴더의 사진파일을 모두 읽어 분류하는 코드를 작성하였습니다.

```python
import os

# /content 폴더 내 모든 파일을 순회(iterate)합니다.
for filename in os.listdir('/content'):
    # 이미지 파일인 경우에 대해서만 예측을 수행합니다.
    if filename.endswith('.jpg') or filename.endswith('.png'):
        # 예측할 이미지의 경로로 대체해주세요.
        # 이미지를 로드하고 RGB로 변환합니다.
        image = Image.open(os.path.join('/content', filename)).convert('RGB')

        # Keras 모델에 입력할 배열 생성
        # 이 형태 튜플의 첫 번째 위치에 결정되는
        # 이미지 개수(길이)입니다. 여기서는 1입니다.
        data = np.ndarray(shape=(1, 224, 224, 3), dtype=np.float32)

        # 이미지를 적절한 크기로 조정한 후 중앙에서 자르기
        size = (224, 224)
        image = ImageOps.fit(image, size, Image.Resampling.LANCZOS)

        # 이미지를 numpy 배열로 변환
        image_array = np.asarray(image)

        # 이미지 정규화(normalization)
        normalized_image_array = (image_array.astype(np.float32) /127.5) -1

        # 배열에 이미지 로드
        data[0] = normalized_image_array

        # 모델 예측
        prediction = model.predict(data)
        index = np.argmax(prediction)
        class_name = class_names[index]
        confidence_score = prediction[0][index]

        # 예측 결과와 정확도 출력
        print(f"Image file: {filename}")
        print(f"Class: {class_name[2:]}")
        print(f"Confidence Score: {confidence_score}\n")
```

[▶ 셀 실행] 버튼을 눌러 실행합니다.

/content 폴더내의 jpg, png 확장자의 이미지 파일을 모두 불러와 분류하였습니다.

```
1/1 [==============================] - 0s 41ms/step
Image file: apples-4217863__340.jpg
Class: 사과

Confidence Score: 0.9973489046096802

1/1 [==============================] - 0s 43ms/step
Image file: oranges-5010270__340.jpg
Class: 오렌지

Confidence Score: 0.902215838432312

1/1 [==============================] - 0s 45ms/step
Image file: apples-3313225__340.jpg
Class: 사과

Confidence Score: 0.9868872761726379

1/1 [==============================] - 0s 30ms/step
Image file: oranges-407429__340.jpg
Class: 오렌지

Confidence Score: 0.9834807515144348

1/1 [==============================] - 0s 36ms/step
Image file: apple-1589874__340.jpg
Class: 사과

Confidence Score: 0.9653456807136536
```

02 파이썬 데이터분석

파이썬을 이용한 데이터분석 코드를 챗GPT를 이용하여 생성하고 적용하여 파이썬을 이용한 데이터 분석을 진행합니다. 파이썬은 프로그램 언어이지만 파이썬의 판다스라는 라이브러리를 이용해서 훌륭한 데이터분석 도구로 사용이 가능합니다. 이번장에서는 기온데이터를 분석해보도록 합니다.

01 구글에서 [기온데이터]를 검색 후 [기상자료개발포털] 사이트에 접속합니다.

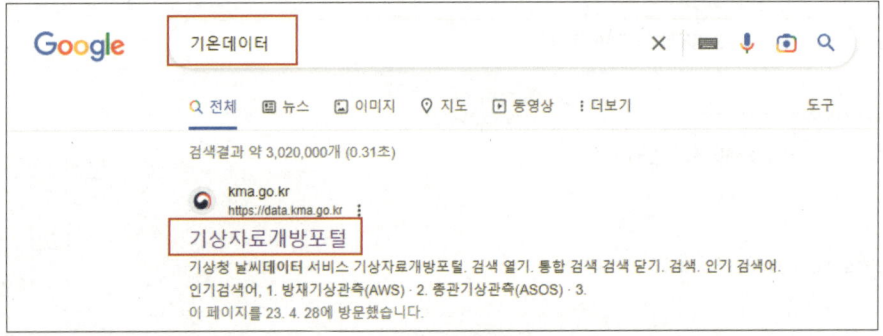

02 [기후통계분석] 탭에서 [기온분석] 부분을 클릭합니다.

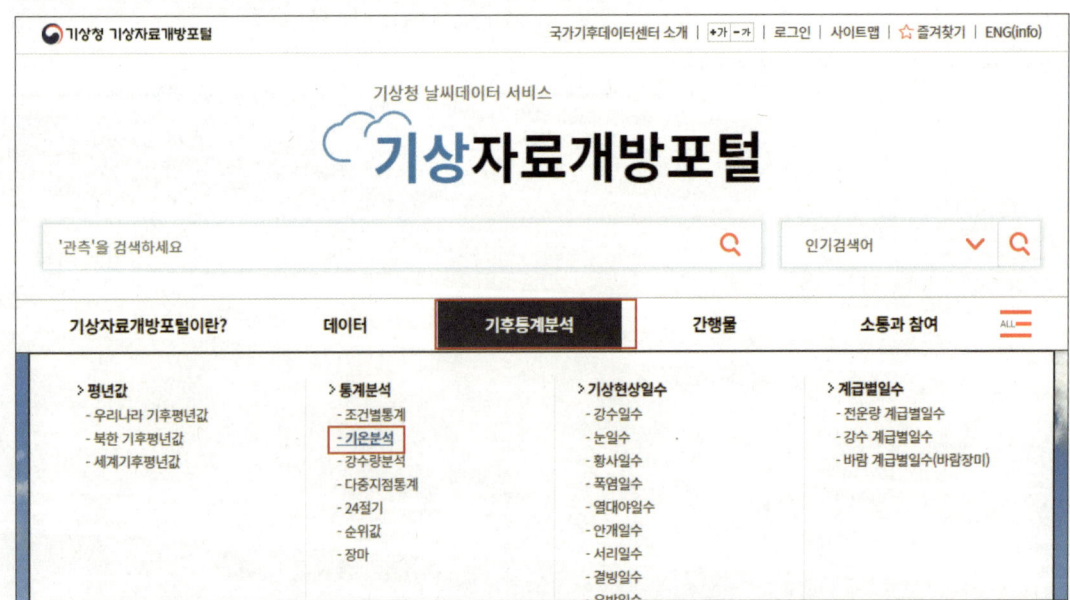

03 자료 구분은 일, 지역/지점은 기본인 서울로 변경하지 않습니다.
기간을 2000년 1월 1일부터~ 2021년 12월31일까지로 변경 후 [검색] 버튼을 눌러 데이터를 새로고침 합니다. [CSV] 부분을 클릭하여 데이터를 다운로드 받습니다.

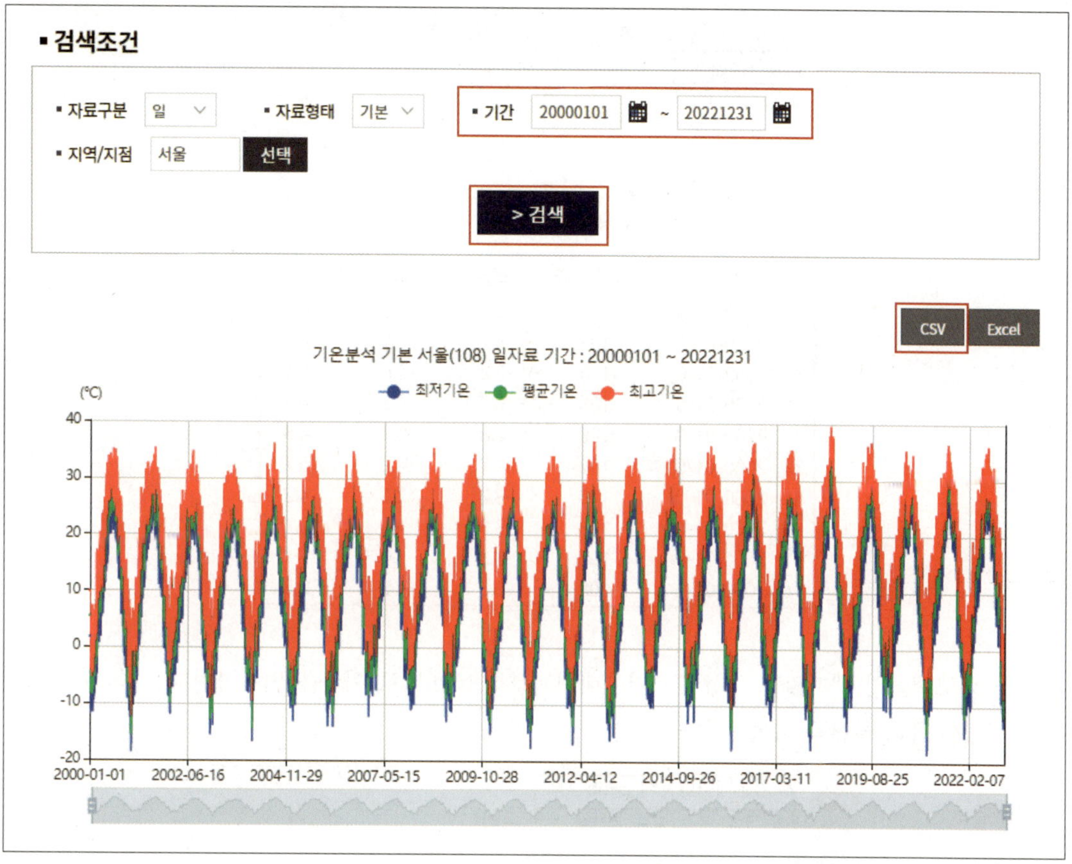

04 다운로드 폴더에 기온 데이터를 다운로드 받았습니다. 파일의 이름은 다운로드 받은 시점에 따라 다를 수 있습니다.

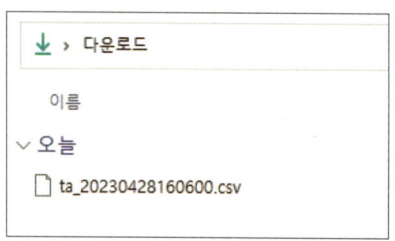

Chapter 04 _ 챗GPT를 사용한 6가지 심화 활용법 · **167**

05 파일을 엑셀로 열어 확인해보면 다음과 같이 데이터를 확인 할 수 있습니다. 우리가 필요한 데이터는 8번째 줄부터 시작하는 것을 확인 할 수 있습니다. 데이터를 불러올 때 1번째 줄부터 불러오면 데이터의 형식이 맞지 않아 1~7번째를 제외한 8번째부터 불러옵니다.

	A	B	C	D	E
1	기온분석				
2	[검색조건]				
3	자료구분 : 일				
4	자료형태 : 기본				
5	지역/지점 : 서울				
6	기간 : 20000101~20221231				
7					
8	날짜	지점	평균기온(°	최저기온(°	최고기온(℃)
9	2000-01-0	108	5.5	1.8	9.9
10	2000-01-0	108	4.2	-0.9	6.9
11	2000-01-0	108	-2.2	-4.6	0.1
12	2000-01-0	108	0.3	-4.3	4.3
13	2000-01-0	108	2.8	0.1	4.6
14	2000-01-0	108	1.7	-4.2	5.7
15	2000-01-0	108	-8.2	-12.1	-4.2
16	2000-01-0	108	-3.8	-7.2	-0.1
17	2000-01-0	108	-1.9	-6	1
18	2000-01-1	108	-0.8	-4.8	2.3

06 구글 코랩에서 새파일을 생성 후 [기온데이터분석.ipynb]로 이름을 변경합니다. [폴더] 아이콘을 클릭하여 폴더 부분을 보여줍니다.

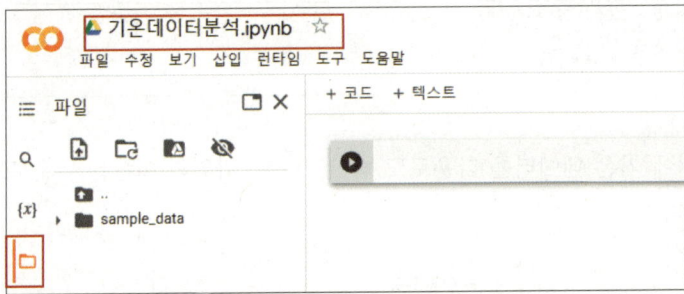

07 PC에 다운로드 받았던 기온데이터 파일을 코랩의 폴더부분으로 드래그하여 복사합니다.

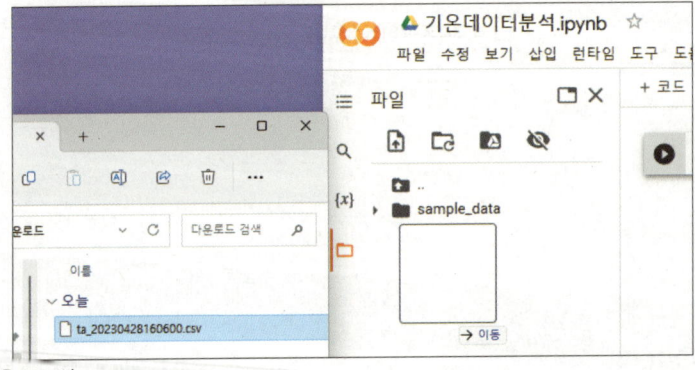

08 파일이 코랩으로 업로드 되었습니다. 파일의 이름은 다를 수 있습니다.

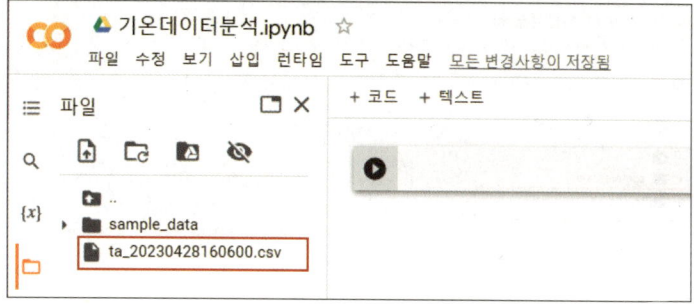

챗GPT에게 csv파일을 읽는 코드를 질문합니다.

> 파이썬의 판다스를 이용하여 데이터분석을 할거야. csv 파일을 읽는 코드를 작성해줘. 8번째 줄부터 데이터가 있어. 데이터는 한글로 작성되어 있어. 인코딩방식을 euc-kr로 해줘

> 데이터가 있는 CSV 파일을 읽어서 판다스 데이터프레임으로 변환하는 코드는 다음과 같습니다. 파일 경로와 파일 이름, 인코딩 방식 등은 상황에 맞게 수정하여 사용하시면 됩니다.
>
> ```python
> import pandas as pd
>
> # 데이터가 있는 CSV 파일 경로와 파일 이름을 지정하기
> file_path = "data/data.csv"
>
> # CSV 파일을 판다스 데이터프레임으로 읽어오기
> df = pd.read_csv(file_path, encoding='euc-kr', skiprows=7)
>
> # 데이터프레임 출력하기
> print(df)
> ```
>
> 여기서 'read_csv' 함수의 'encoding' 인자를 'euc-kr'로 지정하여 한글 인코딩을 처리하였고, 'skiprows' 인자를 이용해 8번째 줄부터 데이터를 읽어왔습니다.

챗GPT가 답변해준 다음의 코드를 코랩에 작성합니다. 챗GPT의 코드를 [복사]한 다음 코랩에 붙여넣기합니다.

```python
import pandas as pd

# 데이터가 있는 CSV 파일 경로와 파일 이름을 지정하기
file_path = "data/data.csv"

# CSV 파일을 판다스 데이터프레임으로 읽어오기
df = pd.read_csv(file_path, encoding='euc-kr', skiprows=7)

# 데이터프레임 출력하기
print(df)
```

파일의 경로부분을 csv파일 경로로 수정합니다.

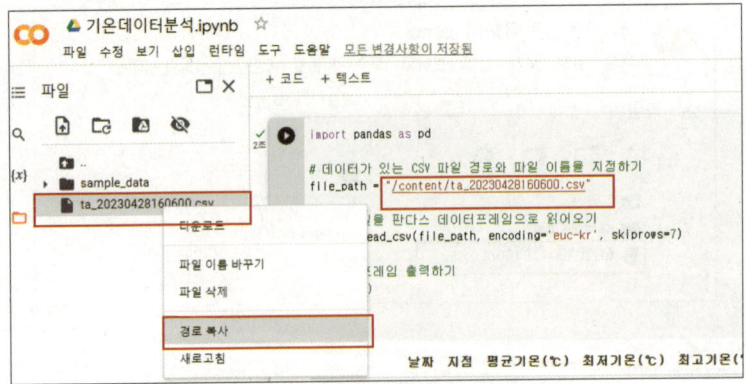

[▶ 셀 실행] 버튼을 눌러 실행합니다.

	날짜	지점	평균기온(℃)	최저기온(℃)	최고기온(℃)
0	₩t2000-01-01	108	5.5	1.8	9.9
1	₩t2000-01-02	108	4.2	-0.9	6.9
2	₩t2000-01-03	108	-2.2	-4.6	0.1
3	₩t2000-01-04	108	0.3	-4.3	4.3
4	₩t2000-01-05	108	2.8	0.1	4.6
...	...	...	...	...	...
8396	₩t2022-12-27	108	-2.6	-7.3	3.3
8397	₩t2022-12-28	108	-3.3	-6.0	0.1
8398	₩t2022-12-29	108	-2.9	-7.8	2.1
8399	₩t2022-12-30	108	-1.8	-4.4	2.3
8400	₩t2022-12-31	108	-1.2	-5.1	2.1

8401 rows × 5 columns

챗GPT에게 코드에 따른 결과물을 질문으로 입력하고 원하는 기능을 추가하는 질문을 합니다. 다양한 데이터분석을 사용하는 방법에 대해서 질문하였습니다.

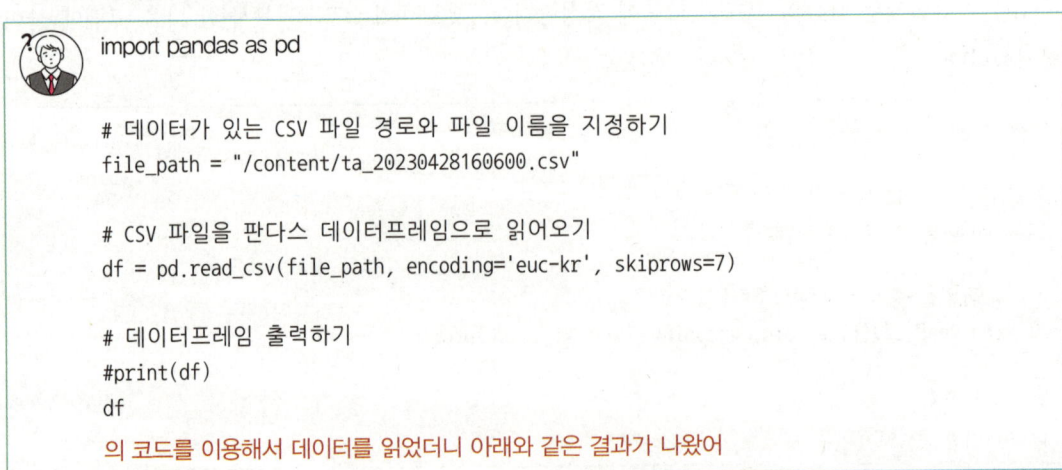

	날짜	지점	평균기온(℃)	최저기온(℃)	최고기온(℃)
0	₩t2000-01-01	108	5.5	1.8	9.9
1	₩t2000-01-02	108	4.2	-0.9	6.9
2	₩t2000-01-03	108	-2.2	-4.6	0.1
3	₩t2000-01-04	108	0.3	-4.3	4.3
4	₩t2000-01-05	108	2.8	0.1	4.6
...	...	...	...	...	...
8396	₩t2022-12-27	108	-2.6	-7.3	3.3
8397	₩t2022-12-28	108	-3.3	-6.0	0.1
8398	₩t2022-12-29	108	-2.9	-7.8	2.1
8399	₩t2022-12-30	108	-1.8	-4.4	2.3
8400	₩t2022-12-31	108	-1.2	-5.1	2.1

2000년도부터 2022년도의 일별 기온데이터야. 다양한 방법으로 데이터분석을 하는 코드를 작성해줘. 주피터노트북형식으로 코드를 작성해줘. 데이터를 읽은상태여서 분석하는 코드만 추가하면 돼. 그래프가 한글로 그려지지 않기때문에 그래프를 그리기위해서 이름을 영어로 변경해줘

 답변데이터를 실행하고 실행 결과를 확인하도록 하겠습니다.

컬럼 이름 영어로 변경하기

```
# 컬럼 이름 영어로 변경하기
df.columns = ['Date', 'Location', 'AvgTemp', 'MinTemp', 'MaxTemp']
df
```

[▶ 셀 실행] 버튼을 눌러 실행합니다.

컬럼의 이름이 한글에서 영어로 변경되었습니다. 컬럼의 이름이 한글일 경우 한글폰트를 설치하는 번거로움이 있어 영어로 변경하였습니다.

	Date	Location	AvgTemp	MinTemp	MaxTemp
0	₩t2000-01-01	108	5.5	1.8	9.9
1	₩t2000-01-02	108	4.2	-0.9	6.9
2	₩t2000-01-03	108	-2.2	-4.6	0.1
3	₩t2000-01-04	108	0.3	-4.3	4.3
4	₩t2000-01-05	108	2.8	0.1	4.6
...	...	...	...	...	...
8396	₩t2022-12-27	108	-2.6	-7.3	3.3
8397	₩t2022-12-28	108	-3.3	-6.0	0.1
8398	₩t2022-12-29	108	-2.9	-7.8	2.1
8399	₩t2022-12-30	108	-1.8	-4.4	2.3
8400	₩t2022-12-31	108	-1.2	-5.1	2.1

8401 rows × 5 columns

날짜 컬럼 데이터 타입 datetime으로 변경하기

```python
df['Date'] = pd.to_datetime(df['Date'], format='%Y-%m-%d')
df
```

[▶ 셀 실행] 버튼을 눌러 실행합니다.

그래프를 그리기위해서 날짜 형식을 datetime 형식으로 변경하였습니다.

	Date	Location	AvgTemp	MinTemp	MaxTemp
0	2000-01-01	108	5.5	1.8	9.9
1	2000-01-02	108	4.2	-0.9	6.9
2	2000-01-03	108	-2.2	-4.6	0.1
3	2000-01-04	108	0.3	-4.3	4.3
4	2000-01-05	108	2.8	0.1	4.6
...	...	...	...	...	...
8396	2022-12-27	108	-2.6	-7.3	3.3
8397	2022-12-28	108	-3.3	-6.0	0.1
8398	2022-12-29	108	-2.9	-7.8	2.1
8399	2022-12-30	108	-1.8	-4.4	2.3
8400	2022-12-31	108	-1.2	-5.1	2.1

8401 rows × 5 columns

연도별 평균기온 계산하기

```python
# 연도별 평균기온 계산하기
yearly_avg_temp = df.groupby(df['Date'].dt.year)['AvgTemp'].mean()

# 막대 그래프로 시각화하기
import matplotlib.pyplot as plt
plt.bar(yearly_avg_temp.index, yearly_avg_temp.values)
plt.title('Yearly Average Temperature')
plt.xlabel('Year')
plt.ylabel('Temperature (°C)')
plt.show()
```

[▶ 셀 실행] 버튼을 눌러 실행합니다.

연 평균기온을 그래프로 그렸습니다.

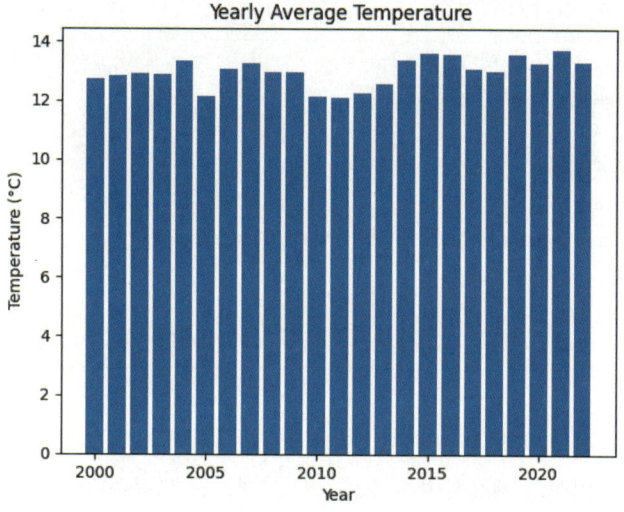

월별 평균기온 계산하기

```
# 월별 평균기온 계산하기
monthly_avg_temp = df.groupby(df['Date'].dt.month)['AvgTemp'].mean()

# 꺾은선 그래프로 시각화하기
plt.plot(monthly_avg_temp.index, monthly_avg_temp.values)
plt.title('Monthly Average Temperature')
plt.xlabel('Month')
plt.ylabel('Temperature (°C)')
plt.show()
```

[▶ 셀 실행] 버튼을 눌러 실행합니다.

월 평균 기온을 계산하여 그래프로 그렸습니다.

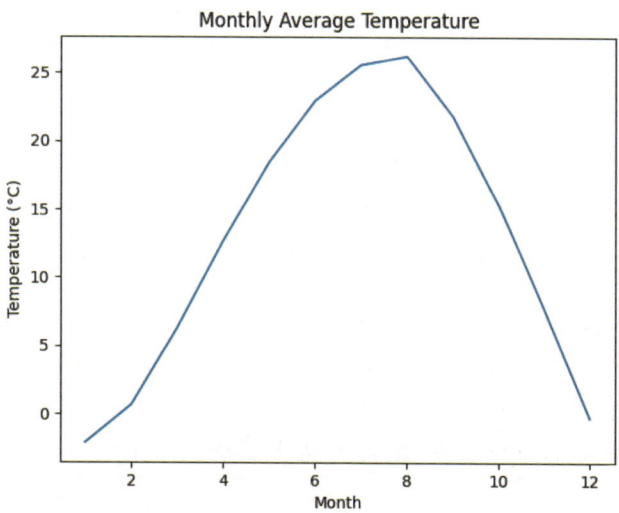

최고기온과 최저기온의 차이 계산하기

```python
# 최고기온과 최저기온의 차이 계산하기
temp_diff = df['MaxTemp'] - df['MinTemp']

# 히스토그램으로 시각화하기
plt.hist(temp_diff, bins=30)
plt.title('Difference between Max Temperature and Min Temperature')
plt.xlabel('Temperature Difference (°C)')
plt.ylabel('Frequency')
plt.show()
```

[▶ 셀 실행] 버튼을 눌러 실행합니다.

최고기온과 최저기온의 차이를 계산하여 히스토그램 그래프를 그렸습니다.

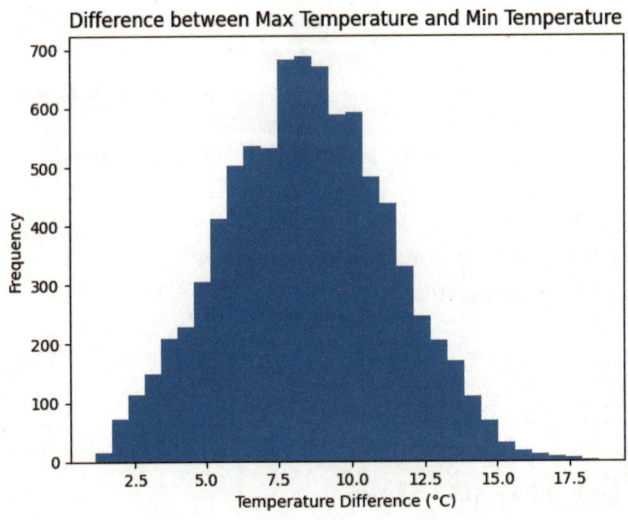

히스토그램 그래프 이해하기

 히스토그램 그래프의 특징이 뭐야?

 히스토그램은 데이터의 분포를 시각화하는 그래프 중 하나입니다. 주로 데이터의 빈도수(도수)를 나타내며, x축은 데이터 범위를, y축은 도수를 나타냅니다.

히스토그램의 특징은 다음과 같습니다.

1. 데이터의 분포를 쉽게 파악할 수 있습니다.
2. 데이터의 대략적인 범위를 알 수 있습니다.
3. 이상치나 극단값 등을 확인할 수 있습니다.
4. 데이터의 분포 형태를 파악할 수 있습니다. (대칭성, 왜도, 첨도 등)

2022년도 1월부터 3월까지의 평균기온 계산하기

```python
# 2022년도 1월부터 3월까지의 평균기온 계산하기
start_date = '2022-01-01'
end_date = '2022-03-31'
period_avg_temp = df.loc[(df['Date'] >= start_date) & (df['Date'] <= end_date),
 'AvgTemp'].mean()

# 출력하기
print(f"Average Temperature between {start_date} and {end_date}: {period_avg_temp:.1f} °C")
```

[▶ 셀 실행] 버튼을 눌러 실행합니다.

2022년1월부터 3월까지의 평균기온을 계산하여 출력하였습니다.

```
Average Temperature between 2022-01-01 and 2022-03-31: 1.5 °C
```

연도별 평균 최고/최저기온 계산하기

```python
# 연도별 평균 최고/최저기온 계산하기
yearly_temp = df.groupby(df['Date'].dt.year).agg({'MaxTemp': 'mean', 'MinTemp': 'mean'})

# 막대 그래프로 시각화하기
yearly_temp.plot(kind='bar')
plt.title('Yearly Average Max/Min Temperature')
plt.xlabel('Year')
plt.ylabel('Temperature (°C)')
plt.show()
```

[▶ 셀 실행] 버튼을 눌러 실행합니다.

연도별 평균, 최고, 최저 기온을 계산하여 그래프로 그렸습니다.

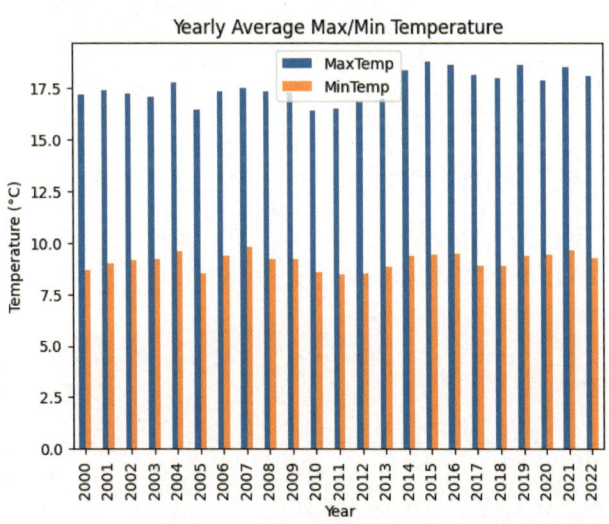

30일 이동평균 계산하기

```python
# 30일 이동평균 계산하기
rolling_avg_temp = df['AvgTemp'].rolling(30).mean()

# 원본과 이동평균 데이터 꺾은선 그래프로 시각화하기
plt.plot(df['Date'], df['AvgTemp'], alpha=0.5, label='Original')
plt.plot(df['Date'], rolling_avg_temp, label='30-day Rolling Average')
plt.title('Average Temperature with 30-day Rolling Average')
plt.xlabel('Date')
plt.ylabel('Temperature (°C)')
plt.legend()
plt.show()
```

[▶ 셀 실행] 버튼을 눌러 실행합니다.

30일 이동평균을 계산하여 그래프로 그렸습니다.

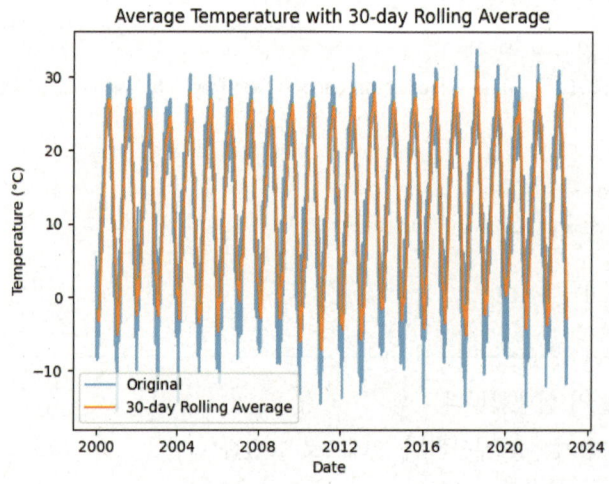

2022년도 데이터만 추출하기

```python
# 2022년도 데이터만 추출하기
df_2022 = df.loc[df['Date'].dt.year ==2022, :]

# 일별 평균기온 꺾은선 그래프로 시각화하기
plt.plot(df_2022['Date'], df_2022['AvgTemp'])
plt.title('Daily Average Temperature in 2022')
plt.xlabel('Date')
plt.ylabel('Temperature (°C)')
plt.show()
```

[▶ 셀 실행] 버튼을 눌러 실행합니다.

2022년도의 데이터만 추출하여 그래프로 그렸습니다.

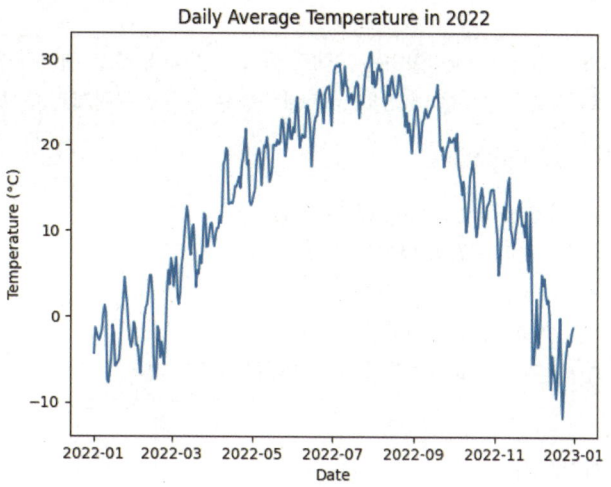

평균기온과 최저/최고기온의 상관관계 분석

```python
import seaborn as sns
# 평균기온과 최저/최고기온의 상관관계 분석
corr = df[['AvgTemp', 'MinTemp', 'MaxTemp']].corr()

# 히트맵으로 시각화하기
sns.heatmap(corr, cmap='coolwarm', annot=True)
plt.title('Correlation between Average, Min, and Max Temperature')
plt.show()
```

[▶ 셀 실행] 버튼을 눌러 실행합니다.

평균기온, 최저, 최고기온의 상관관계를 분석하여 히트맵으로 시각화 하였습니다.

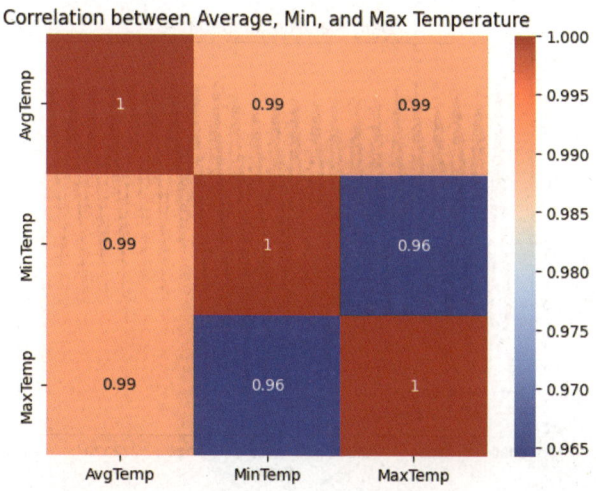

히트맵에 대해서 질문하였습니다.

 히트맵의 특징이 뭐야?

 히트맵은 데이터를 색상으로 시각화하는 그래프 중 하나입니다. 주로 데이터의 상관관계를 파악하는 데 사용되며, x축과 y축은 변수를 나타내고, 각 셀은 변수 간의 상관관계를 색상으로 표시합니다.

히트맵의 특징은 다음과 같습니다.

1. 데이터의 상관관계를 시각적으로 파악할 수 있습니다.
2. 대용량 데이터의 패턴과 구조를 파악할 수 있습니다.
3. 데이터의 분포를 파악할 수 있습니다.
4. 여러 변수 간의 관계를 동시에 파악할 수 있습니다.
5. 색상을 이용해 직관적으로 이해하기 쉬운 시각화를 제공합니다.

일별 최고/최저기온 계산하기

```python
# 일별 최고/최저기온 계산하기
daily_temp = df.groupby('Date').agg({'MaxTemp': 'max', 'MinTemp': 'min'})

# 최고/최저기온 꺾은선 그래프로 시각화하기
plt.plot(daily_temp.index, daily_temp['MaxTemp'], label='Max Temperature')
plt.plot(daily_temp.index, daily_temp['MinTemp'], label='Min Temperature')
plt.title('Daily Max/Min Temperature')
plt.xlabel('Date')
plt.ylabel('Temperature (°C)')
plt.legend()
plt.show()
```

[▶ 셀 실행] 버튼을 눌러 실행합니다.

일별 최고, 최저 기온을 그래프로 그렸습니다.

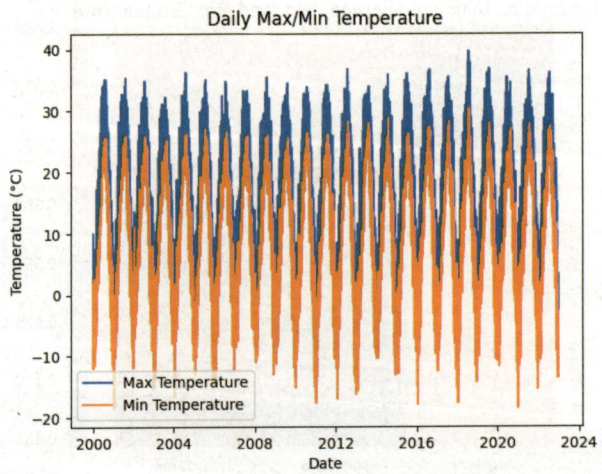

기온 변화량 계산하기

```python
# 기온 변화량 계산하기
temp_diff = df['AvgTemp'].diff()

# 기온 변화량 꺾은선 그래프로 시각화하기
plt.plot(df['Date'], temp_diff)
plt.title('Temperature Change')
plt.xlabel('Date')
plt.ylabel('Temperature Difference (°C)')
plt.show()
```

[▶ 셀 실행] 버튼을 눌러 실행합니다.

기온 변화량 그래프를 그렸습니다.

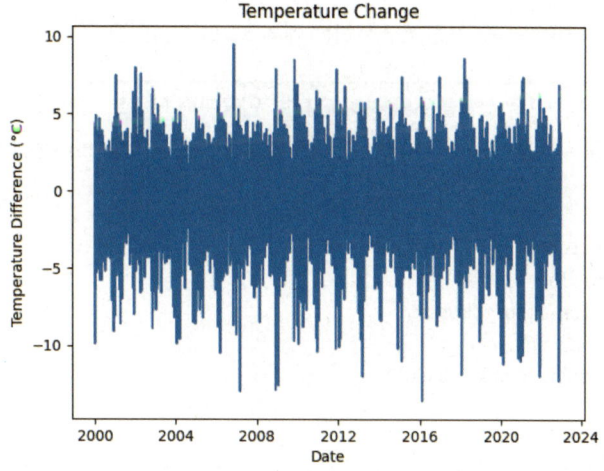

03 파이썬 인공지능

챗GPT 이용하여 파이썬을 사용한 인공지능 코드를 만들어보고 결과를 확인해봅니다. 파이썬은 인공지능 분야에서 널리 사용되고 있습니다. 텐서플로우, 파이토치등 유명한 라이브러리가 파이썬 언어로 사용가능하여 많이 사용됩니다. 어려운 인공지능 프로그램을 챗GPT를 이용하여 간단하게 만들어보고 테스트 해봅니다.

 구글 코랩을 이용하여 인공지능을 테스트하는 예제코드를 만들어줘

 물론입니다! 다음은 구글 코랩을 사용하여 간단한 인공지능 테스트 예제 코드입니다. 이 예제는 코랩 환경에서 실행될 수 있는 간단한 이미지 분류 모델을 만드는 방법을 보여줍니다. 아래 코드를 따라 해 보세요.

```python
# 필요한 라이브러리를 가져옵니다.
import tensorflow as tf
from tensorflow import keras
import numpy as np
import matplotlib.pyplot as plt

# 데이터셋을 로드합니다.
(x_train, y_train), (x_test, y_test) = keras.datasets.fashion_mnist.load_data()

# 클래스 이름을 정의합니다.
class_names = ['T-shirt/top', 'Trouser', 'Pullover', 'Dress', 'Coat',
               'Sandal', 'Shirt', 'Sneaker', 'Bag', 'Ankle boot']

# 데이터 전처리
x_train = x_train / 255.0
x_test = x_test / 255.0

# 모델 구성
model = keras.Sequential([
    keras.layers.Flatten(input_shape=(28, 28)),
    keras.layers.Dense(128, activation='relu'),
    keras.layers.Dense(10, activation='softmax')
])

# 모델 컴파일
model.compile(optimizer='adam',
```

```python
            loss=tf.keras.losses.SparseCategoricalCrossentropy(from_logits=True),
            metrics=['accuracy'])

# 모델 학습
model.fit(x_train, y_train, epochs=10)

# 모델 평가
test_loss, test_acc = model.evaluate(x_test, y_test, verbose=2)
print('\n테스트 정확도:', test_acc)

# 예측 만들기
predictions = model.predict(x_test)

# 예측 결과 시각화
plt.figure(figsize=(10, 10))
for i in range(25):
    plt.subplot(5, 5, i+1)
    plt.xticks([])
    plt.yticks([])
    plt.grid(False)
    plt.imshow(x_test[i], cmap=plt.cm.binary)
    predicted_label = np.argmax(predictions[i])
    true_label = y_test[i]
    if predicted_label == true_label:
        color = 'green'
    else:
        color = 'red'
    plt.xlabel("{} ({})".format(class_names[predicted_label],
                                class_names[true_label]),
                                color=color)
plt.show()
```

이 코드는 "Fashion MNIST" 데이터셋을 사용하여 의류 이미지를 분류하는 모델을 학습하고, 테스트 이미지에 대한 예측 결과를 시각화합니다. 코드를 실행하면 모델이 학습되고, 테스트 정확도가 출력됩니다. 마지막으로 예측된 이미지와 해당 레이블을 함께 시각화하여 결과를 확인할 수 있습니다.

구글 코랩에서 이 코드를 실행하려면, 각 셀을 순서대로 실행하거나 전체 코드를 한 번에 실행할 수 있습니다. 실행 단축키인 Shift+Enter를 사용하여 각 셀을 실행하고, 결과를 확인할 수 있습니다.

챗GPT를 활용하여 파이썬을 이용한 인공지능을 학습하는 코드를 생성해보도록 합니다.

다음은 의류 이미지를 분류하는 모델로 챗GPT가 답변한 코드를 붙여넣습니다.
챗GPT가 답변한 코드를 붙여넣습니다.

```python
# 필요한 라이브러리를 가져옵니다.
import tensorflow as tf
from tensorflow import keras
import numpy as np
import matplotlib.pyplot as plt

# 데이터셋을 로드합니다.
(x_train, y_train), (x_test, y_test) = keras.datasets.fashion_mnist.load_data()

# 클래스 이름을 정의합니다.
class_names = ['T-shirt/top', 'Trouser', 'Pullover', 'Dress', 'Coat',
               'Sandal', 'Shirt', 'Sneaker', 'Bag', 'Ankle boot']

# 데이터 전처리
x_train = x_train / 255.0
x_test = x_test / 255.0

# 모델 구성
model = keras.Sequential([
    keras.layers.Flatten(input_shape=(28, 28)),
    keras.layers.Dense(128, activation='relu'),
    keras.layers.Dense(10, activation='softmax')
])

# 모델 컴파일
model.compile(optimizer='adam',
              loss=tf.keras.losses.SparseCategoricalCrossentropy(from_logits=True),
              metrics=['accuracy'])

# 모델 학습
model.fit(x_train, y_train, epochs=10)

# 모델 평가
test_loss, test_acc = model.evaluate(x_test, y_test, verbose=2)
print('\n테스트 정확도:', test_acc)

# 예측 만들기
predictions = model.predict(x_test)

# 예측 결과 시각화
plt.figure(figsize=(10, 10))
for i in range(25):
    plt.subplot(5, 5, i+1)
```

```
    plt.xticks([])
    plt.yticks([])
    plt.grid(False)
    plt.imshow(x_test[i], cmap=plt.cm.binary)
    predicted_label = np.argmax(predictions[i])
    true_label = y_test[i]
    if predicted_label == true_label:
        color = 'green'
    else:
        color = 'red'
    plt.xlabel("{} ({})".format(class_names[predicted_label],
                                class_names[true_label]),
                                color=color)
plt.show()
```

인공지능을 학습하기 위해서는 GPU를 이용하면 빠르게 학습이 가능합니다. 코랩에서는 GPU를 선택적으로 사용할 수 있습니다.

런타임 -> 런타임 유형 변경을 클릭합니다.

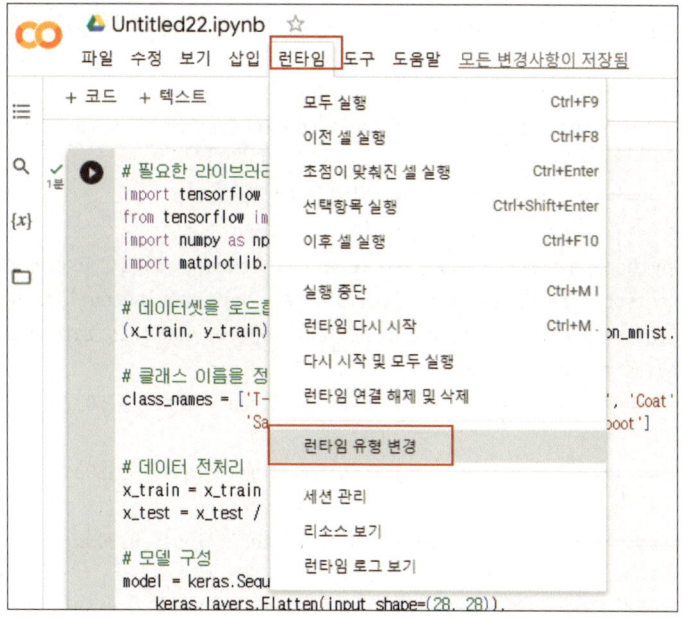

하드웨어 가속기를 GPU로 변경 후 [저장]을 눌러 GPU를 사용하도록 설정합니다.

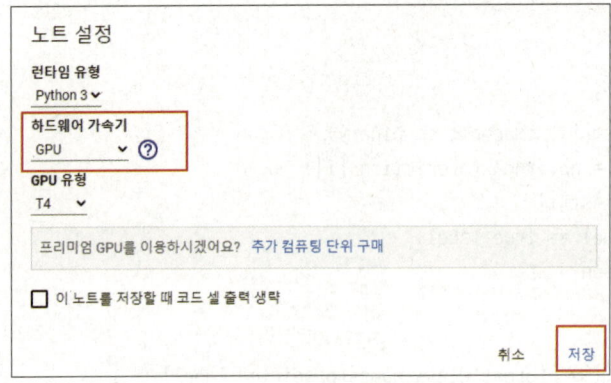

런타임 유형을 변경하면 런타임을 다시 실행합니다.

[▶ 셀 실행] 버튼을 눌러 실행합니다.

```
Downloading data from https://storage.googleapis.com/tensorflow/tf-keras-datasets/train-labels-idx1-ubyte.gz
29515/29515 [==============================] - 0s 0us/step
Downloading data from https://storage.googleapis.com/tensorflow/tf-keras-datasets/train-images-idx3-ubyte.gz
26421880/26421880 [==============================] - 0s 0us/step
Downloading data from https://storage.googleapis.com/tensorflow/tf-keras-datasets/t10k-labels-idx1-ubyte.gz
5148/5148 [==============================] - 0s 0us/step
Downloading data from https://storage.googleapis.com/tensorflow/tf-keras-datasets/t10k-images-idx3-ubyte.gz
4422102/4422102 [==============================] - 0s 0us/step
Epoch 1/10
/usr/local/lib/python3.10/dist-packages/keras/backend.py:5612: UserWarning: "`sparse_categorical_crossentropy` received `from_logits=True`, but the `output` argument was produced by a Softmax activation and thus does not represent logits. Was this intended?
  output, from_logits = _get_logits(
1875/1875 [==============================] - 12s 3ms/step - loss: 0.5037 - accuracy: 0.8231
Epoch 2/10
1875/1875 [==============================] - 5s 2ms/step - loss: 0.3800 - accuracy: 0.8637
Epoch 3/10
1875/1875 [==============================] - 5s 3ms/step - loss: 0.3400 - accuracy: 0.8765
Epoch 4/10
1875/1875 [==============================] - 5s 3ms/step - loss: 0.3164 - accuracy: 0.8839
Epoch 5/10
1875/1875 [==============================] - 5s 2ms/step - loss: 0.2972 - accuracy: 0.8895
Epoch 6/10
1875/1875 [==============================] - 5s 3ms/step - loss: 0.2837 - accuracy: 0.8951
Epoch 7/10
```

```
    plt.xticks([])
    plt.yticks([])
    plt.grid(False)
    plt.imshow(x_test[i], cmap=plt.cm.binary)
    predicted_label = np.argmax(predictions[i])
    true_label = y_test[i]
    if predicted_label == true_label:
        color = 'green'
    else:
        color = 'red'
    plt.xlabel("{} ({})".format(class_names[predicted_label],
                                class_names[true_label]),
                                color=color)
plt.show()
```

인공지능을 학습하기 위해서는 GPU를 이용하면 빠르게 학습이 가능합니다. 코랩에서는 GPU를 선택적으로 사용할 수 있습니다.

런타임 -> 런타임 유형 변경을 클릭합니다.

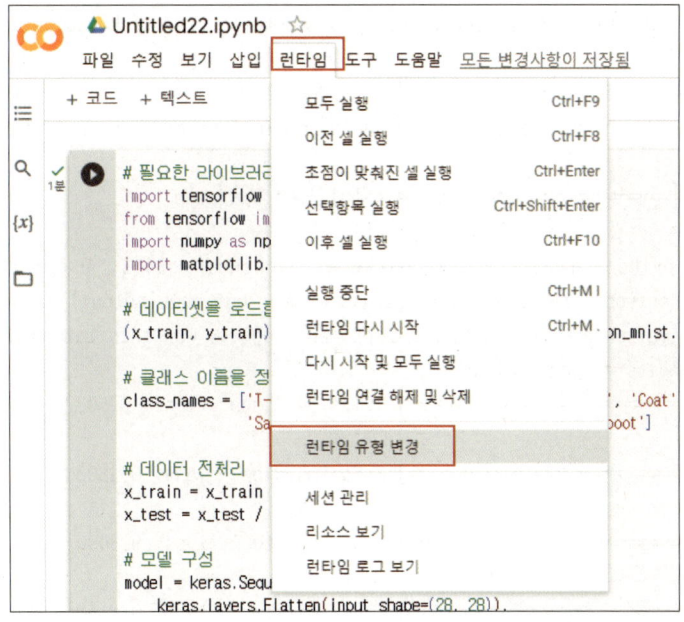

하드웨어 가속기를 GPU로 변경 후 [저장]을 눌러 GPU를 사용하도록 설정합니다.

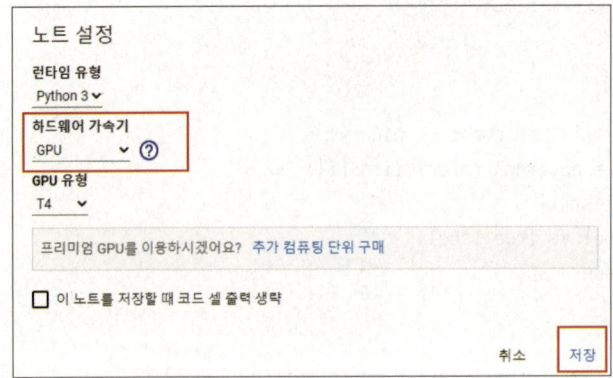

런타임 유형을 변경하면 런타임을 다시 실행합니다.

[▶ 셀 실행] 버튼을 눌러 실행합니다.

```
Downloading data from https://storage.googleapis.com/tensorflow/tf-keras-datasets/train-labels-idx1-ubyte.gz
29515/29515 [==============================] - 0s 0us/step
Downloading data from https://storage.googleapis.com/tensorflow/tf-keras-datasets/train-images-idx3-ubyte.gz
26421880/26421880 [==============================] - 0s 0us/step
Downloading data from https://storage.googleapis.com/tensorflow/tf-keras-datasets/t10k-labels-idx1-ubyte.gz
5148/5148 [==============================] - 0s 0us/step
Downloading data from https://storage.googleapis.com/tensorflow/tf-keras-datasets/t10k-images-idx3-ubyte.gz
4422102/4422102 [==============================] - 0s 0us/step
Epoch 1/10
/usr/local/lib/python3.10/dist-packages/keras/backend.py:5612: UserWarning: "`sparse_categorical_crossentropy` received `from_logits=True`, but the `output` argument was produced by a Softmax activation and thus does not represent logits. Was this intended?
  output, from_logits = _get_logits(
1875/1875 [==============================] - 12s 3ms/step - loss: 0.5037 - accuracy: 0.8231
Epoch 2/10
1875/1875 [==============================] - 5s 2ms/step - loss: 0.3800 - accuracy: 0.8637
Epoch 3/10
1875/1875 [==============================] - 5s 3ms/step - loss: 0.3400 - accuracy: 0.8765
Epoch 4/10
1875/1875 [==============================] - 5s 3ms/step - loss: 0.3164 - accuracy: 0.8839
Epoch 5/10
1875/1875 [==============================] - 5s 2ms/step - loss: 0.2972 - accuracy: 0.8895
Epoch 6/10
1875/1875 [==============================] - 5s 3ms/step - loss: 0.2837 - accuracy: 0.8951
Epoch 7/10
```

```
1875/1875 [==============================] - 5s 3ms/step - loss: 0.2702 - accuracy: 0.9004
Epoch 8/10
1875/1875 [==============================] - 5s 3ms/step - loss: 0.2591 - accuracy: 0.9039
Epoch 9/10
1875/1875 [==============================] - 5s 3ms/step - loss: 0.2484 - accuracy: 0.9072
Epoch 10/10
1875/1875 [==============================] - 5s 3ms/step - loss: 0.2412 - accuracy: 0.9106
313/313 - 1s - loss: 0.3578 - accuracy: 0.8751 - 682ms/epoch - 2ms/step

테스트 정확도: 0.8751000165939331
313/313 [==============================] - 1s 1ms/step
```

의류 데이터셋을 가져와 학습하고 결과를 확인하였습니다.

04 아두이노 활용하기

챗GPT를 활용하여 하드웨어를 제어하는 아두이노를 다루어보도록 합니다. 아두이노를 시뮬레이션 할 수 있는 틴커캐드 사이드에 접속하여 실제 하드웨어 연결이 아닌 시뮬레이션 실습을 진행합니다.

01 구글에서 [틴커캐드]를 검색 후 아래 사이트에 접속합니다.

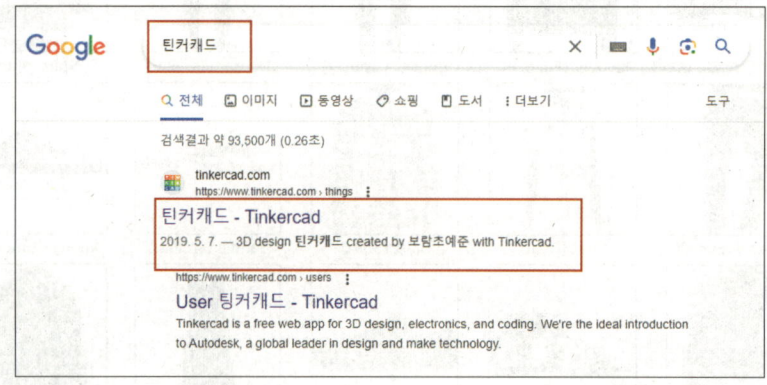

02 [로그인] 버튼을 클릭하여 로그인합니다. 회원이 아니라면 회원가입 후 로그인 합니다.

03 아두이노 시뮬레이션 프로젝트를 만들기 위해 [만들기] -> [회로]를 클릭합니다.

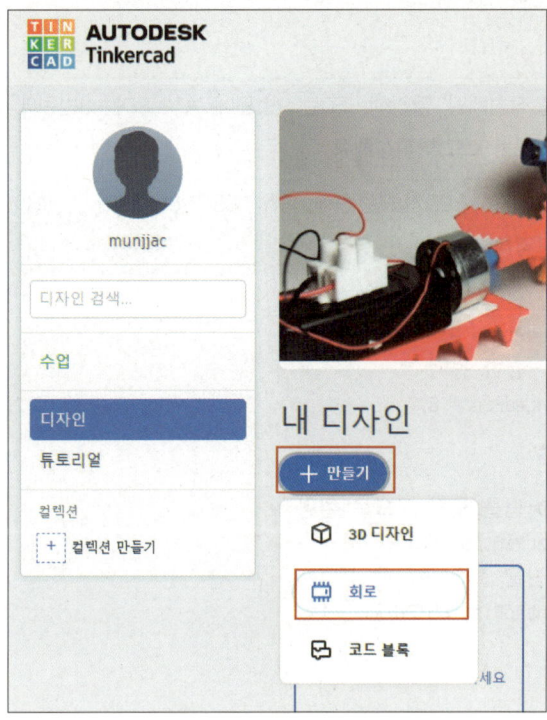

04 다음과 같이 아두이노 회로를 구성합니다. 빨간색 LED는 9번핀에 녹색 LED는 8번핀에 연결합니다. LED와 GND사이에는 저항을 하나 추가합니다. 저항의 값은 330옴입니다.

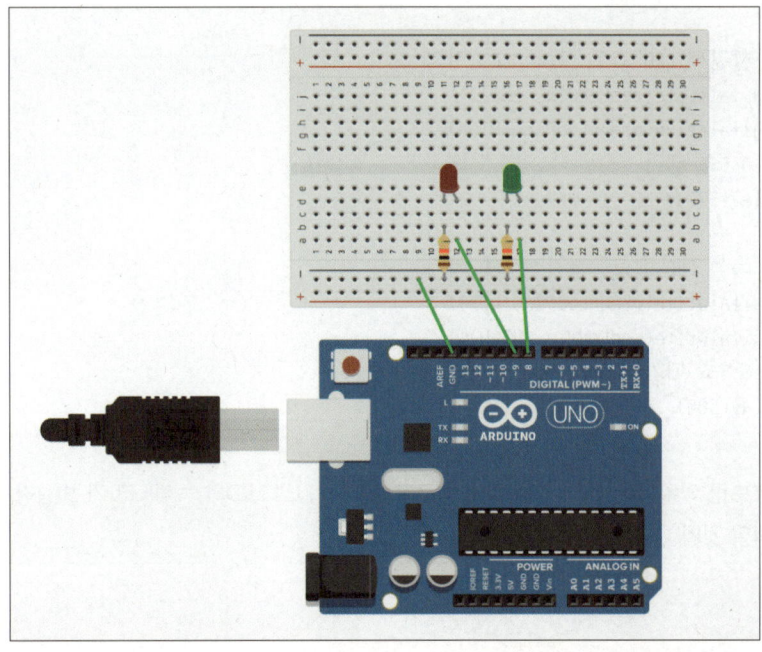

05 챗GPT를 활용하여 아두이노 코드를 요청합니다. 아두이노에서 연결한 회로를 자세하게 설명하여 질문을 합니다.

 아두이노를 코드를 작성해줘. 빨간색 LED는 9번핀에 녹색LED는 8번핀에 연결되어 있어. 0.5초마다 번갈아 가면서 깜빡이는 코드를 작성해줘

 아래는 아두이노에 빨간색 LED가 9번 핀에, 녹색 LED가 8번 핀에 연결되어 있는 0.5초마다 번갈아가면서 깜빡이는 코드입니다.

```
// 빨간색 LED를 연결한 핀 번호
const int redLedPin = 9;
// 녹색 LED를 연결한 핀 번호
const int greenLedPin = 8;

void setup() {
  // 빨간색 LED 핀을 출력 모드로 설정
  pinMode(redLedPin, OUTPUT);
  // 녹색 LED 핀을 출력 모드로 설정
  pinMode(greenLedPin, OUTPUT);
}

void loop() {
  // 빨간색 LED 켜기
  digitalWrite(redLedPin, HIGH);
  // 0.5초 대기
  delay(500);

  // 빨간색 LED 끄고, 녹색 LED 켜기
  digitalWrite(redLedPin, LOW);
  digitalWrite(greenLedPin, HIGH);
  // 0.5초 대기
  delay(500);

  // 녹색 LED 끄고, 빨간색 LED 켜기
  digitalWrite(greenLedPin, LOW);
  digitalWrite(redLedPin, HIGH);
  // 0.5초 대기
  delay(500);
```

위의 코드를 아두이노 IDE에 복사하여 업로드하면, 빨간색 LED와 녹색 LED가 번갈아가면서 0.5초마다 깜빡일 것입니다.

06 [코드]에서 블록으로 선택되어있는 부분을 클릭합니다.

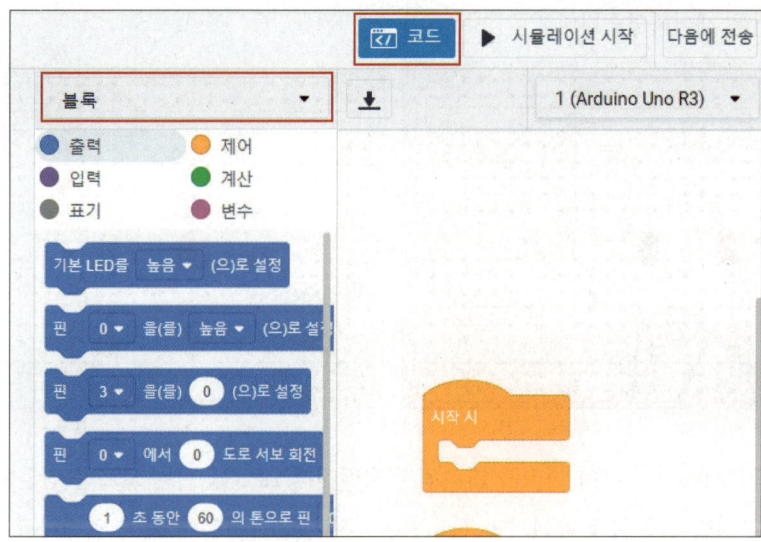

07 [문자]로 변경 후 챗GPT가 작성해준 코드를 붙여넣기합니다.

08 [시뮬레이션시작]을 눌러 아두이노 코드를 실행합니다.

```
// 빨간색 LED를 연결한 핀 번호
const int redLedPin = 9;
// 녹색 LED를 연결한 핀 번호
const int greenLedPin = 8;

void setup() {
  // 빨간색 LED 핀을 출력 모드로 설정
  pinMode(redLedPin, OUTPUT);
  // 녹색 LED 핀을 출력 모드로 설정
  pinMode(greenLedPin, OUTPUT);
}

void loop() {
  // 빨간색 LED 켜기
  digitalWrite(redLedPin, HIGH);
  // 0.5초 대기
  delay(500);

  // 빨간색 LED 끄고, 녹색 LED 켜기
  digitalWrite(redLedPin, LOW);
  digitalWrite(greenLedPin, HIGH);
  // 0.5초 대기
  delay(500);

  // 녹색 LED 끄고, 빨간색 LED 켜기
  digitalWrite(greenLedPin, LOW);
  digitalWrite(redLedPin, HIGH);
  // 0.5초 대기
  delay(500);
}
```

09 빨간색 LED와 녹색 LED가 번갈아가면서 깜빡입니다. 챗GPT가 생성해준 코드를 이용하여 아두이노 하드웨어를 제어하였습니다.

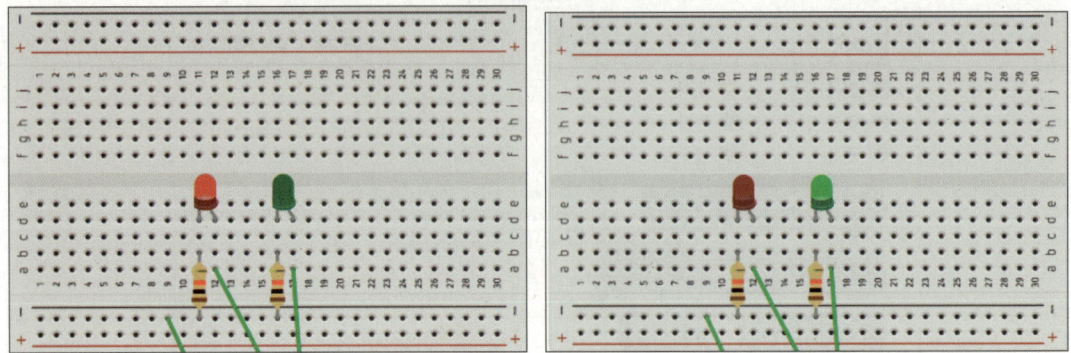

이번에는 초음파센서를 이용하여 거리가 가까워지면 빨간색 LED를 켜는 코드를 만들어봅니다. 아래의 회로를 구성합니다. 초음파센서의 Trig핀은 11번, Echo핀은 10번에 연결하고 LED는 2번핀에 연결합니다.

챗GPT에게 기능설명 후 아두이노와 부품들이 연결된 핀번호를 알려줍니다.

 아두이노를 코드를 작성해줘. 초음파센서를 이용해서 거리가 10cm 이하일때 LED가 켜지고 10cm를 초과하면 LED가 꺼지는 코드를 만들어줘. 초음파센서의 Trig핀은 11번, Echo핀은 10번 LED는 2번핀에 연결되어 있어

 아래는 아두이노에 초음파 센서를 이용하여 거리에 따라 LED를 제어하는 코드입니다. 초음파 센서의 Trig 핀은 11번, Echo 핀은 10번에 연결되어 있으며, LED는 2번 핀에 연결되어 있습니다.

```
// 초음파 센서의 Trig 핀 번호
const int trigPin = 11;
// 초음파 센서의 Echo 핀 번호
const int echoPin = 10;
// LED를 연결한 핀 번호
const int ledPin = 2;

void setup() {
  // Trig 핀을 출력 모드로 설정
  pinMode(trigPin, OUTPUT);
  // Echo 핀을 입력 모드로 설정
  pinMode(echoPin, INPUT);
  // LED 핀을 출력 모드로 설정
  pinMode(ledPin, OUTPUT);

  // 시리얼 통신 초기화
  Serial.begin(9600);
}

void loop() {
  // 초음파 송신 시작
  digitalWrite(trigPin, LOW);
  delayMicroseconds(2);
  digitalWrite(trigPin, HIGH);
  delayMicroseconds(10);
  digitalWrite(trigPin, LOW);

  // 초음파 수신 시간 측정
  long duration = pulseIn(echoPin, HIGH);

  // 거리 계산 (음속: 343m/s, 거리 = 속도 * 시간)
  float distance = duration * 0.0343 / 2;

  // 거리 출력 (시리얼 모니터를 통해 확인)
  Serial.print("Distance: ");
  Serial.print(distance);
  Serial.println(" cm");
```

```
  // 거리가 10cm 이하일 때 LED 켜기, 그렇지 않으면 LED 끄기
  if (distance <= 10) {
    digitalWrite(ledPin, HIGH);
  } else {
    digitalWrite(ledPin, LOW);
  }

  // 0.5초 대기
  delay(500);
}
```

위의 코드를 아두이노 IDE에 복사하여 업로드하면, 초음파 센서를 이용하여 거리를 측정하고, 거리가 10cm 이하일 때 LED가 켜지고, 10cm를 초과하면 LED가 꺼집니다. 또한, 시리얼 모니터를 통해 거리 값이 출력됩니다.

챗GPT가 생성한 다음의 코드를 [코드]영역에 붙여넣기 합니다.

```
// 초음파 센서의 Trig 핀 번호
const int trigPin = 11;
// 초음파 센서의 Echo 핀 번호
const int echoPin = 10;
// LED를 연결한 핀 번호
const int ledPin = 2;

void setup() {
  // Trig 핀을 출력 모드로 설정
  pinMode(trigPin, OUTPUT);
  // Echo 핀을 입력 모드로 설정
  pinMode(echoPin, INPUT);
  // LED 핀을 출력 모드로 설정
  pinMode(ledPin, OUTPUT);

  // 시리얼 통신 초기화
  Serial.begin(9600);
}

void loop() {
  // 초음파 송신 시작
  digitalWrite(trigPin, LOW);
  delayMicroseconds(2);
  digitalWrite(trigPin, HIGH);
  delayMicroseconds(10);
  digitalWrite(trigPin, LOW);
```

```
  // 초음파 수신 시간 측정
  long duration = pulseIn(echoPin, HIGH);

  // 거리 계산 (음속: 343m/s, 거리 = 속도 * 시간)
  float distance = duration * 0.0343 / 2;

  // 거리 출력 (시리얼 모니터를 통해 확인)
  Serial.print("Distance: ");
  Serial.print(distance);
  Serial.println(" cm");

  // 거리가 10cm 이하일 때 LED 켜기, 그렇지 않으면 LED 끄기
  if (distance <= 10) {
    digitalWrite(ledPin, HIGH);
  } else {
    digitalWrite(ledPin, LOW);
  }

  // 0.5초 대기
  delay(500);
}
```

▶ 시뮬레이션 시작 을 눌러 코드를 실행합니다.

초음파센서를 클릭 후 초록색 물체를 초음파센서 앞으로 이동시켜 가깝게 합니다.

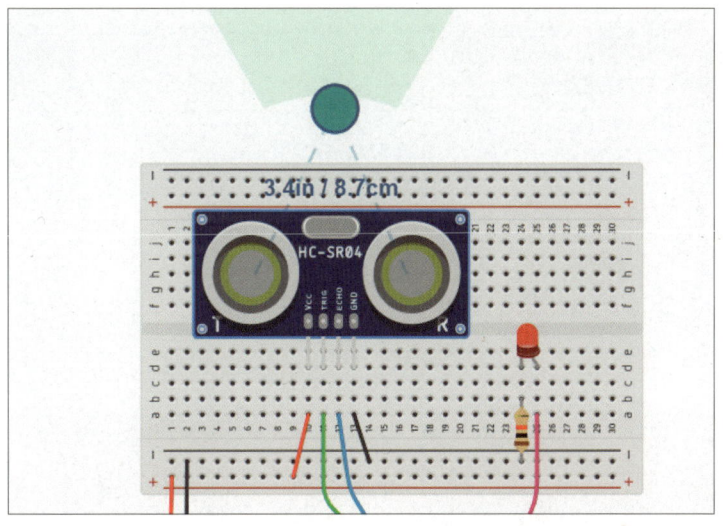

초록색 물체를 뒤로 이동시켜 거리가 10cm를 초과하면 빨간색 LED가 꺼졌습니다.

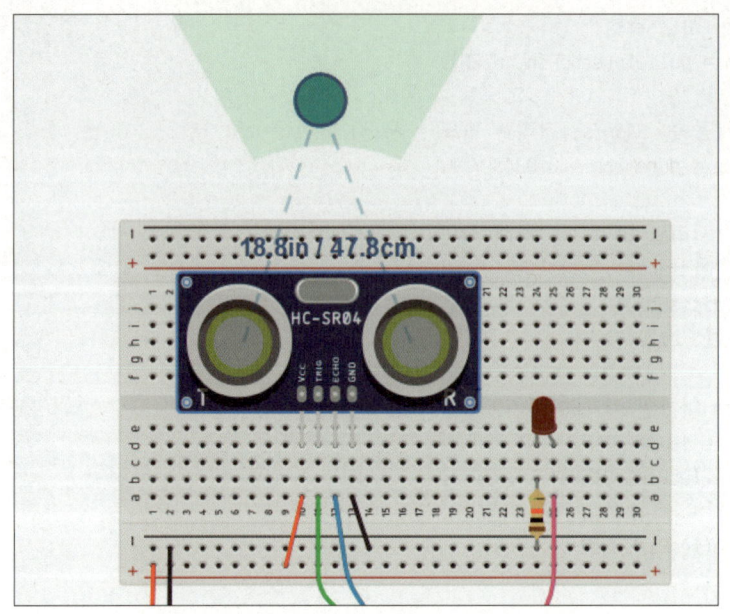

05 스크래치 코딩 활용하기

스크래치는 MIT에서 개발된 시각적 프로그래밍 언어로, 주로 초보자와 어린이들을 위해 만들어졌습니다. 이 언어는 블록 형태의 명령어들을 사용하여 프로그램을 만들 수 있게 해줍니다.

스크래치는 이미지형태의 블록으로 코딩을 하다보니 챗GPT의 언어모델에서는 활용하기 어렵습니다. 챗GPT 4.0의 플러그인 기능을 활용하여 챗GPT에서 블록형태의 답변을 얻을 수 있는 방법에 대해 알아봅니다.

※ 챗GPT의 4.0기능은 2023.05월 기준으로 유료모델에서만 사용이 가능합니다. 실험적인 기능으로 무료 모델에서도 사용할 수 있을 것으로 예상됩니다.

01 왼쪽아래 […]부분을 클릭합니다.

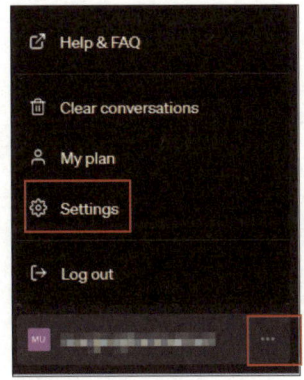

02 Beta Features에서 Plugins 기능을 활성화 합니다.

03 플러그인 기능을 활성화 시 다양한 추가기능을 설치하여 사용할 수 있습니다.

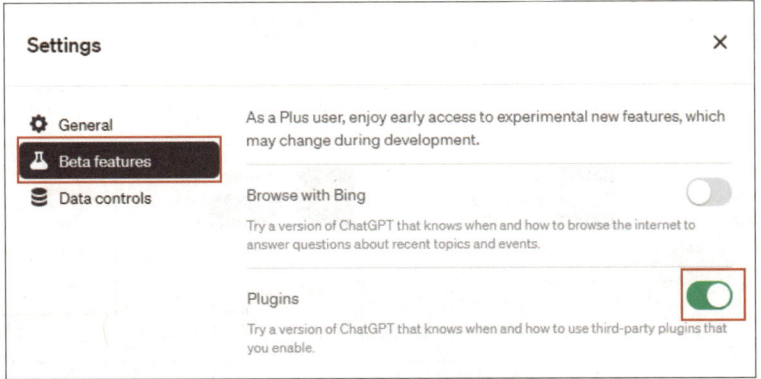

04 GPT-4를 선택 후 Plugins 부분을 체크합니다.

※ Beta 기능으로 언제든지 변경 될 수 있습니다.

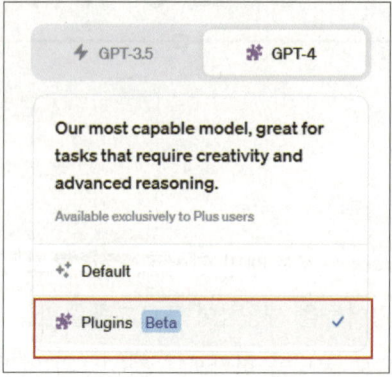

05 Plugins store 부분을 클릭합니다. Plugins store 위쪽에는 이미 설치된 플러그인의 확인이 가능합니다.

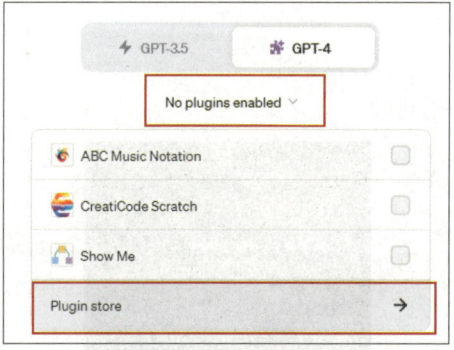

06 아직 검색기능이 생기지 않아 페이지를 이동하면서 CreatiCode Scratch를 찾아 Install을 눌러 설치합니다.

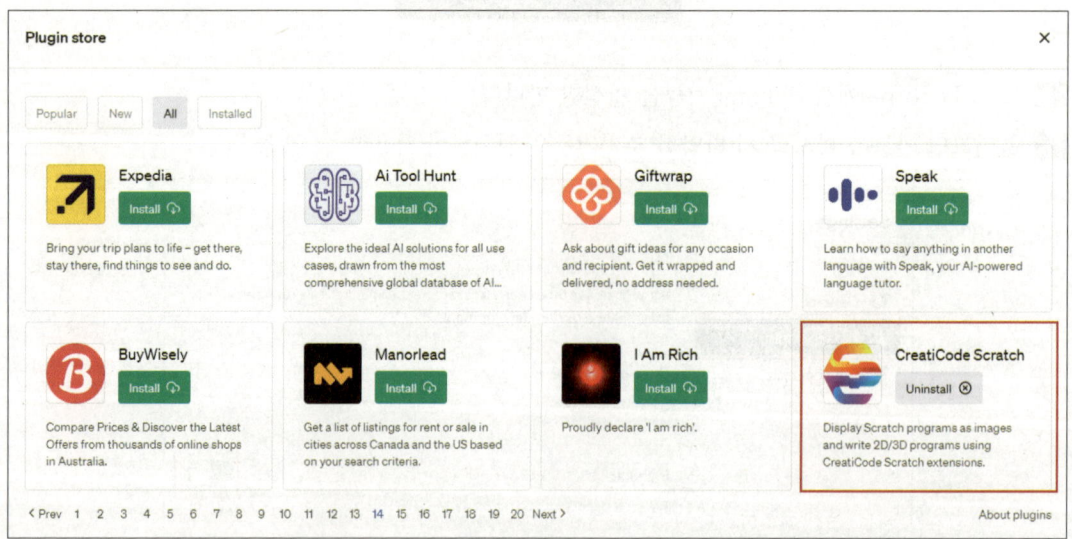

07 GPT-4에서 설치된 플러그인 중 CreatiCode Scratch를 체크하여 선택합니다.

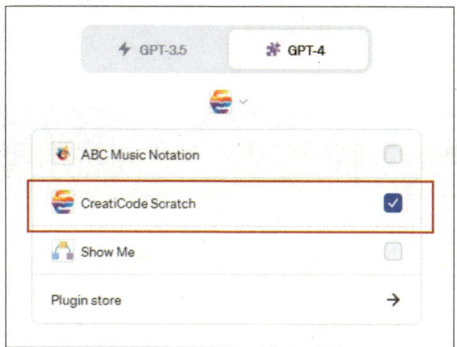

08 마우스를 클릭하면 무작위로 스프라이트가 이동하는 스크래치 코드를 작성해줘. 의 질문을 통해 코드를 요청합니다.

챗GPT는 언어모델로 언어로만 출력이 가능하였는데 CreatiCode Scratch 플러그인의 기능으로 실제 스크래치 코드가 답변으로 작성되었습니다.

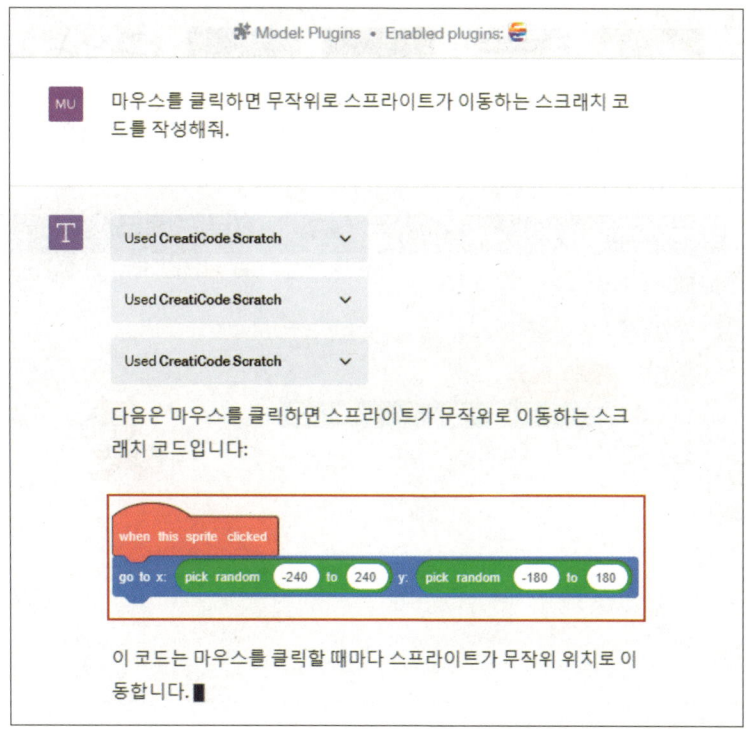

09 챗GPT가 답변한 스크래치 코드를 확인하기 위해 다음 스크래치 사이트로 이동한 다음 [만들기 시작하기] 버튼을 클릭합니다.

- https://scratch.mit.edu/

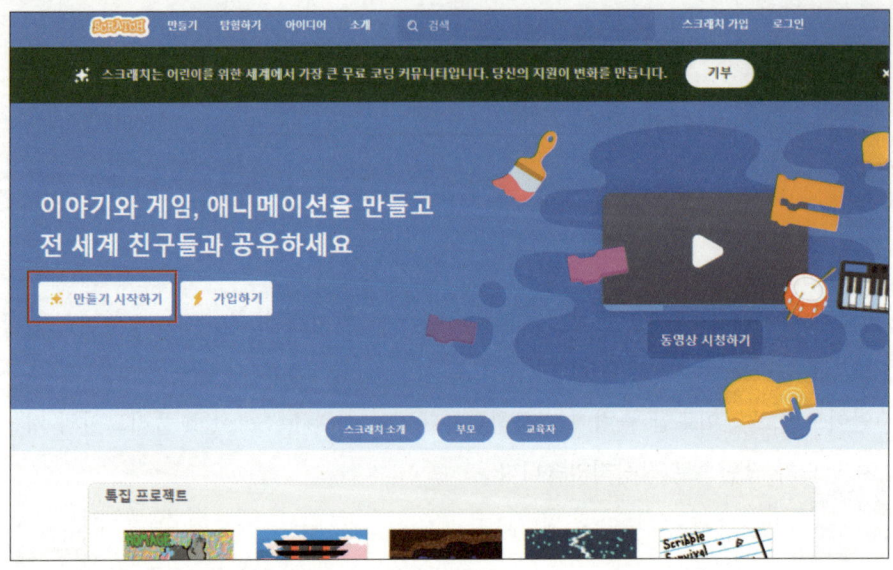

10 챗GPT가 답변해준 내용으로 동일하게 코드를 구성한 다음 고양이 스프라이트를 클릭하면 무작위로 이동하는 코드를 완성하였습니다.

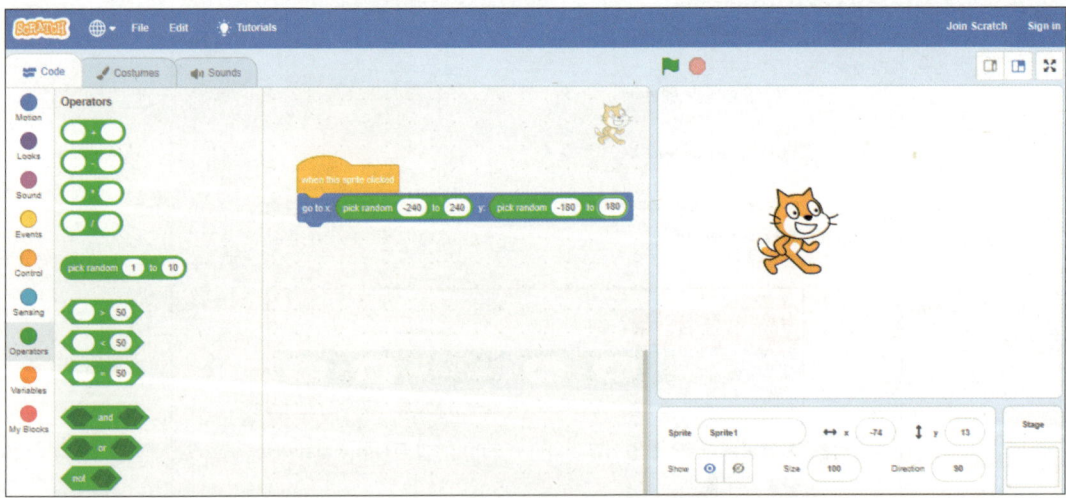

06 P5.js 활용하기

P5.js는 JavaScript 기반의 크리에이티브 코딩 라이브러리로, 그래픽과 애니메이션을 쉽게 만들 수 있습니다. 챗GPT를 통해 P5.js를 배워봅니다.

 P5.js에 대한 소개와 장점, 사용방법 알려줘

 P5.js는 JavaScript를 기반으로 한 크리에이티브 코딩 라이브러리로, 그래픽, 애니메이션, 음악, 동영상 등 다양한 예술적 표현을 위한 도구를 제공합니다. 이를 통해 웹 브라우저 상에서 인터랙티브한 작품을 만들 수 있습니다. P5.js는 Processing 프로젝트에서 파생된 것으로, 사용하기 쉽고 학습 곡선이 낮으며, 시각화 및 창의적인 코딩 프로젝트를 구현하는 데 매우 유용합니다.

P5.js의 주요 장점은 다음과 같습니다.

1. 쉬운 학습 곡선: P5.js는 초보자에게 적합한 사용자 친화적인 구문과 API를 제공합니다. 기본적인 JavaScript 지식만 있어도 쉽게 접근할 수 있습니다.

2. 다양한 예술적 표현: P5.js는 그래픽, 애니메이션, 음악, 동영상 등 다양한 예술적 표현을 제공합니다. 이를 통해 창의적인 작품을 만들 수 있습니다.

3. 웹 브라우저 기반: P5.js는 웹 브라우저에서 동작하므로, 사용자들은 설치나 설정 없이 바로 작업을 시작할 수 있습니다. 또한, 다양한 디바이스에서 동작하며, 배포와 공유도 쉽습니다.

4. 활발한 커뮤니티: P5.js는 커뮤니티가 활발하게 활동하는 프로젝트입니다. 다양한 자료, 튜토리얼, 예제들을 찾을 수 있으며, 문제 해결을 위한 도움을 받을 수 있습니다.

P5.js 사용 방법에 대해 간단히 설명드리겠습니다. 먼저, P5.js를 사용하기 위해 다음 단계를 따라 진행할 수 있습니다.

1. P5.js 라이브러리를 다운로드하거나 웹에서 로드합니다. 일반적으로, P5.js 웹 에디터(https://editor.p5js.org/)를 사용하는 것이 편리합니다.

2. JavaScript 파일을 생성하고, 필요한 기능을 가져옵니다. 예를 들어, 그림 그리기 기능을 사용하기 위해 setup() 및 draw() 함수를 작성합니다.

3. setup() 함수는 초기 설정을 위한 함수로, 프로그램 시작 시 한 번 실행됩니다. 일반적으로 캔버스 크기를 설정하거나 초기화 작업을 수행하는 데 사용됩니다.

> 4. draw() 함수는 프로그램이 실행되는 동안 반복적으로 호출되는 함수입니다. 이 함수에서 그래픽, 애니메이션 또는 인터랙티브 요소를 업데이트합니다.
>
> 5. 필요에 따라 추가적인 함수들을 사용하여 그림 그리기, 색상 설정, 모양 변경 등의 작업을 수행할 수 있습니다.
>
> 6. 웹 브라우저에서 작성한 코드를 실행하고 결과를 확인합니다.
>
> P5.js는 많은 예제와 튜토리얼이 제공되므로, 시작하기에 도움이 될 것입니다. P5.js 웹사이트(https://p5js.org/)에서 다양한 예제와 자료를 찾아볼 수 있습니다. 또한, P5.js 커뮤니티는 활발하게 활동하고 있으므로, 포럼이나 소셜 미디어 그룹에서 질문하고 도움을 얻을 수도 있습니다.

챗GPT가 알려준 사이트에 접속합니다.

다음은 사이트에 접속한 에디터 초기화면입니다.

 다양한 색깔과 크기의 별 모양이 하늘에서 내려오고 사라지는 효과를 표현해줘

 아래 예제 코드는 다양한 색상과 크기의 별이 하늘에서 내려오고 사라지는 효과를 표현하는 P5.js 코드입니다.

```
let stars = []; // 별들을 담을 배열

function setup() {
  createCanvas(400, 400);

  // 별들 초기화
  for (let i = 0; i < 50; i++) {
    let x = random(width); // x 좌표는 무작위로 설정
    let y = random(-height, 0); // y 좌표는 상단에서부터 무작위로 설정
    let size = random(1, 5); // 크기는 무작위로 설정
    let speedY = random(1, 5); // Y축 속도는 무작위로 설정
    let color = getRandomColor(); // 색상은 무작위로 설정

    stars.push(new Star(x, y, size, speedY, color));
  }
}

function draw() {
  background(0);

  // 배열에 있는 모든 별을 업데이트하고 그림
```

```
    for (let star of stars) {
      star.update();
      star.draw();
    }
}

// 새로운 색상을 무작위로 생성하는 함수
function getRandomColor() {
  let r = random(255);
  let g = random(255);
  let b = random(255);
  return color(r, g, b);
}

// Star 클래스 정의
class Star {
  constructor(x, y, size, speedY, color) {
    this.x = x;
    this.y = y;
    this.size = size;
    this.speedY = speedY;
    this.color = color;
  }

  update() {
    // 별의 위치 업데이트
    this.y += this.speedY;

    // 별이 화면을 벗어나면 다시 상단으로 이동
    if (this.y > height) {
      this.y = random(-height, 0);
    }
  }

  draw() {
    // 별 그리기
    fill(this.color);
    noStroke();
    let angle = TWO_PI / 5; // 5각형 별을 그리기 위한 각도
    push();
    translate(this.x, this.y);
    rotate(-HALF_PI); // 5각형 별을 수직으로 그리기 위한 회전
    beginShape();
    for (let i = 0; i < 5; i++) {
```

```
        let x = cos(angle * i) * this.size;
        let y = sin(angle * i) * this.size;
        vertex(x, y);
      }
      endShape(CLOSE);
      pop();
    }
  }
```

위 코드는 stars라는 배열에 다양한 속성(위치, 크기, 속도, 색상)을 가진 Star 클래스의 인스턴스를 추가하여 다양한 색상과 크기의 별을 표현합니다. setup() 함수에서는 초기 별들을 생성하고, draw() 함수에서는 매 프레임마다 배열의 모든 별을 업데이트하고 그립니다. getRandomColor() 함수를 사용하여 별의 색상을 무작위로 생성합니다.

코드를 실행하면 여러 개의 다양한 색상과 크기의 별이 하늘에서 내려오고 사라지는 효과를 확인할 수 있습니다. 별의 개수, 크기, 속도 등을 조절하여 다양한 효과를 시도해보세요.

다음은 P5.js 에서 실행한 결과입니다.

실습 결과 동영상
https://cafe.naver.com/answerbook/5246

다음은 사람모습을 그려서 자연스럽게 걸어 다니는 표현을 해봅니다.

 사람 머리와 팔도 만들어서 걸어다니는 자연스러운 모습을 만들어줘

 사람이 걸어다니는 모습을 표현하기 위해서는 다양한 구성 요소들을 사용하여 인체의 움직임을 모방해야 합니다. 아래 예제 코드는 간단한 형태의 사람이 걷는 애니메이션을 표현하는 P5.js 코드입니다.

```javascript
let x; // 사람의 위치
let speed; // 사람의 이동 속도
let legAngle; // 다리의 회전 각도
let armAngle; // 팔의 회전 각도
function setup() {
  createCanvas(400, 400);
  x = width / 2;
  speed = 1;
  legAngle = 0;
  armAngle = 0;
}function draw() {
  background(220);

  // 다리의 회전을 주기적으로 변화시킴
  legAngle = sin(frameCount * 0.1) * PI / 4;

  // 팔의 회전을 주기적으로 변화시킴
  armAngle = sin(frameCount * 0.05) * PI / 6;

  // 사람 이동
  x += speed;

  // 화면 가장자리에 도달하면 반대 방향으로 이동
  if (x > width || x < 0) {
    speed *= -1;
  }

  // 사람 그리기
  drawPerson(x, height / 2);
}// 사람 그리기
function drawPerson(x, y) {
  // 몸통
  stroke(0);
  fill(255, 0, 0);
  rect(x - 20, y - 60, 40, 60);

  // 머리
  push();
  translate(x, y - 80);
  fill(0);
```

```
    ellipse(0, 0, 40, 40);
    pop();

    // 팔
    push();
    translate(x, y - 40);

    // 팔
    push();
    rotate(armAngle);
    fill(0);
    rect(-5, 0, 10, 40);
    pop();

    pop();

    // 다리
    push();
    translate(x, y);

    // 왼쪽 다리
    push();
    rotate(legAngle);
    fill(0);
    rect(-10, 0, 10, 40);
    pop();

    // 오른쪽 다리
    push();
    rotate(-legAngle);
    fill(0);
    rect(0, 0, 10, 40);
    pop();

    pop();
}
```

위 코드에서 x 변수는 사람의 위치를 나타내고, speed 변수는 사람의 이동 속도를 조절합니다. legAngle 변수는 다리의 회전 각도를 주기적으로 변화시켜 걷는 동작을 모방합니다. draw() 함수에서는 매 프레임마다 사람의 위치와 다리의 회전을 업데이트하고 drawPerson() 함수를 사용하여 사람을 그립니다.

팔을 가늘게 그리기 위해 rect() 함수의 가로 크기를 10에서 5로 수정하였습니다. 또한 팔을 하나만 그리도록 변경하였습니다.

코드를 실행하면 팔이 가늘고 하나만 그려진 사람이 걷는 모습을 확인할 수 있습니다. 팔의 모습을 더 자세하게 수정하고 싶다면 rect() 함수의 매개변수를 조정하여 원하는 모양을 만들어보세요.

코드를 실행하면 사람이 걷는 모습을 확인할 수 있습니다. 속도와 회전 각도를 조절하여 다양한 걷는 동작을 시도해보세요.

다음은 실행 결과입니다.

실습 결과 동영상

https://cafe.naver.com/answerbook/5246

챗GPT & AI 그림 그리기 추천도서

챗GPT를 활용한 40가지 파이썬 프로그램 만들기
장문철 저 | 252쪽 | 17,700원

챗GPT를 활용한 아두이노 입문
장문철, 박준원 공저 | 244쪽 | 17,700원

ChatGPT가 직접 쓴 챗GPT 입문
챗GPT 사용법부터 업무별 구체적 활용법까지!
장문철 저 | 200쪽 | 13,000원

챗GPT & AI 그림 그리기 추천도서

챗GPT를 활용한 인공지능 그림 그리기 실전

장문철, 주현민 공저 | 204쪽 | 15,500원

모두가 할 수 있는
인공지능으로 그림 그리기

장문철, 주현민 공저 | 212쪽 | 14,400원